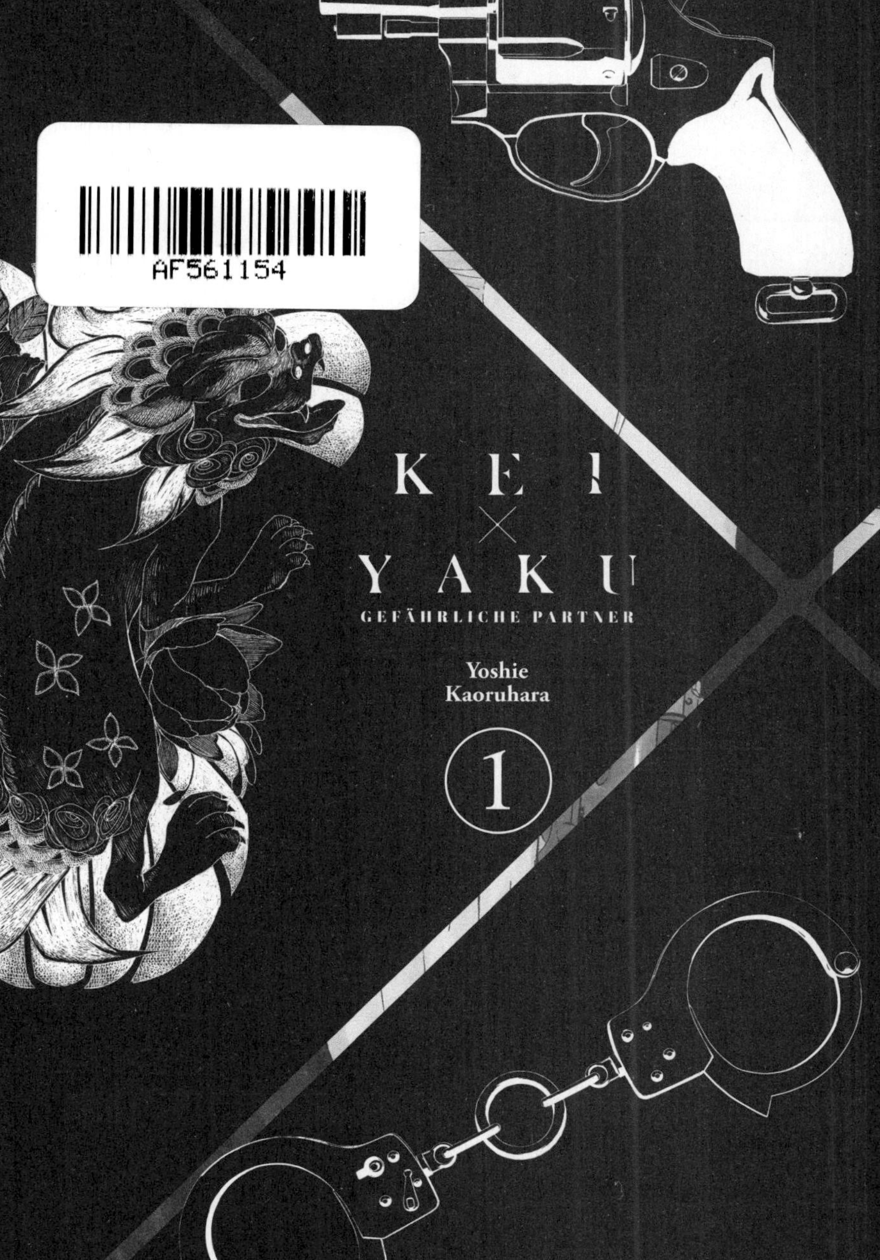
KEI
×
YAKU
GEFÄHRLICHE PARTNER
Yoshie
Kaoruhara
1

Story & Zeichnungen
YOSHIE KAORUHARA

Übersetzung
SAMIRA RAFIQ

Lektorat
KATHARINA ALTREUTHER

Lettering
LARA IACUCCI

INHALT

- **KAPITEL 1: ERSTES TREFFEN 003**
  - EXTRA 1: BARRIERE 052
- **KAPITEL 2: ENTSCHLUSS 053**
  - EXTRA 2: GEWISSEN 105
  - EXTRA 3: UNBEFRIEDIGTE BEDÜRFNISSE 106
- **KAPITEL 3: ENTSCHLÜSSELUNG 107**
  - EXTRA 4: BEVOR ES ZUR KONDITOREI GEHT 149
  - EXTRA 5: NOTWENDIGKEIT 150
- **BESONDERES EXTRA:**
  - GERÜCHTE ÜBER SHIROU 151

KEI × YAKU

GEFÄHRLICHE PARTNER

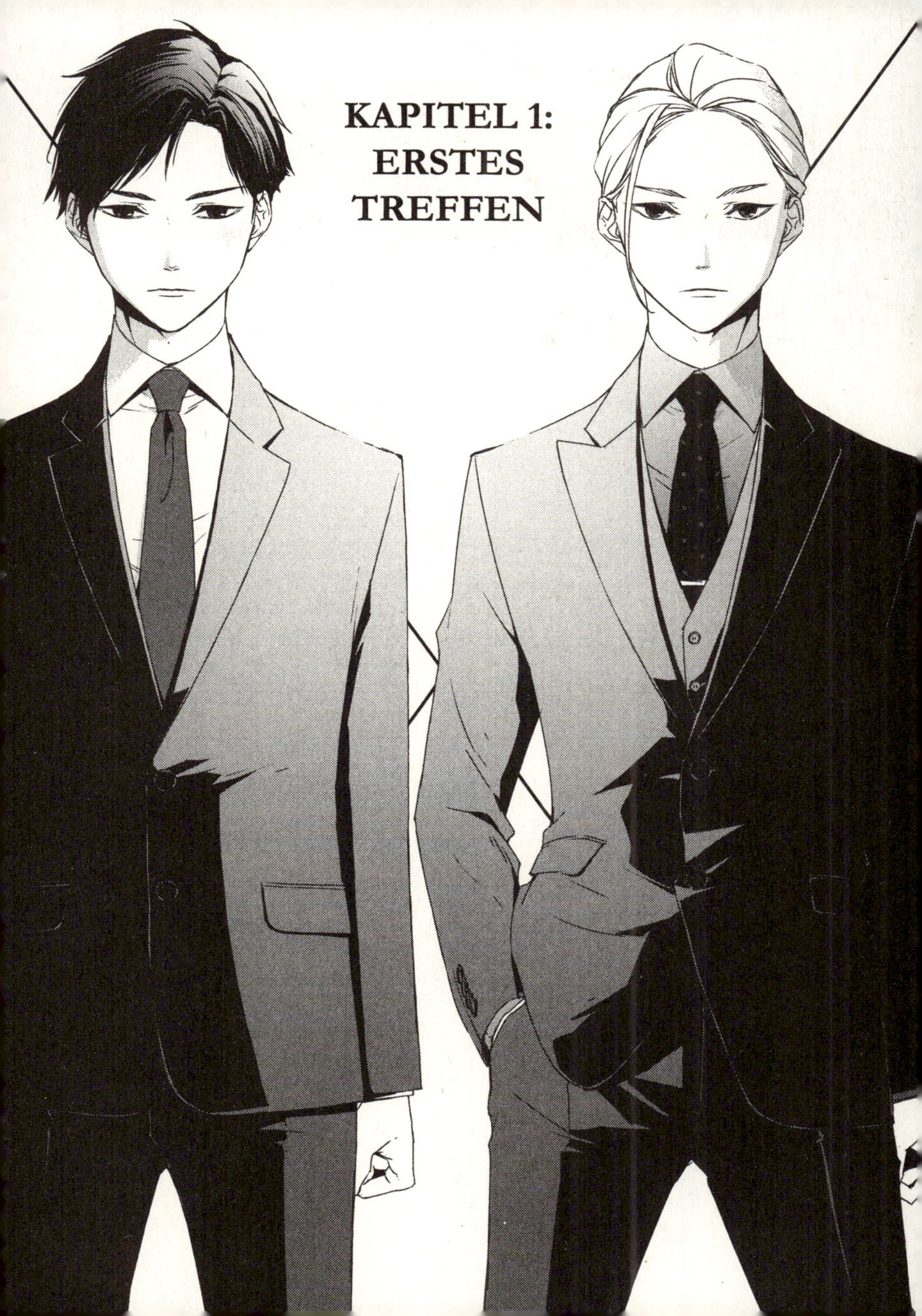
KAPITEL 1:
ERSTES
TREFFEN

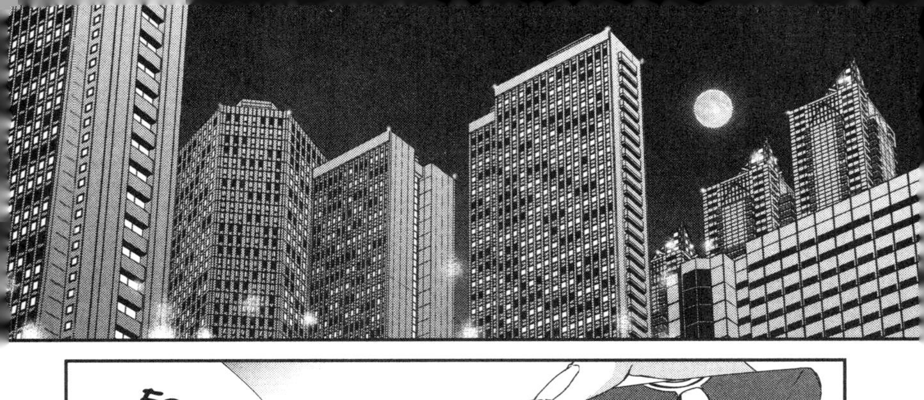

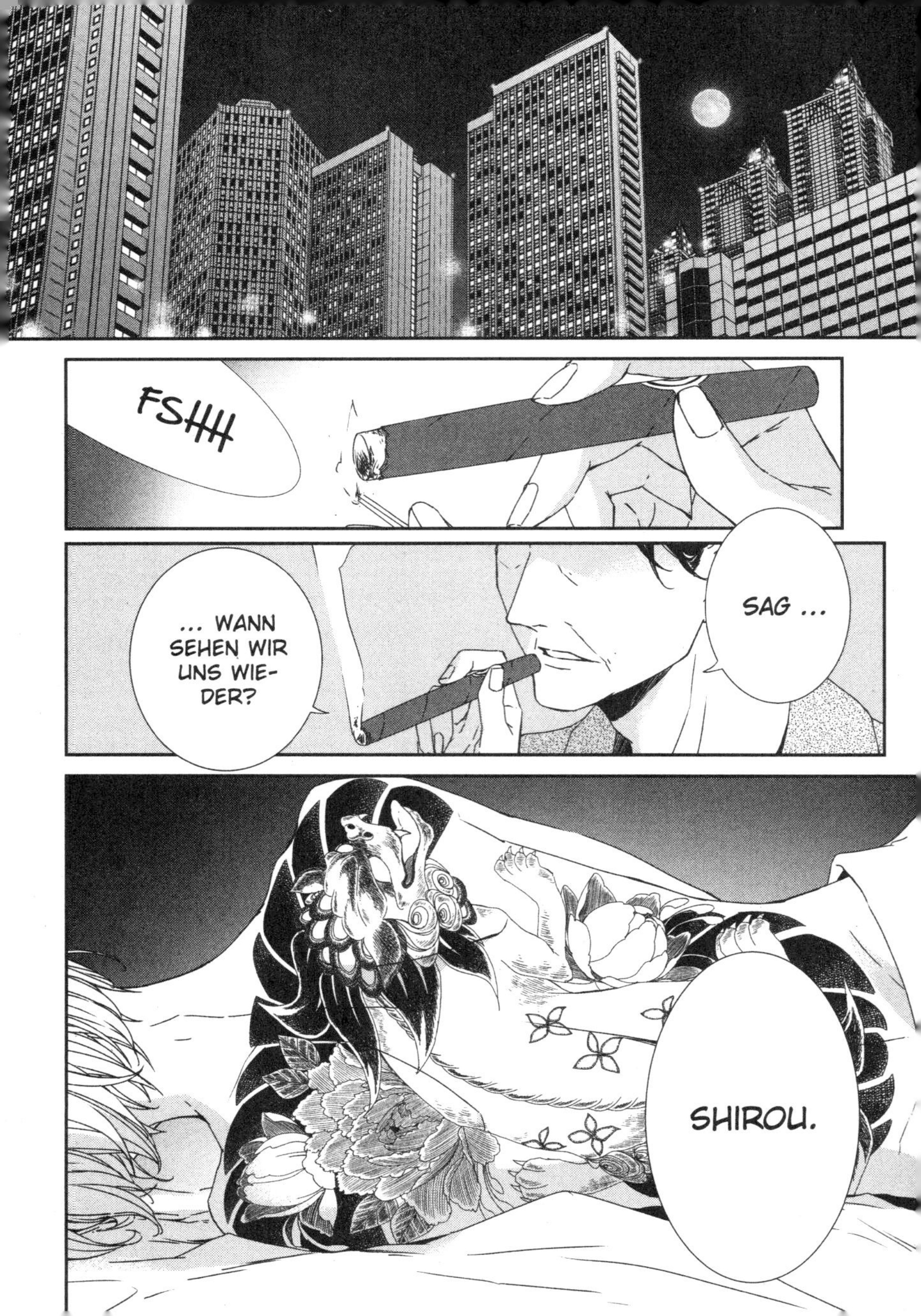

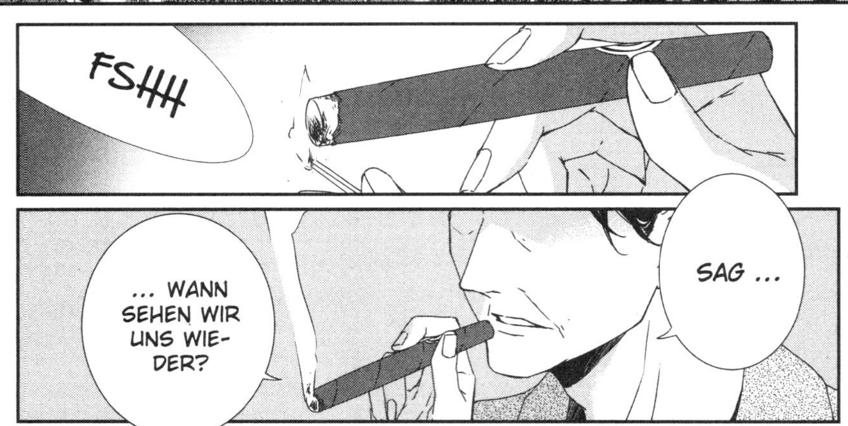
FSHHH
SAG ...
... WANN SEHEN WIR UNS WIEDER?
SHIROU.

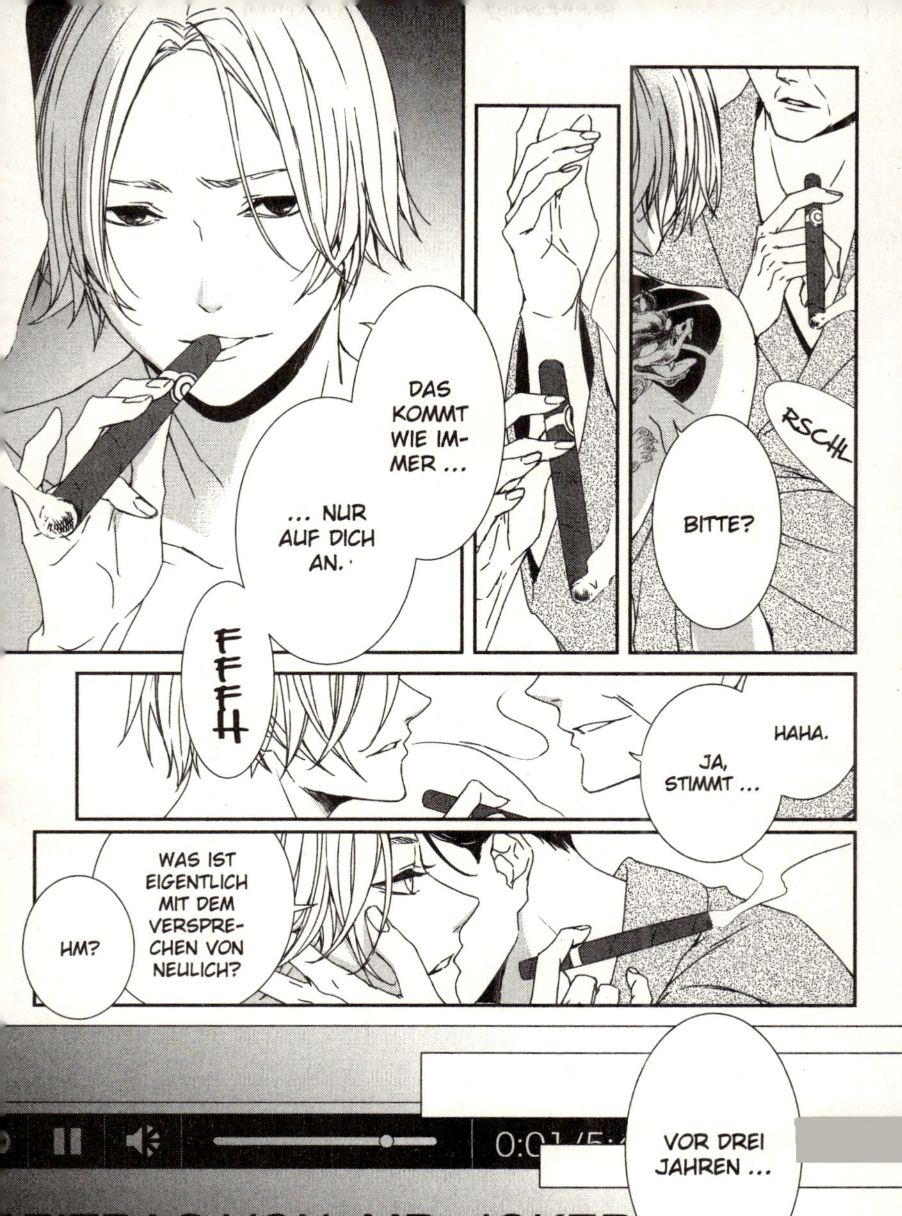
RSCHL
BITTE?
DAS KOMMT WIE IMMER …
… NUR AUF DICH AN.
FFFH
HAHA.
JA, STIMMT …
WAS IST EIGENTLICH MIT DEM VERSPRECHEN VON NEULICH?
HM?
VOR DREI JAHREN …
BEITRAG VON: MR. JOKER

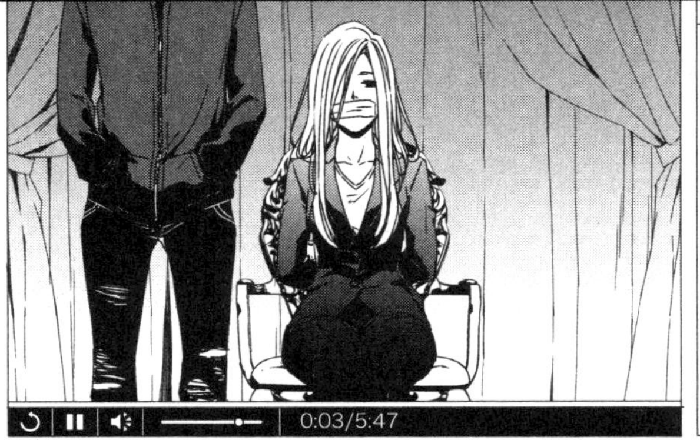

BEITRAG VON: MR. JOKER ANZAHL DER AUFRUFE: 1.548

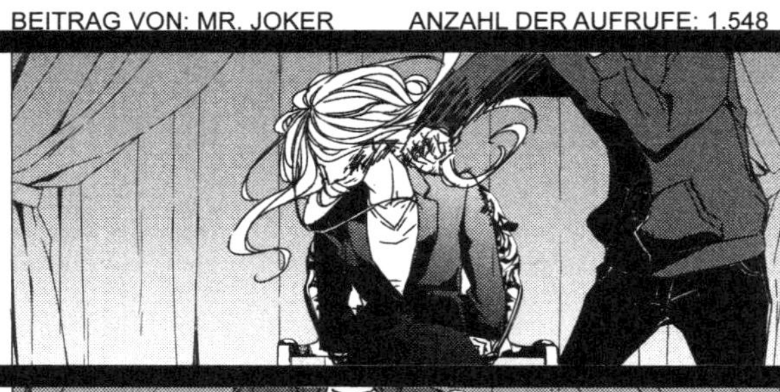

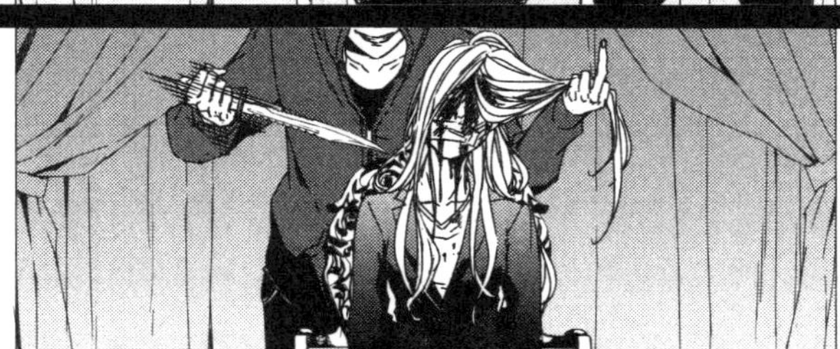

NOCH MAL ANSEHEN

VOR DREI JAHREN ...

... GING EIN SCHOCKIERENDES VIDEO IM INTERNET VIRAL.

IHR HELFEN
SCHON VOR
BEI?

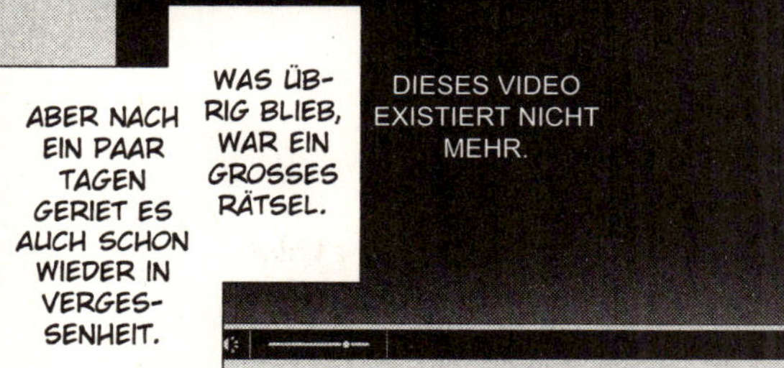

DIESES VORKOMMNIS WIRD VON DER ABTEILUNG FÜR ÖFFENTLICHE SICHERHEIT DER „FALL JOKER“ GENANNT.

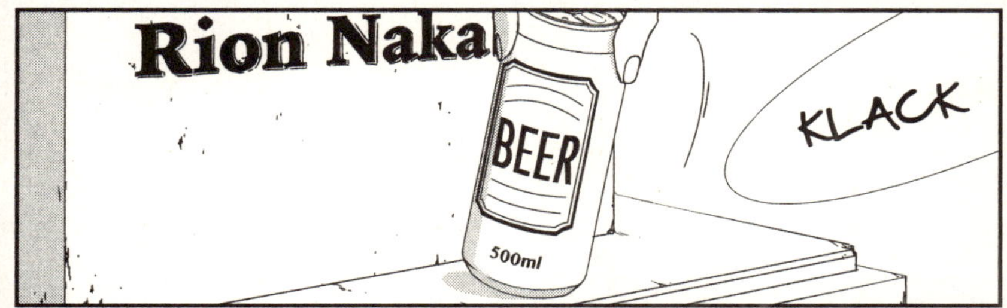

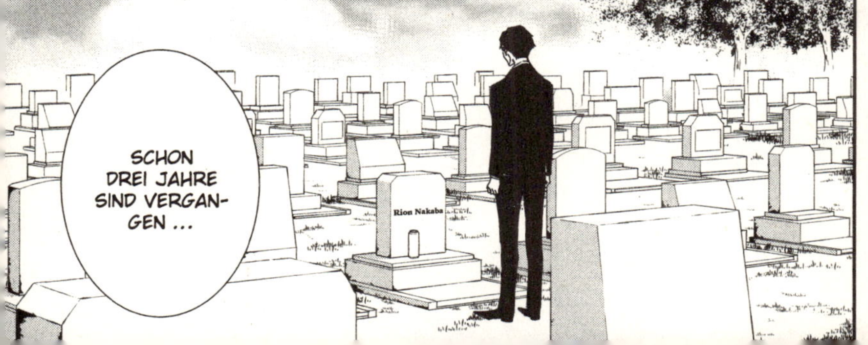

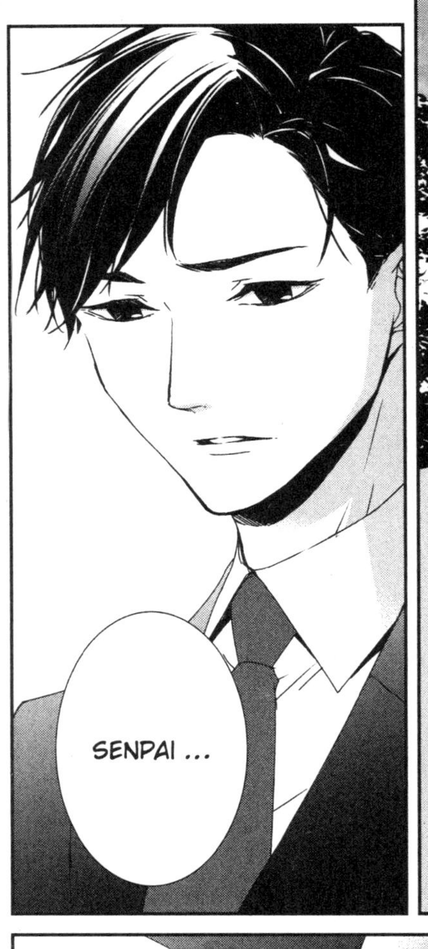
WO BIST DU NUR?
SENPAI ...

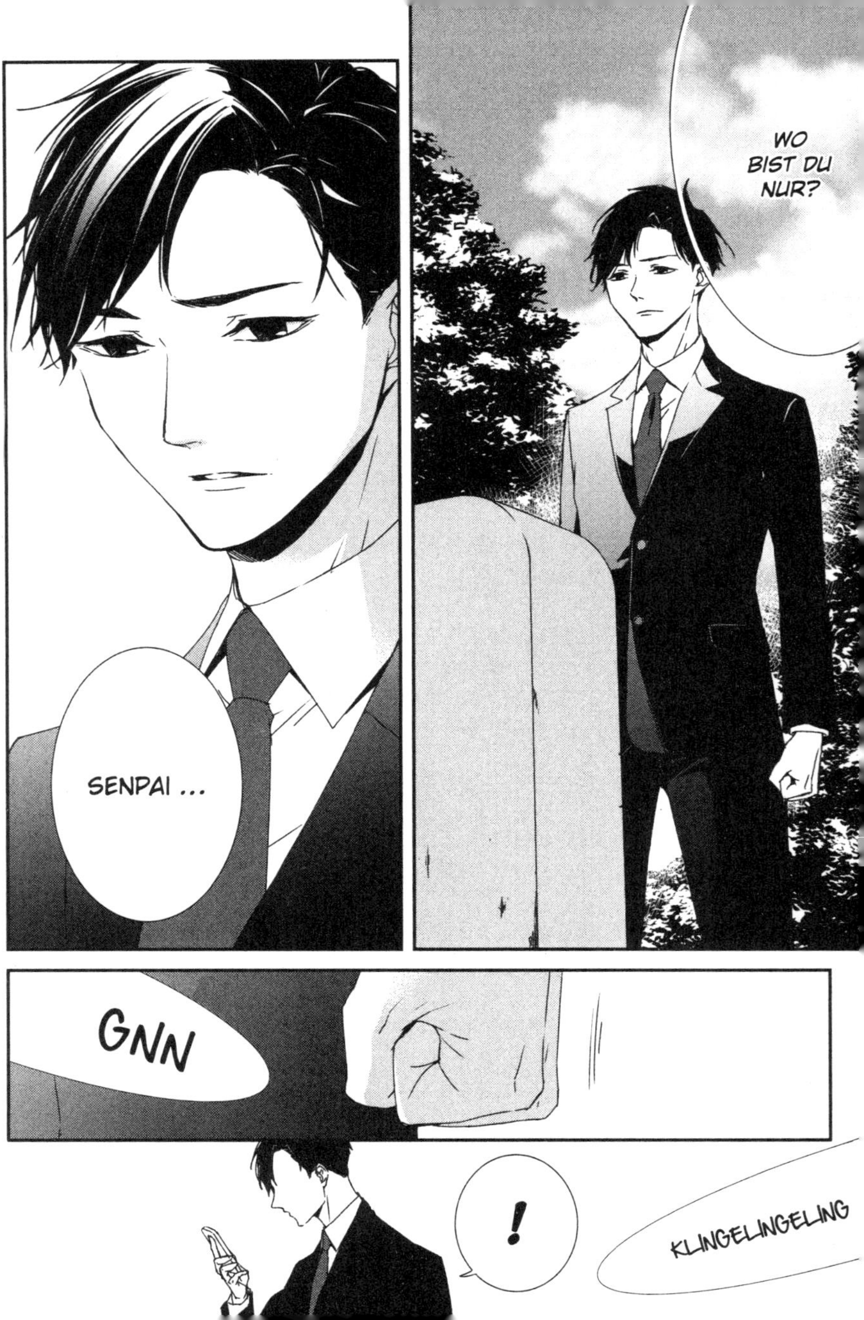

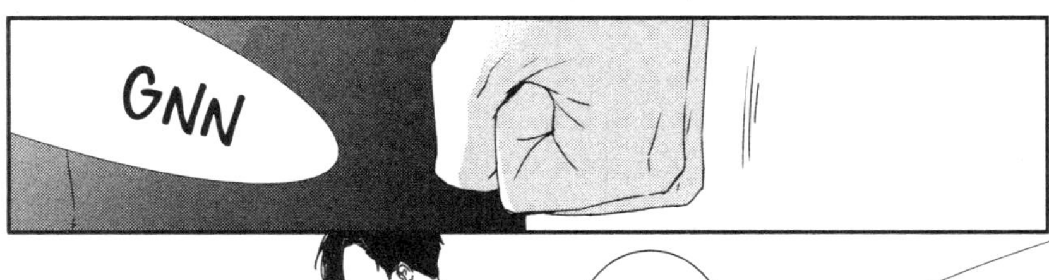
GNN
KLINGELINGELING
!

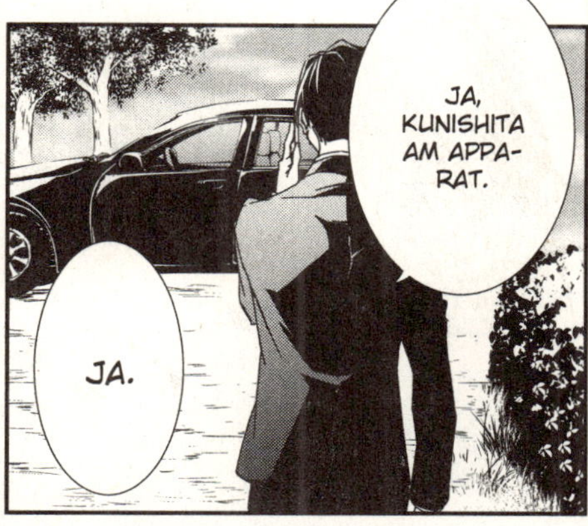
JA, KUNISHITA AM APPARAT.
JA.

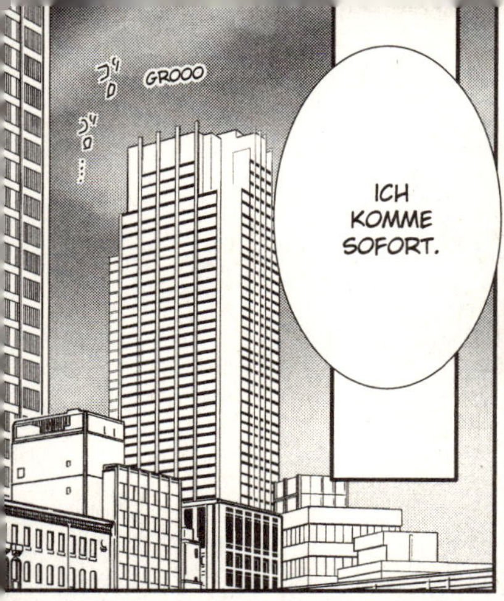
GROOO
ICH KOMME SOFORT.

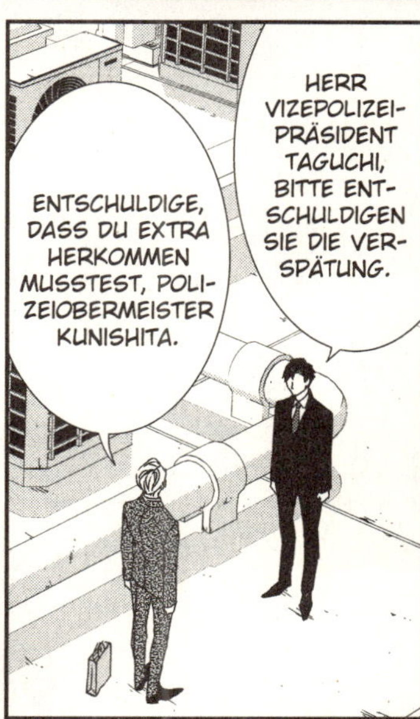
HERR VIZEPOLIZEIPRÄSIDENT TAGUCHI, BITTE ENTSCHULDIGEN SIE DIE VERSPÄTUNG.
ENTSCHULDIGE, DASS DU EXTRA HERKOMMEN MUSSTEST, POLIZEIOBERMEISTER KUNISHITA.

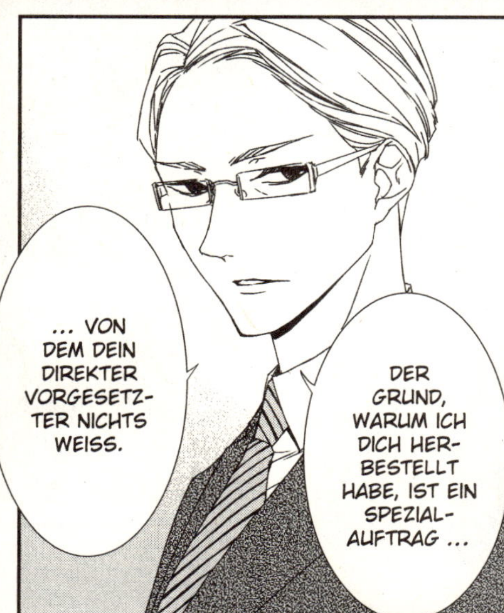
DER GRUND, WARUM ICH DICH HERBESTELLT HABE, IST EIN SPEZIALAUFTRAG ...
... VON DEM DEIN DIREKTER VORGESETZTER NICHTS WEISS.

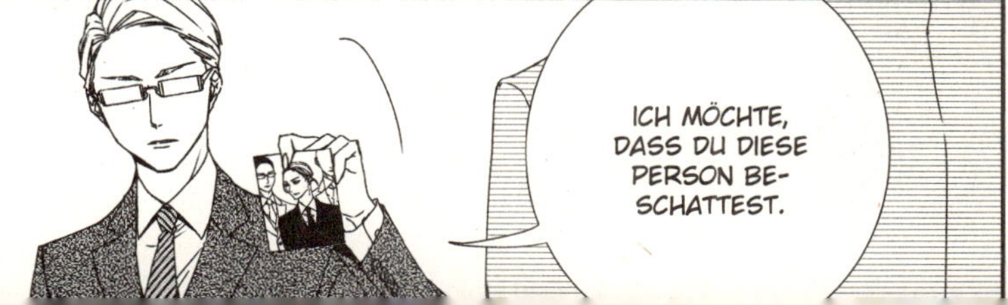
ICH MÖCHTE, DASS DU DIESE PERSON BESCHATTEST.

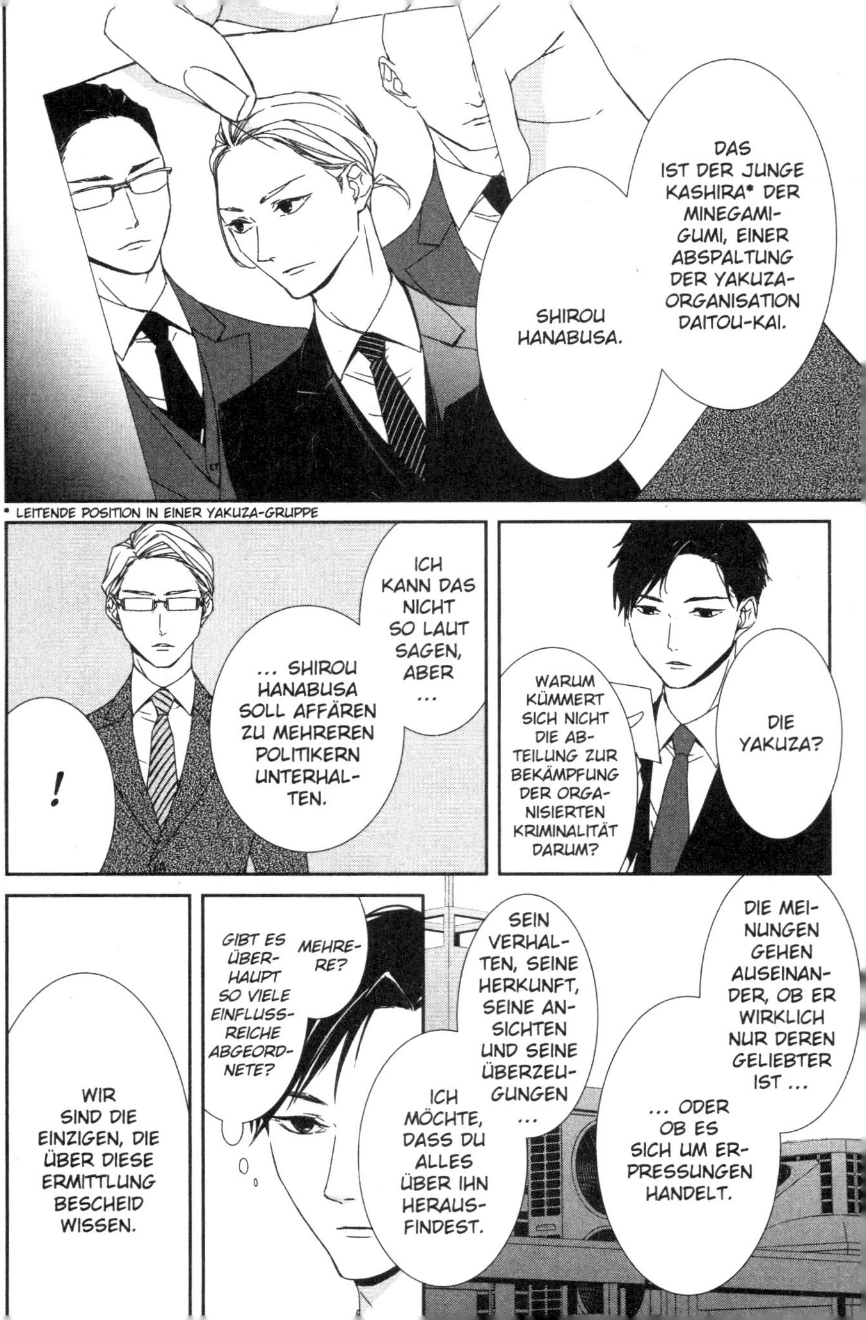

DAS IST DER JUNGE KASHIRA* DER MINEGAMI-GUMI, EINER ABSPALTUNG DER YAKUZA-ORGANISATION DAITOU-KAI.
SHIROU HANABUSA.

* LEITENDE POSITION IN EINER YAKUZA-GRUPPE

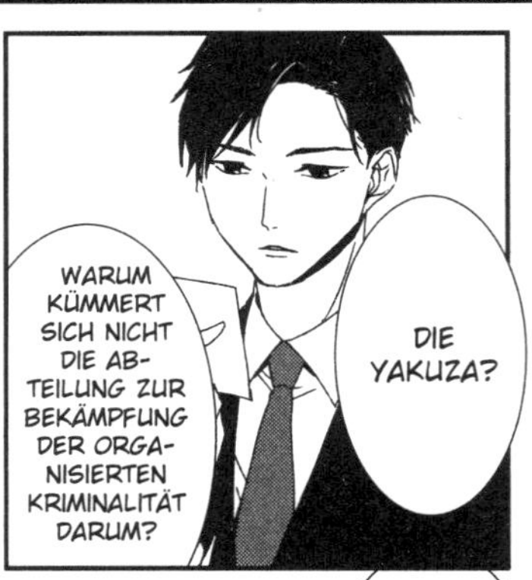

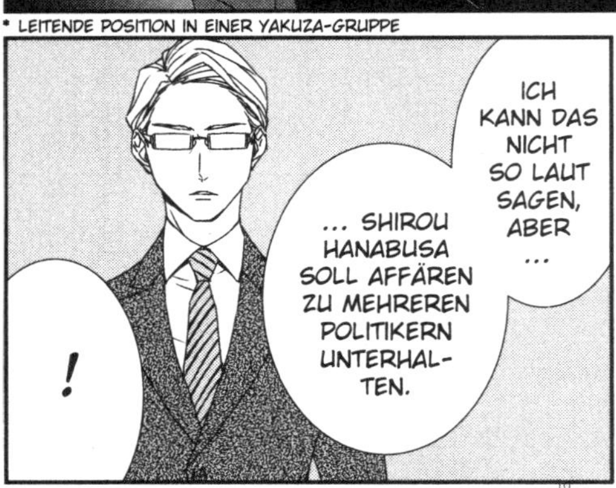

DIE MEINUNGEN GEHEN AUSEINANDER, OB ER WIRKLICH NUR DEREN GELIEBTER IST ...
... ODER OB ES SICH UM ERPRESSUNGEN HANDELT.
SEIN VERHALTEN, SEINE HERKUNFT, SEINE ANSICHTEN UND SEINE ÜBERZEUGUNGEN ...
ICH MÖCHTE, DASS DU ALLES ÜBER IHN HERAUSFINDEST.

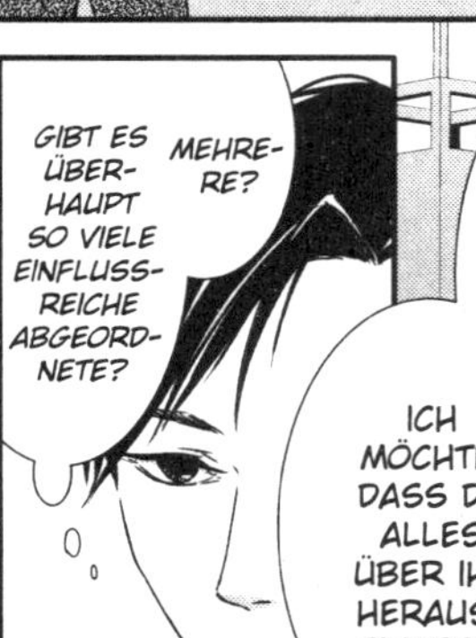

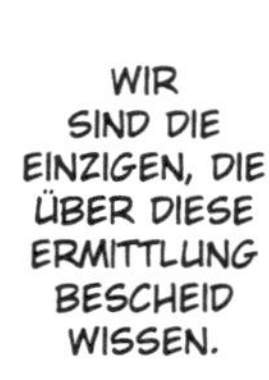

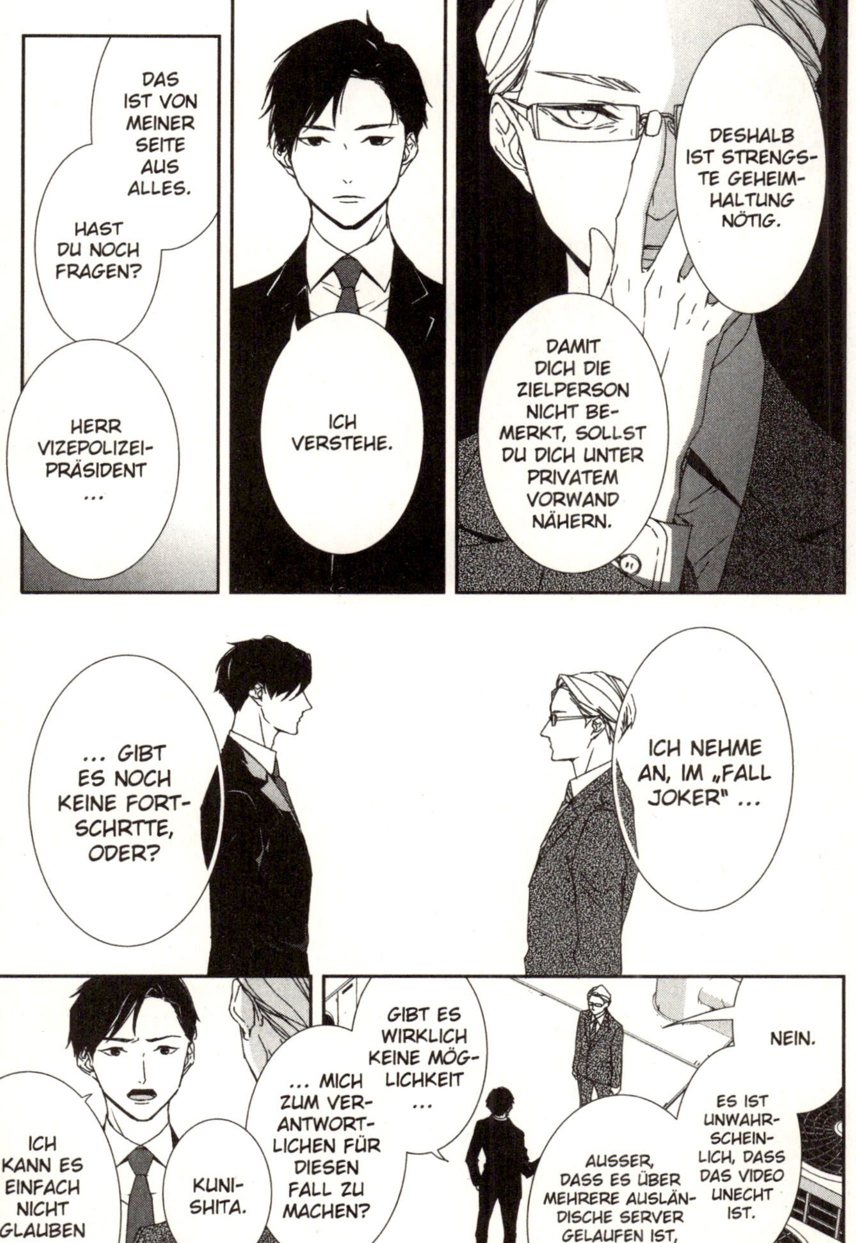
DESHALB IST STRENGSTE GEHEIMHALTUNG NÖTIG.
DAMIT DICH DIE ZIELPERSON NICHT BEMERKT, SOLLST DU DICH UNTER PRIVATEM VORWAND NÄHERN.
ICH VERSTEHE.
DAS IST VON MEINER SEITE AUS ALLES.
HAST DU NOCH FRAGEN?
HERR VIZEPOLIZEIPRÄSIDENT …
ICH NEHME AN, IM „FALL JOKER" …
… GIBT ES NOCH KEINE FORTSCHRTTE, ODER?
NEIN.
ES IST UNWAHRSCHEINLICH, DASS DAS VIDEO UNECHT IST.
AUSSER, DASS ES ÜBER MEHRERE AUSLÄNDISCHE SERVER GELAUFEN IST, GIBT ES KEINE NEUIGKEITEN.
GIBT ES WIRKLICH KEINE MÖGLICHKEIT …
… MICH ZUM VERANTWORTLICHEN FÜR DIESEN FALL ZU MACHEN?
KUNISHITA.
ICH KANN ES EINFACH NICHT GLAUBEN …

... DASS SIE WAHRSCHEINLICH FÜR TOT ERKLÄRT WIRD, OBWOHL ES KEINE SPUR VON IHR GIBT UND KAUM ERMITTELT WURDE.

KUNISHITA.

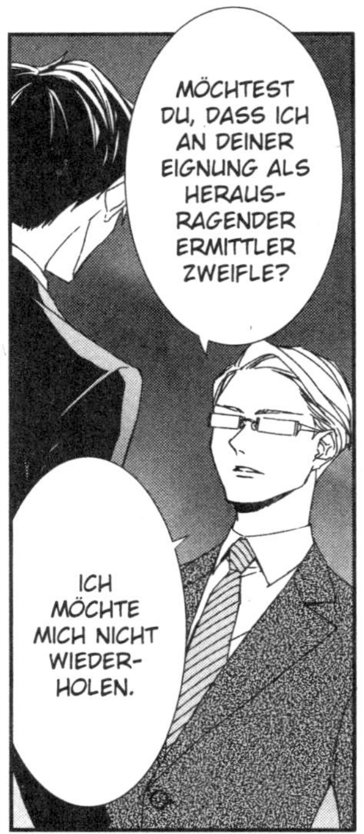

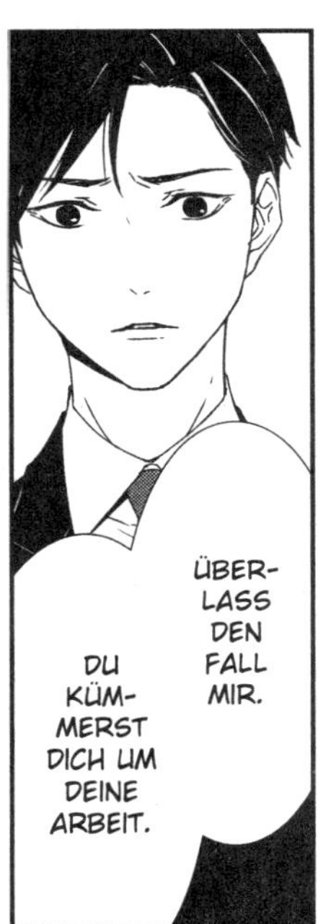

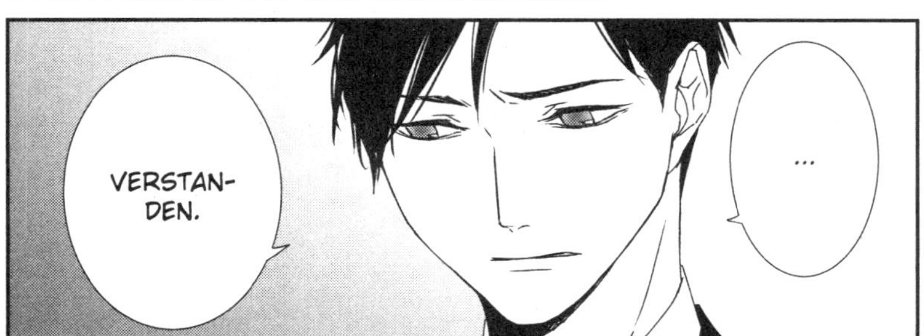

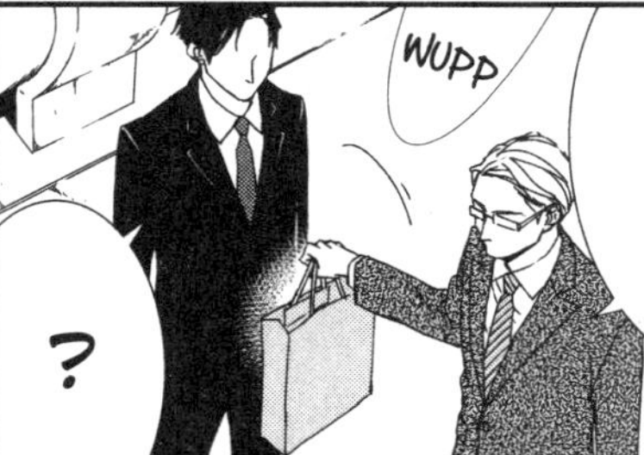

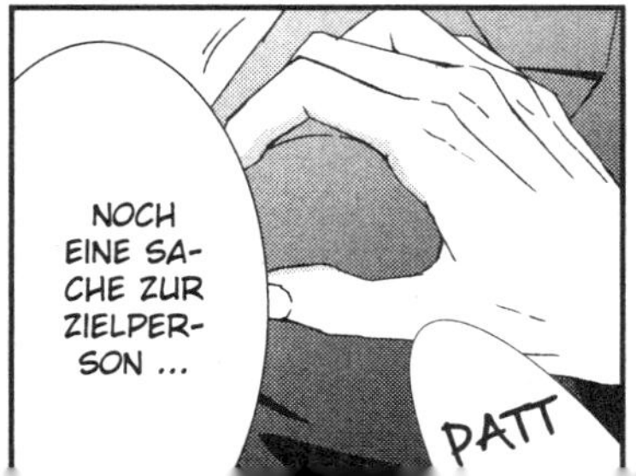

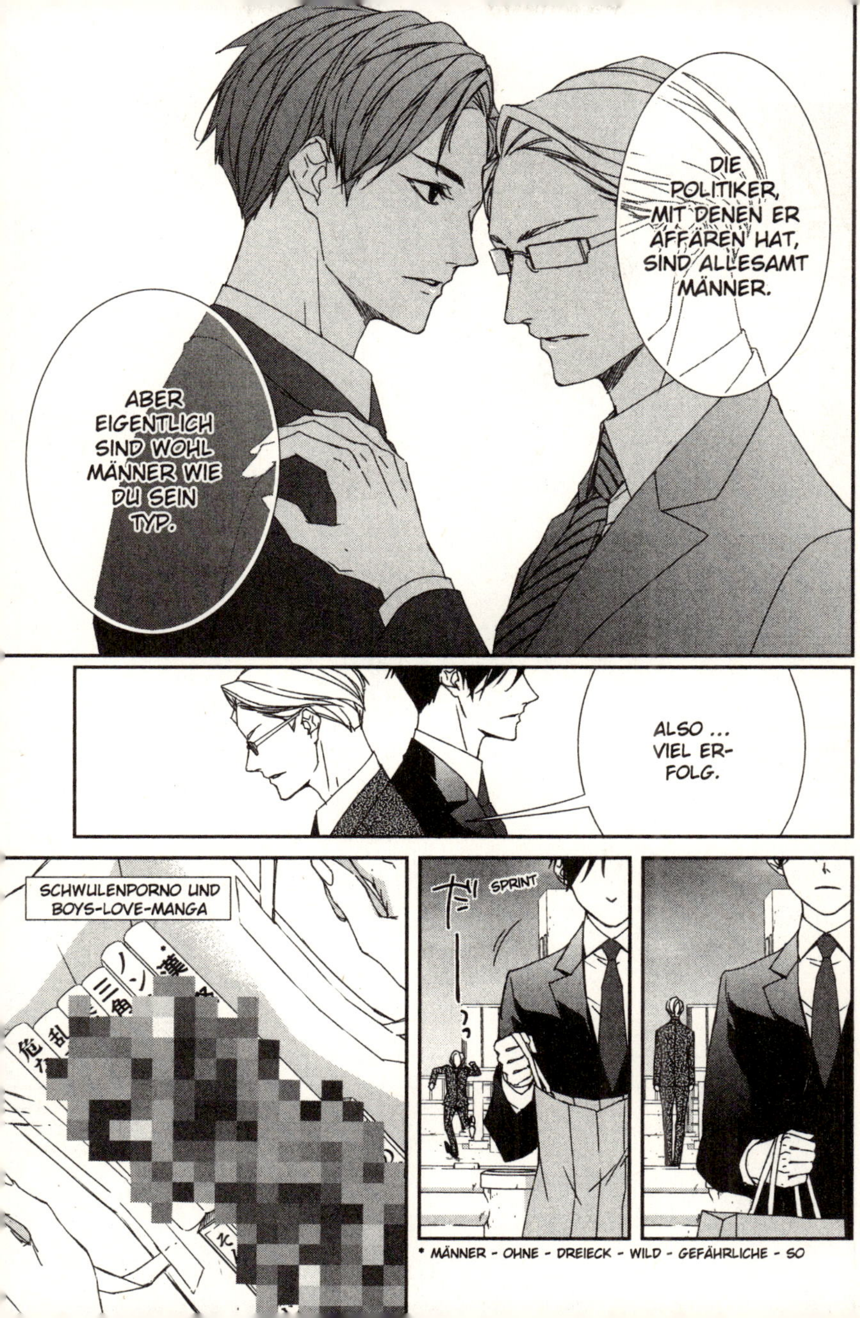

DIE POLITIKER, MIT DENEN ER AFFÄREN HAT, SIND ALLESAMT MÄNNER.

ABER EIGENTLICH SIND WOHL MÄNNER WIE DU SEIN TYP.

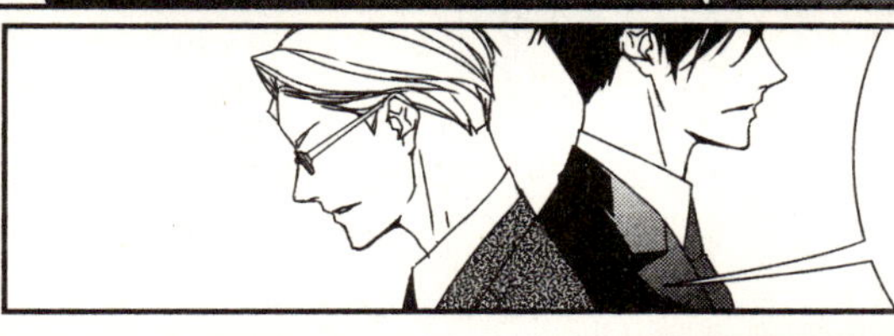

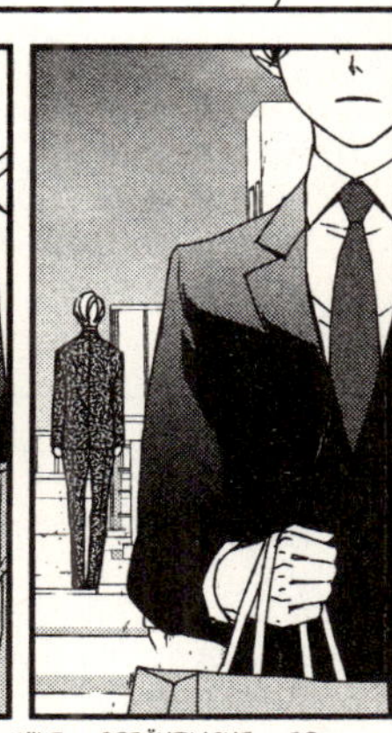

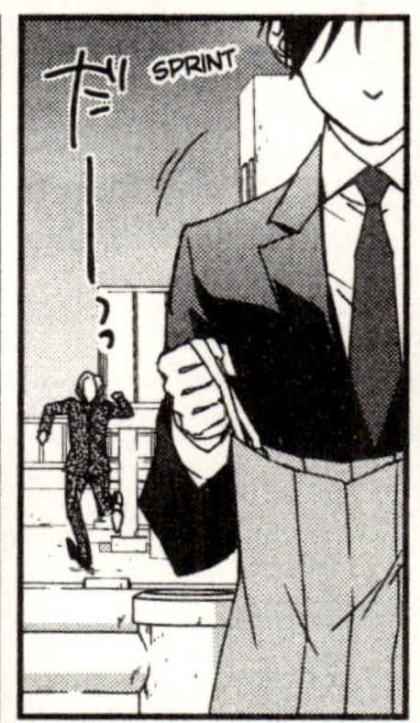

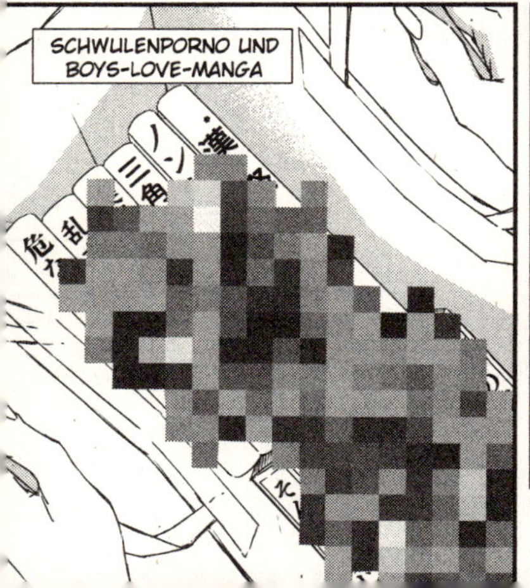

* MÄNNER - OHNE - DREIECK - WILD - GEFÄHRLICHE - SO

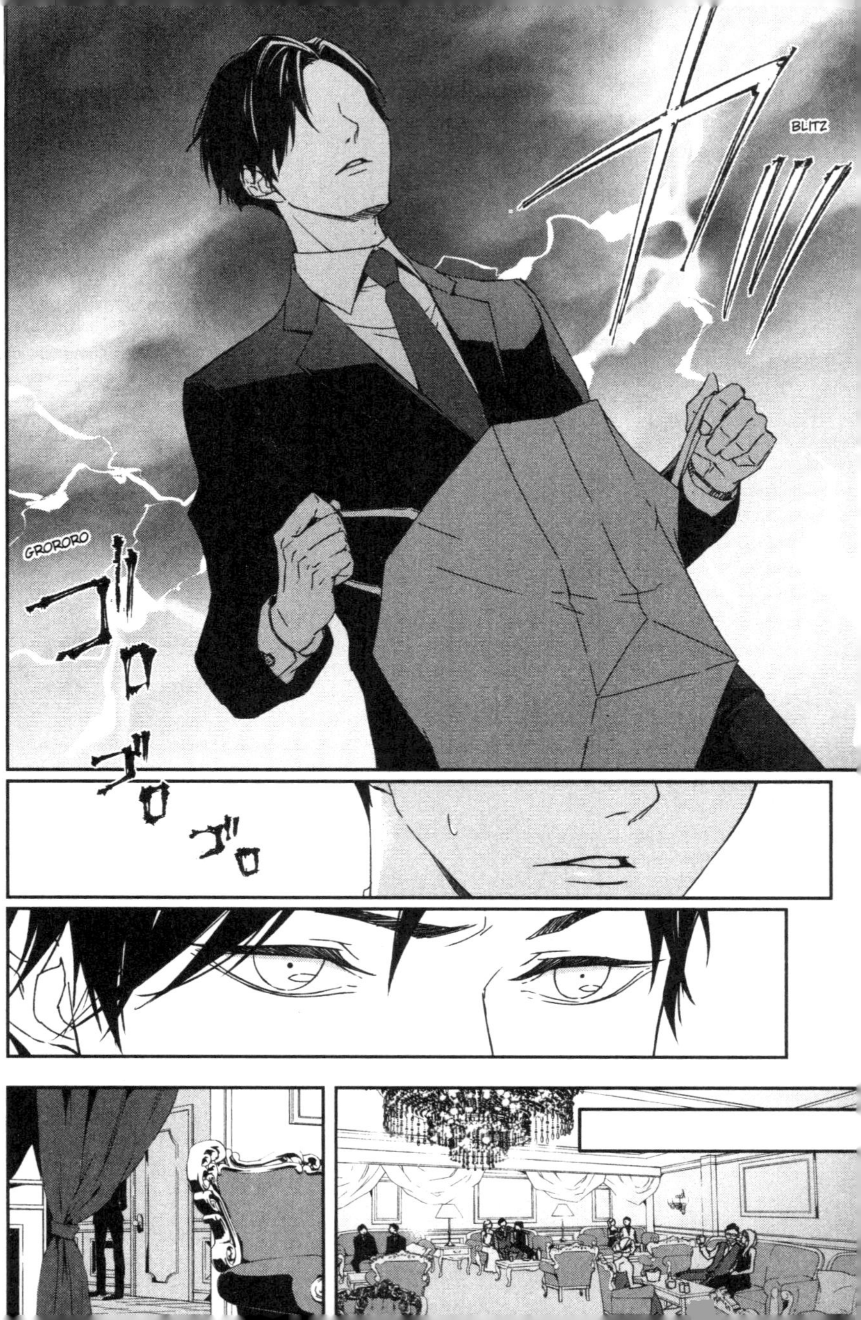

BLITZ

GROROROo

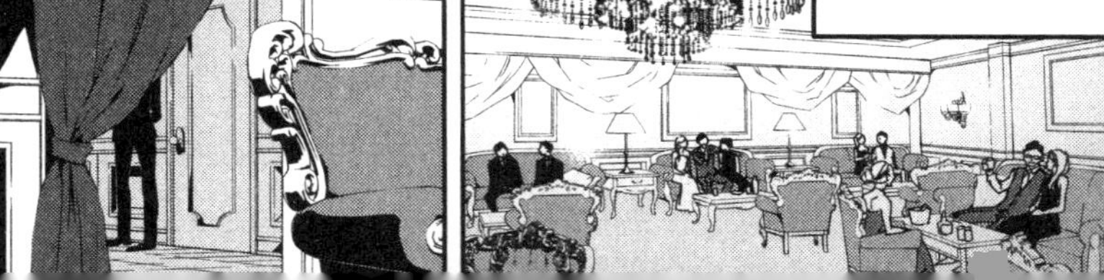

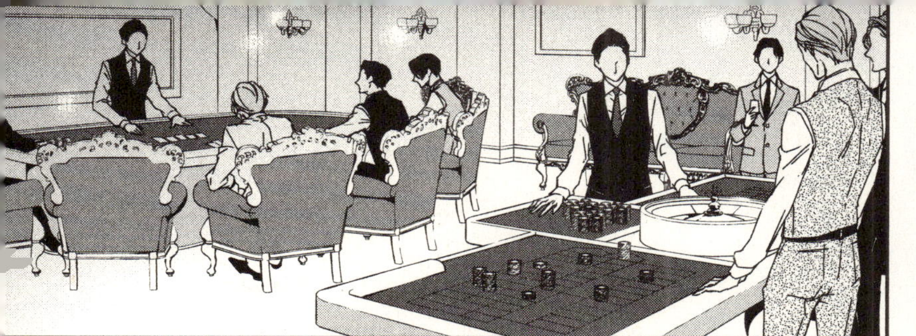

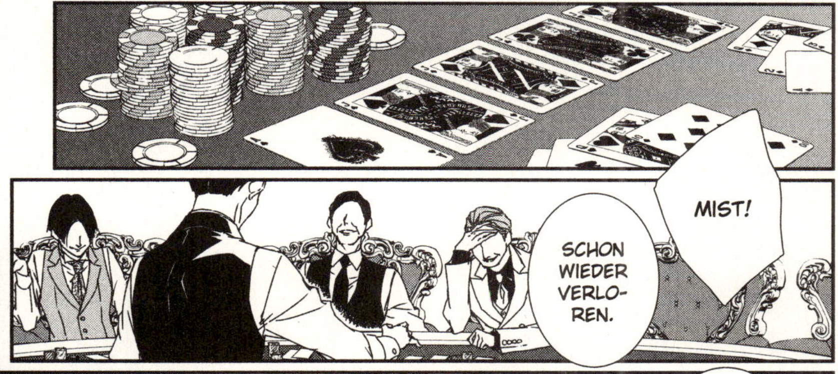
MIST!
SCHON WIEDER VERLOREN.

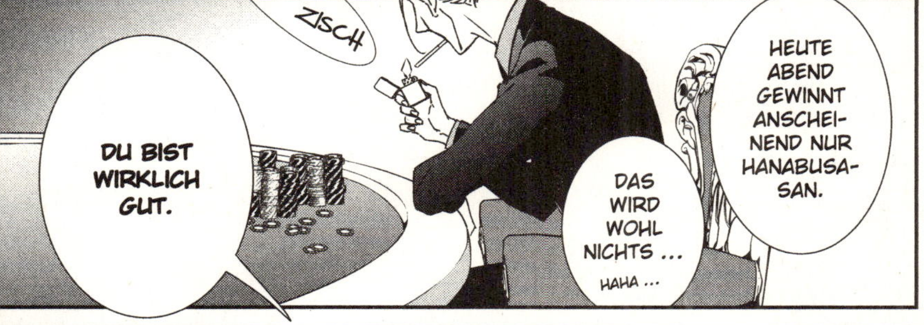
HEUTE ABEND GEWINNT ANSCHEINEND NUR HANABUSA-SAN.
DAS WIRD WOHL NICHTS ...
HAHA ...
ZISCH
DU BIST WIRKLICH GUT.

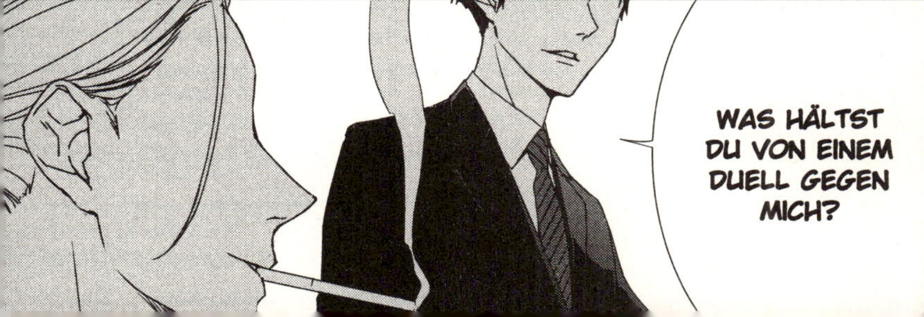
WAS HÄLTST DU VON EINEM DUELL GEGEN MICH?

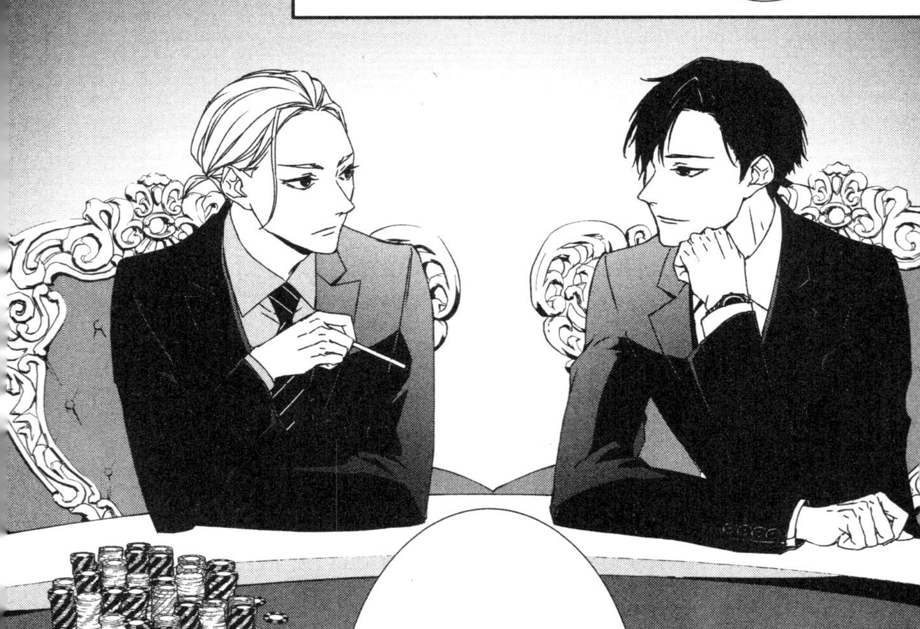
UND WENN ICH GEWINNE ...
... GEHÖRST DU HEUTE NACHT MIR.

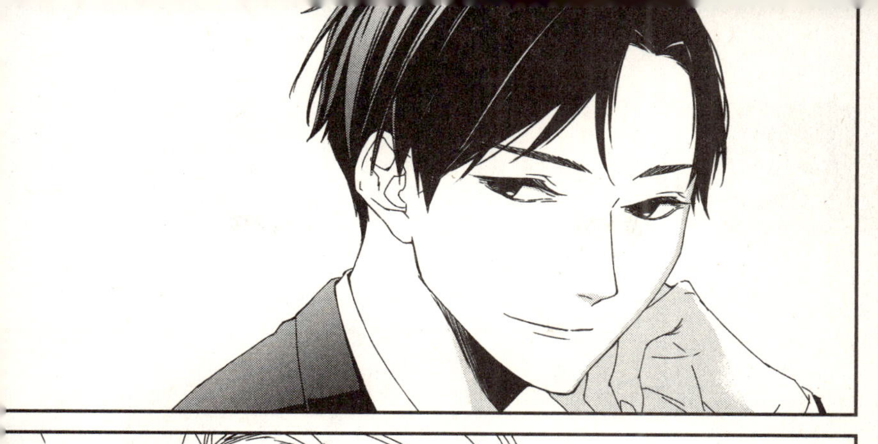

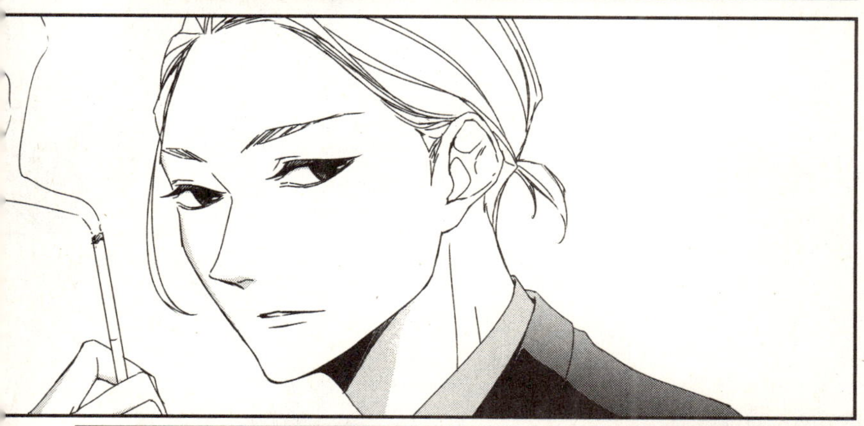

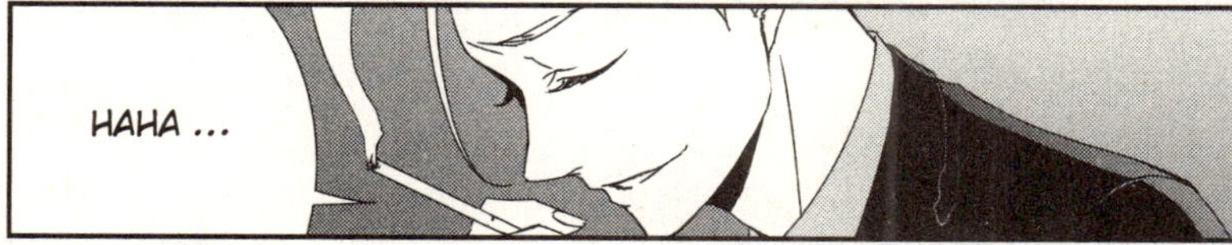
HAHA ...

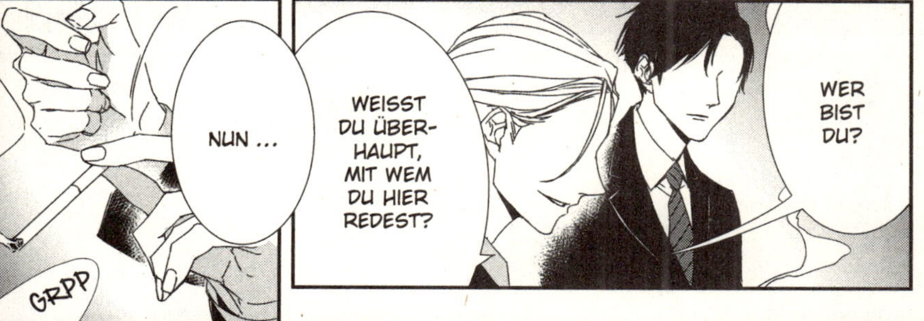
WER BIST DU?
WEISST DU ÜBER-HAUPT, MIT WEM DU HIER REDEST?
NUN ...
GRPP

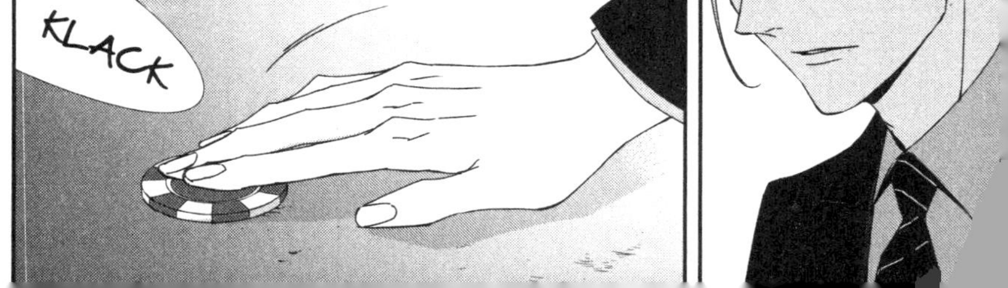
FFFH
DU HAST MICH ANGESPRO-CHEN, WEIL ...
... DU WEISST, WER ICH BIN, ODER?
KLACK

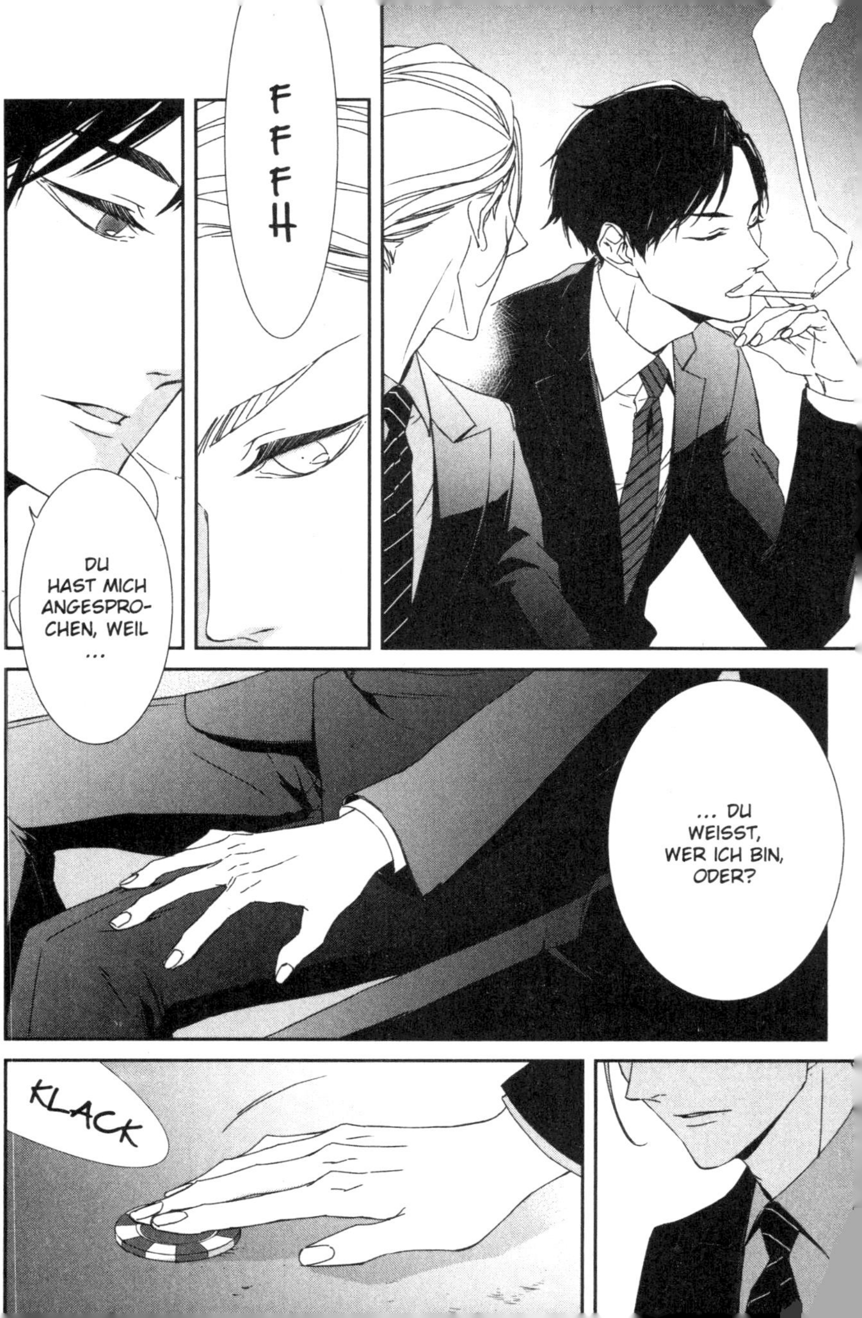

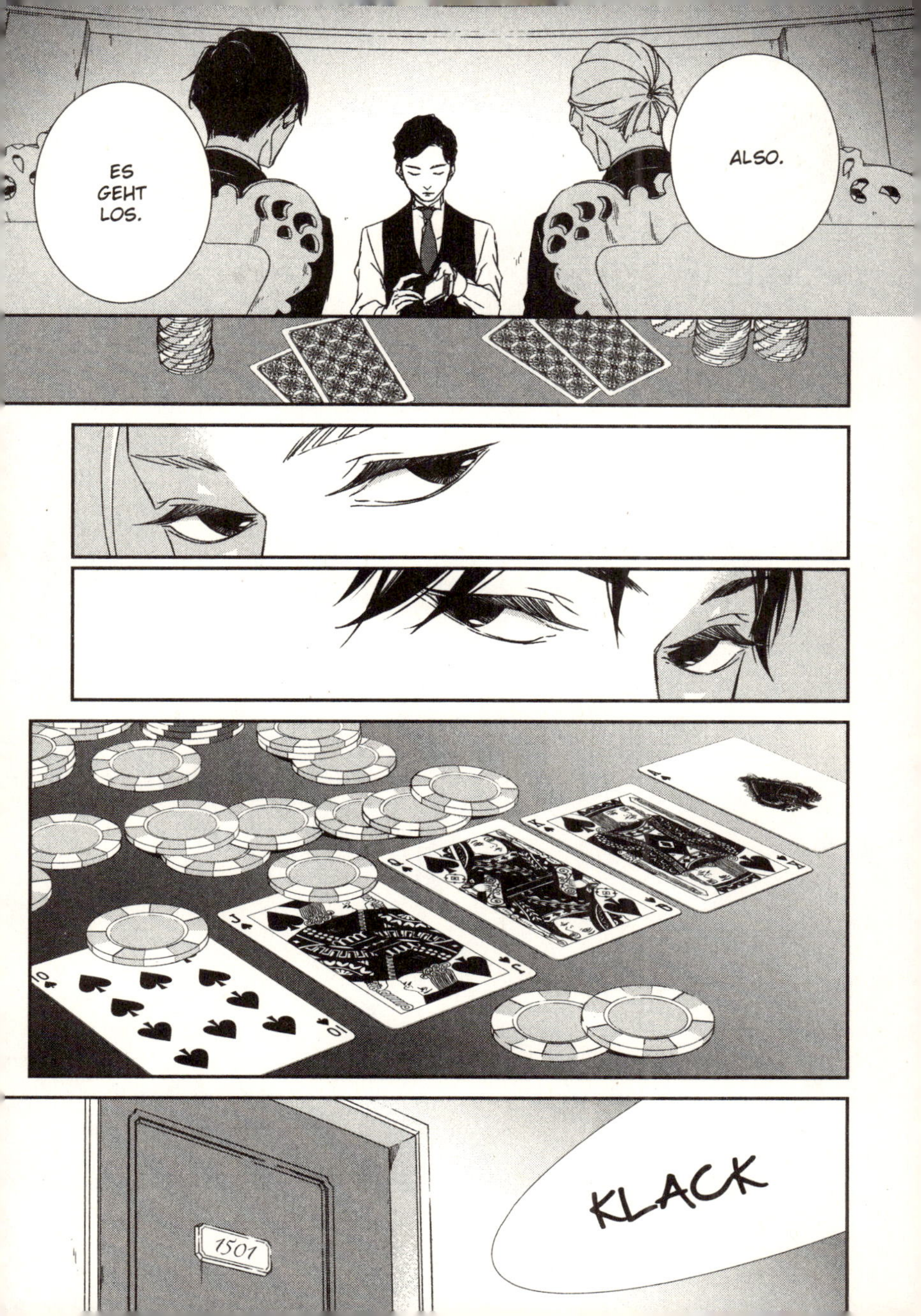

ALSO.

ES GEHT LOS.

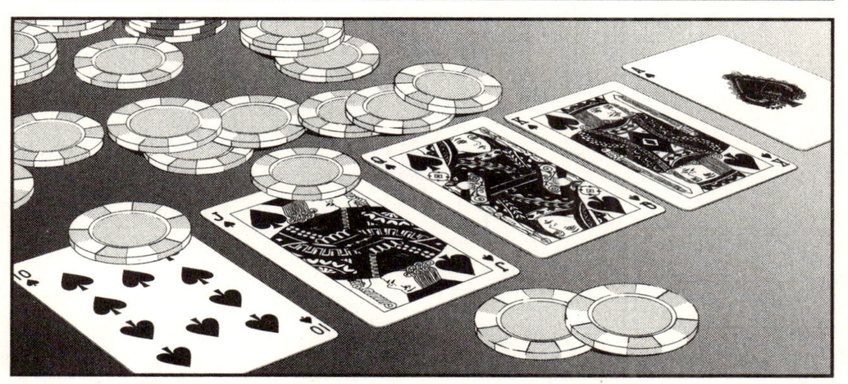

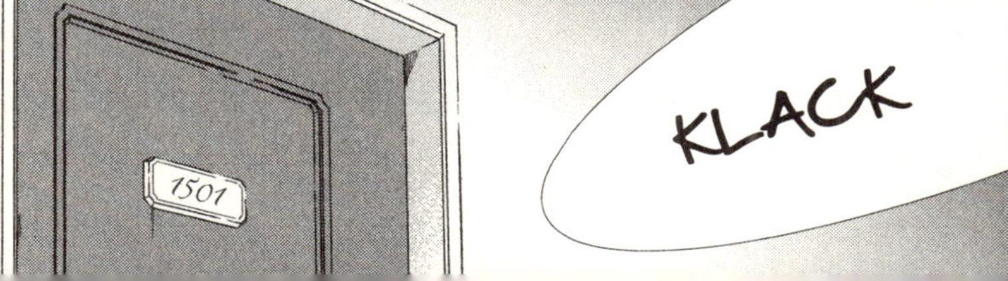

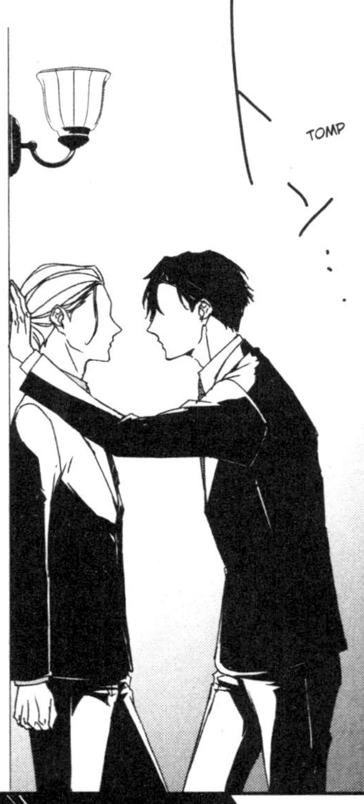
TOMP

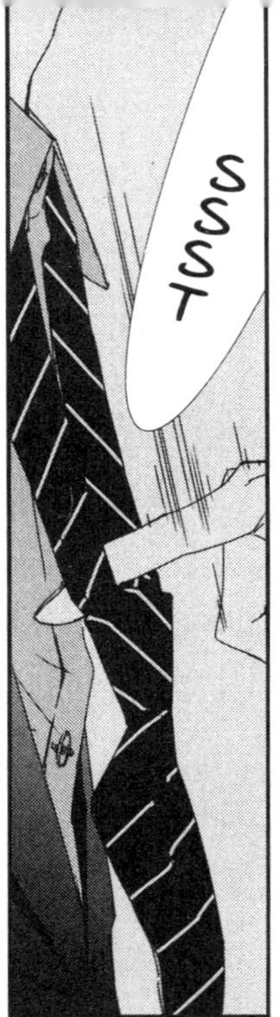
SSSST

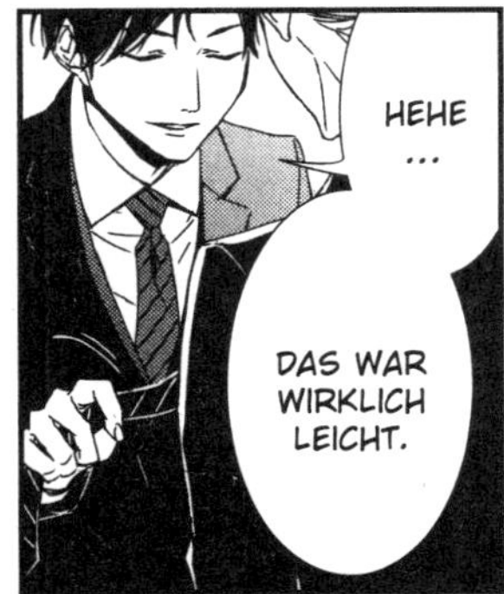
HEHE …
DAS WAR WIRKLICH LEICHT.

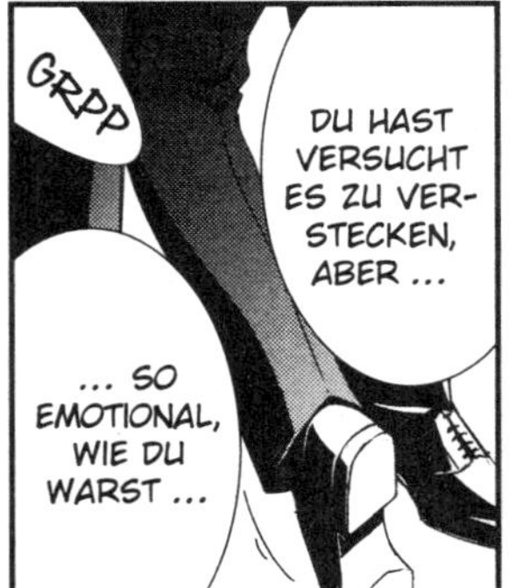
GRPP
DU HAST VERSUCHT ES ZU VER-STECKEN, ABER …
… SO EMOTIONAL, WIE DU WARST …

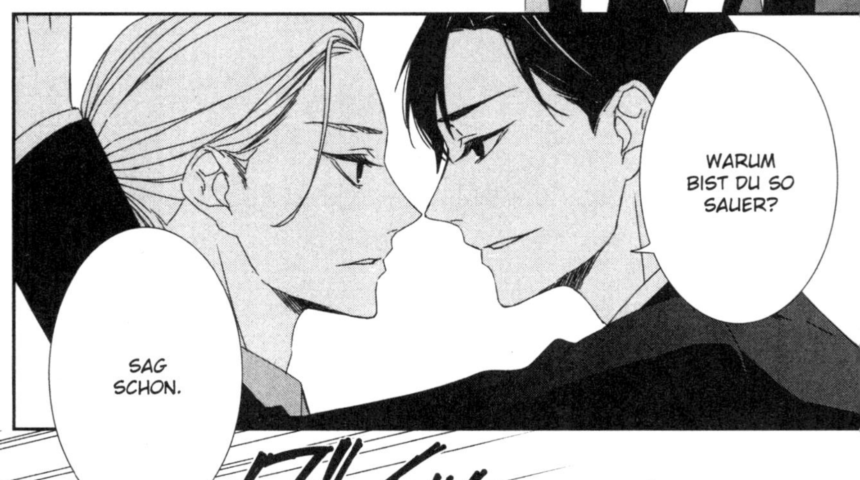
WARUM BIST DU SO SAUER?
SAG SCHON.
GWIP

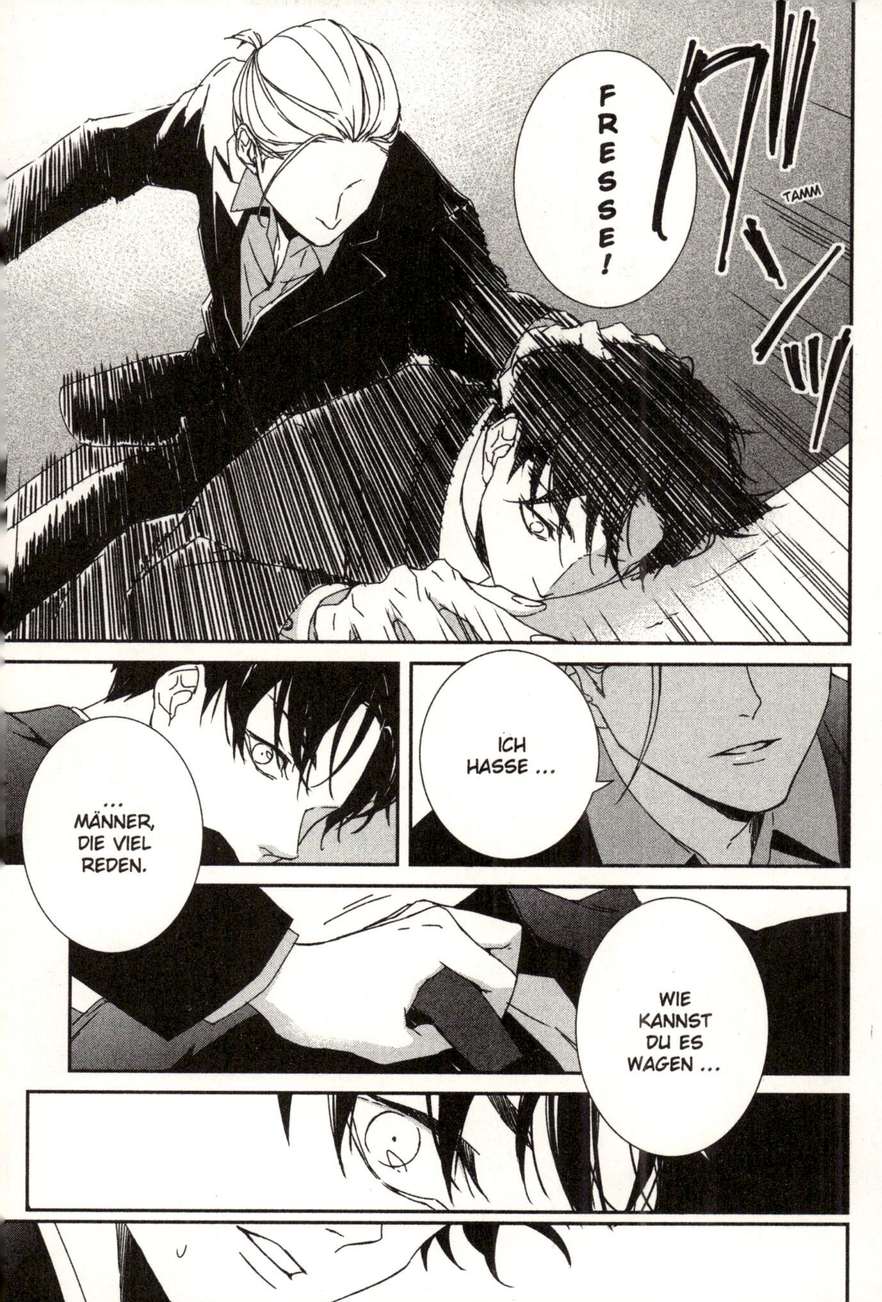
FRESSE!
TAMM
ICH HASSE …
… MÄNNER, DIE VIEL REDEN.
WIE KANNST DU ES WAGEN …

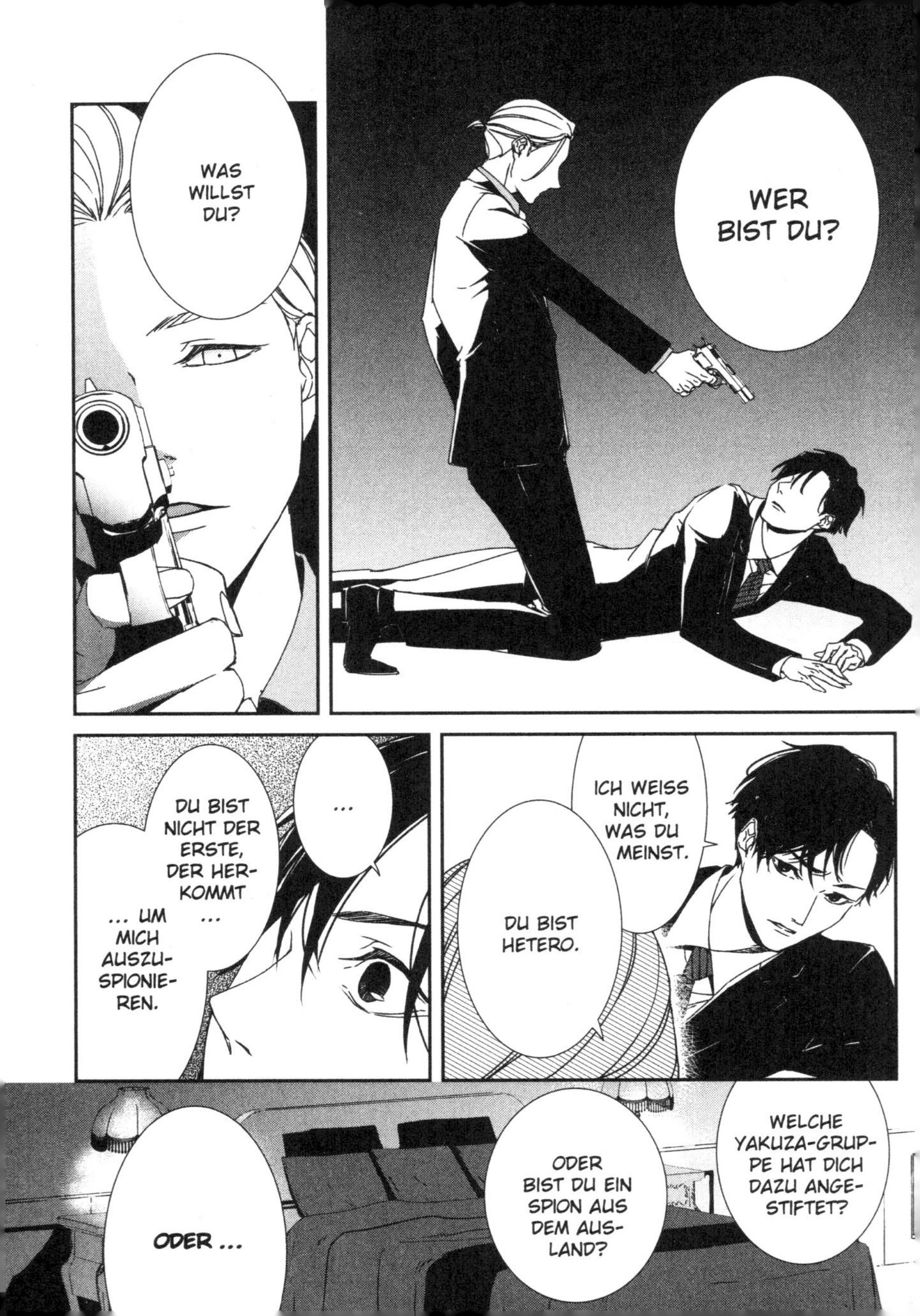

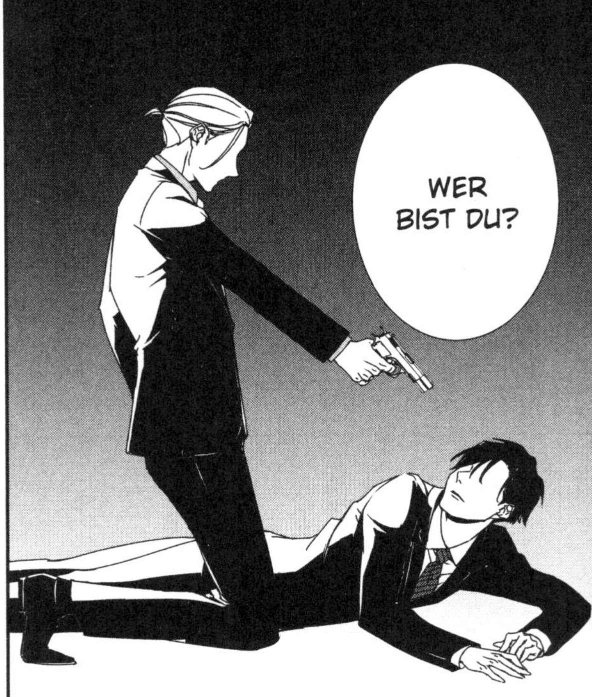

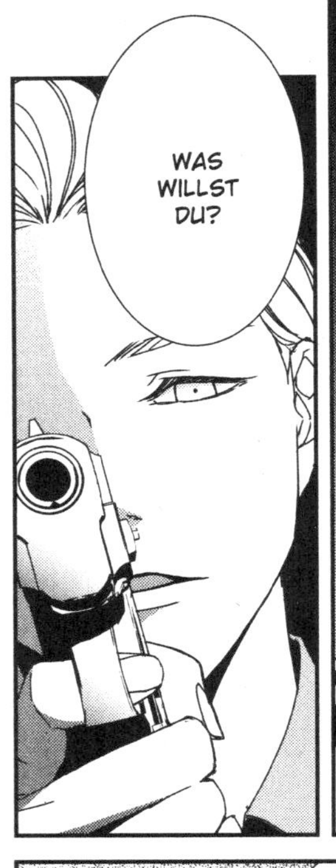

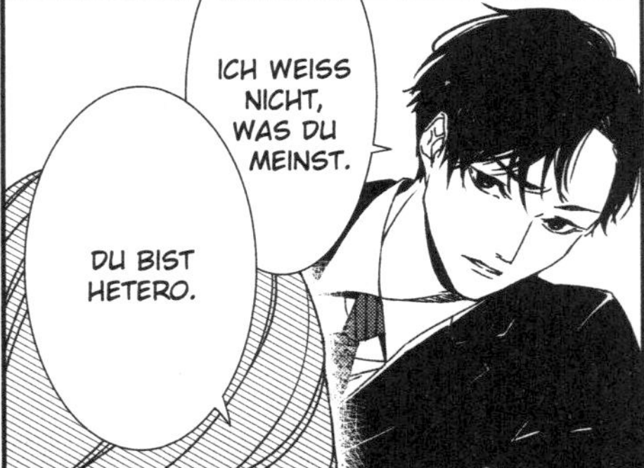

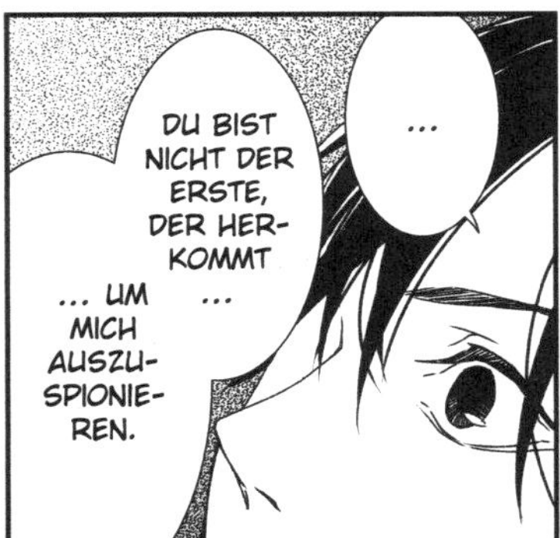

WELCHE YAKUZA-GRUP-PE HAT DICH DAZU ANGE-STIFTET?

ODER BIST DU EIN SPION AUS DEM AUS-LAND?

ODER ...

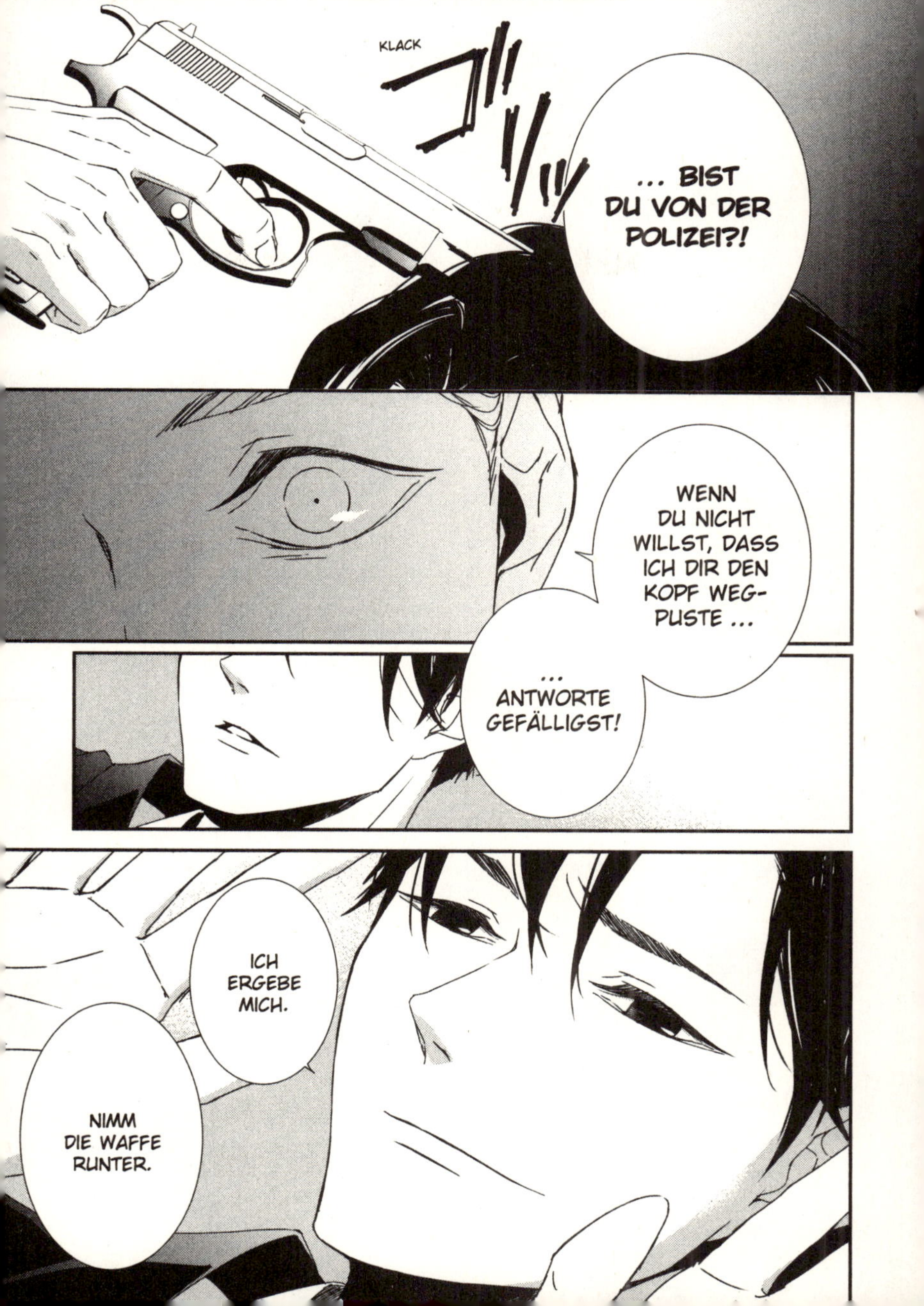

KLACK

... BIST DU VON DER POLIZEI?!

WENN DU NICHT WILLST, DASS ICH DIR DEN KOPF WEG-PUSTE ...

... ANTWORTE GEFÄLLIGST!

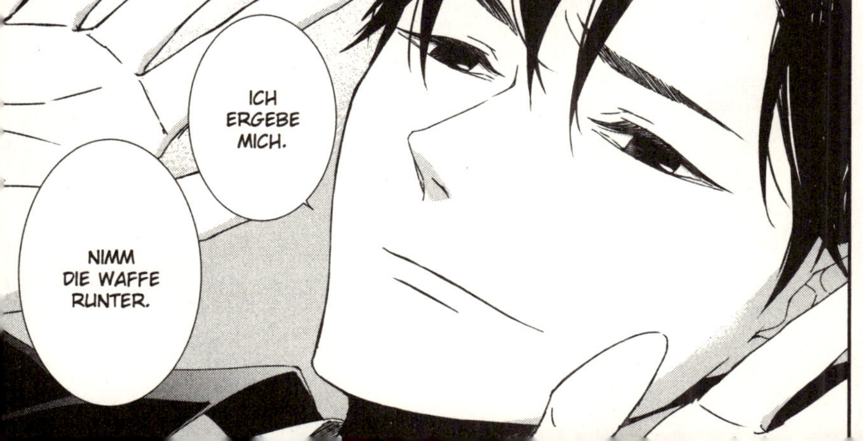

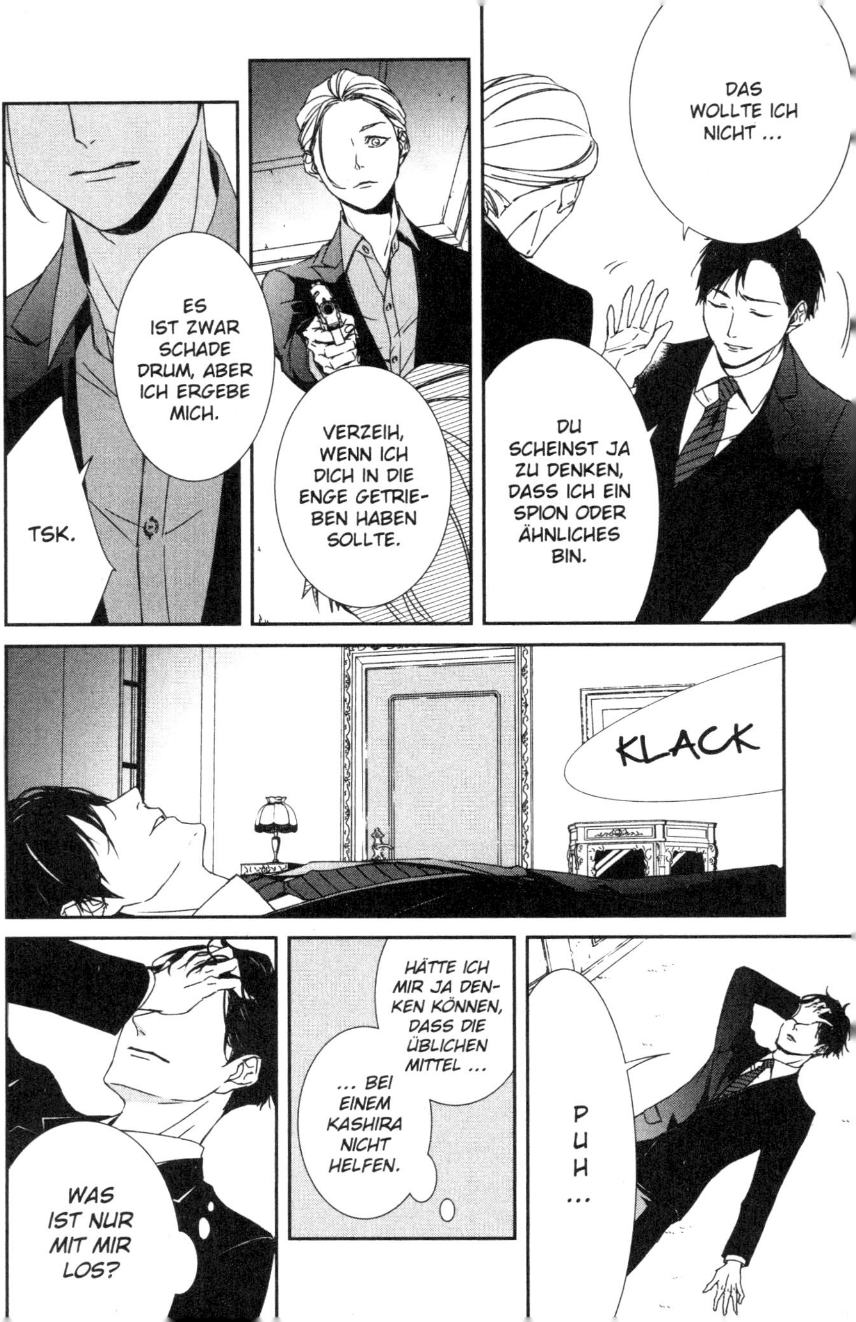

DAS WOLLTE ICH NICHT …

DU SCHEINST JA ZU DENKEN, DASS ICH EIN SPION ODER ÄHNLICHES BIN.

VERZEIH, WENN ICH DICH IN DIE ENGE GETRIEBEN HABEN SOLLTE.

ES IST ZWAR SCHADE DRUM, ABER ICH ERGEBE MICH.

TSK.

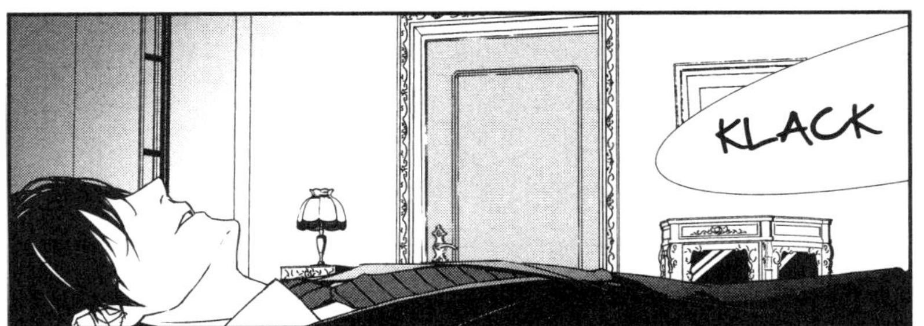

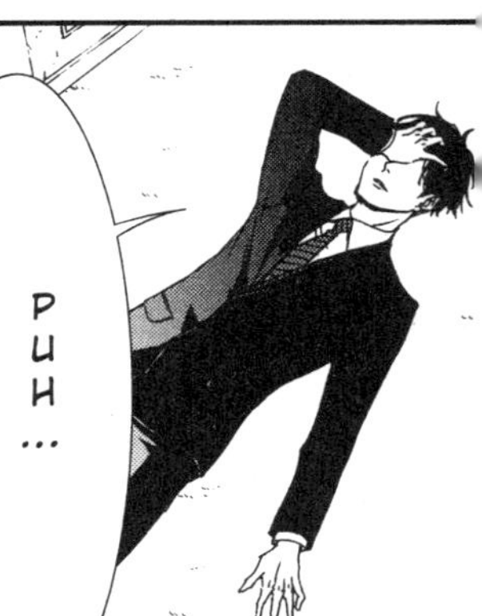

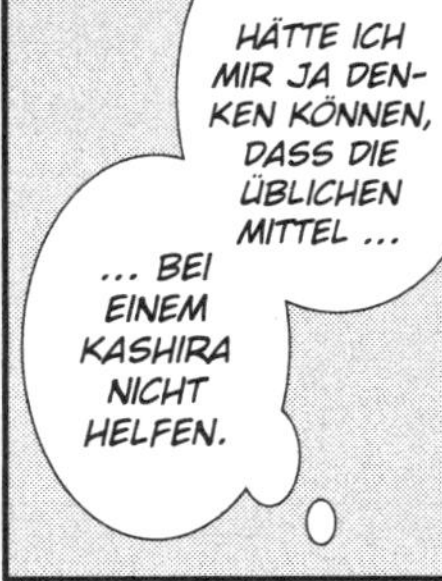

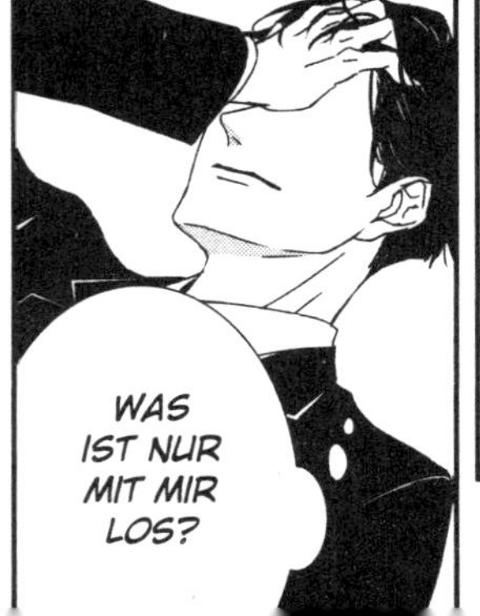

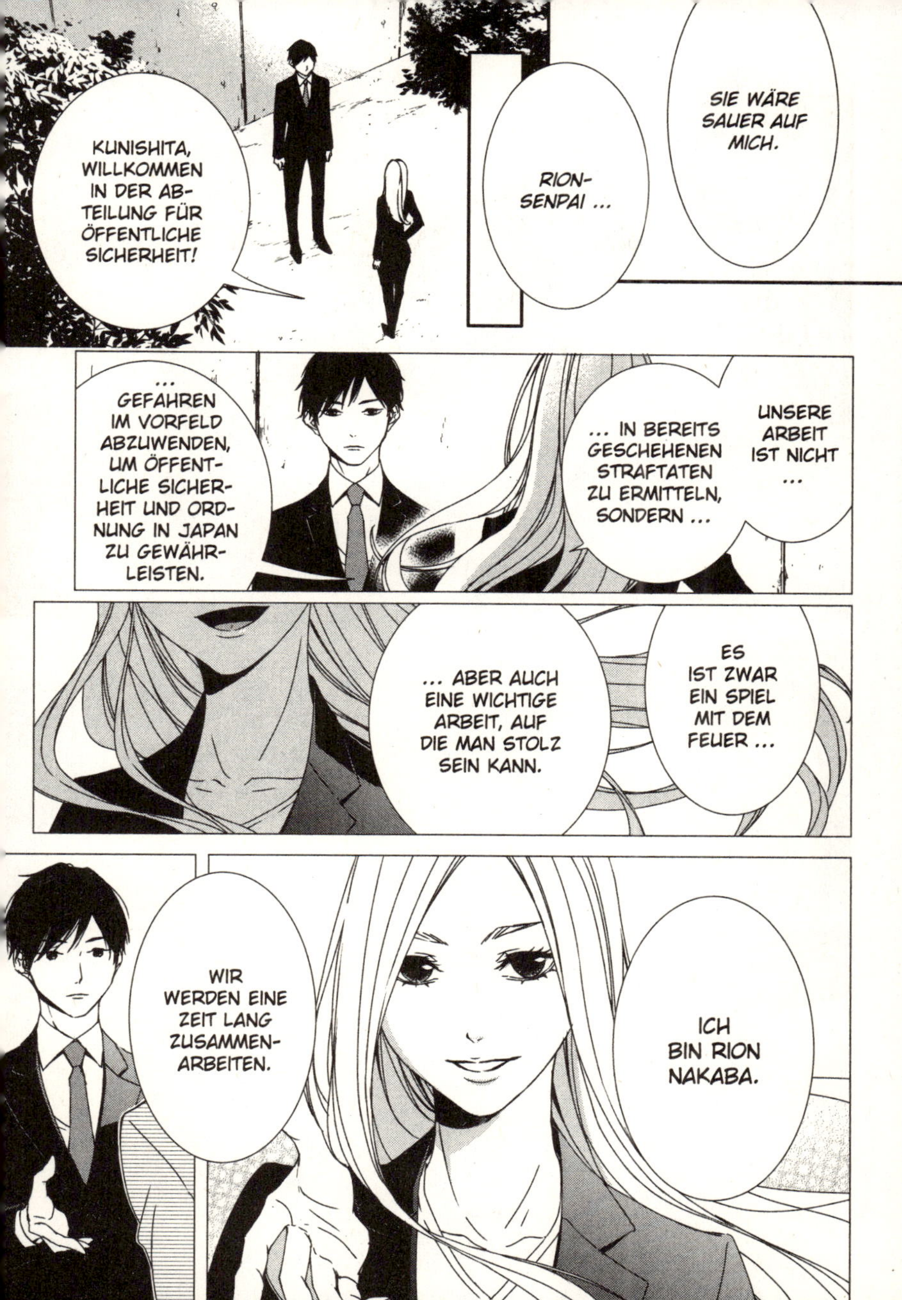
SIE WÄRE SAUER AUF MICH.
RION-SENPAI …
KUNISHITA, WILLKOMMEN IN DER ABTEILUNG FÜR ÖFFENTLICHE SICHERHEIT!
UNSERE ARBEIT IST NICHT …
… IN BEREITS GESCHEHENEN STRAFTATEN ZU ERMITTELN, SONDERN …
… GEFAHREN IM VORFELD ABZUWENDEN, UM ÖFFENTLICHE SICHERHEIT UND ORDNUNG IN JAPAN ZU GEWÄHRLEISTEN.
ES IST ZWAR EIN SPIEL MIT DEM FEUER …
… ABER AUCH EINE WICHTIGE ARBEIT, AUF DIE MAN STOLZ SEIN KANN.
ICH BIN RION NAKABA.
WIR WERDEN EINE ZEIT LANG ZUSAMMENARBEITEN.

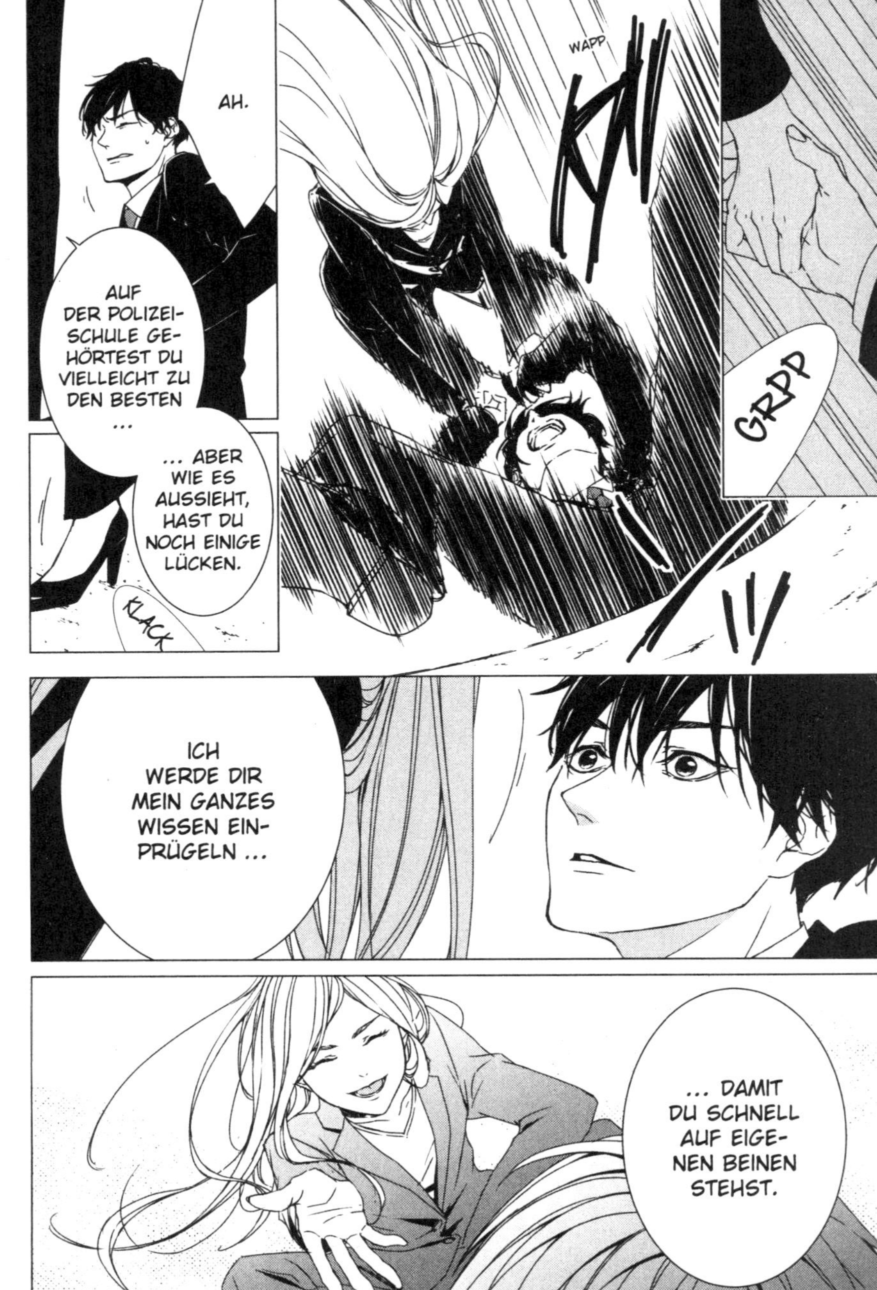
GRPP
WAPP
AH.
AUF DER POLIZEI-SCHULE GE-HÖRTEST DU VIELLEICHT ZU DEN BESTEN …
… ABER WIE ES AUSSIEHT, HAST DU NOCH EINIGE LÜCKEN.
KLACK
ICH WERDE DIR MEIN GANZES WISSEN EIN-PRÜGELN …
… DAMIT DU SCHNELL AUF EIGE-NEN BEINEN STEHST.

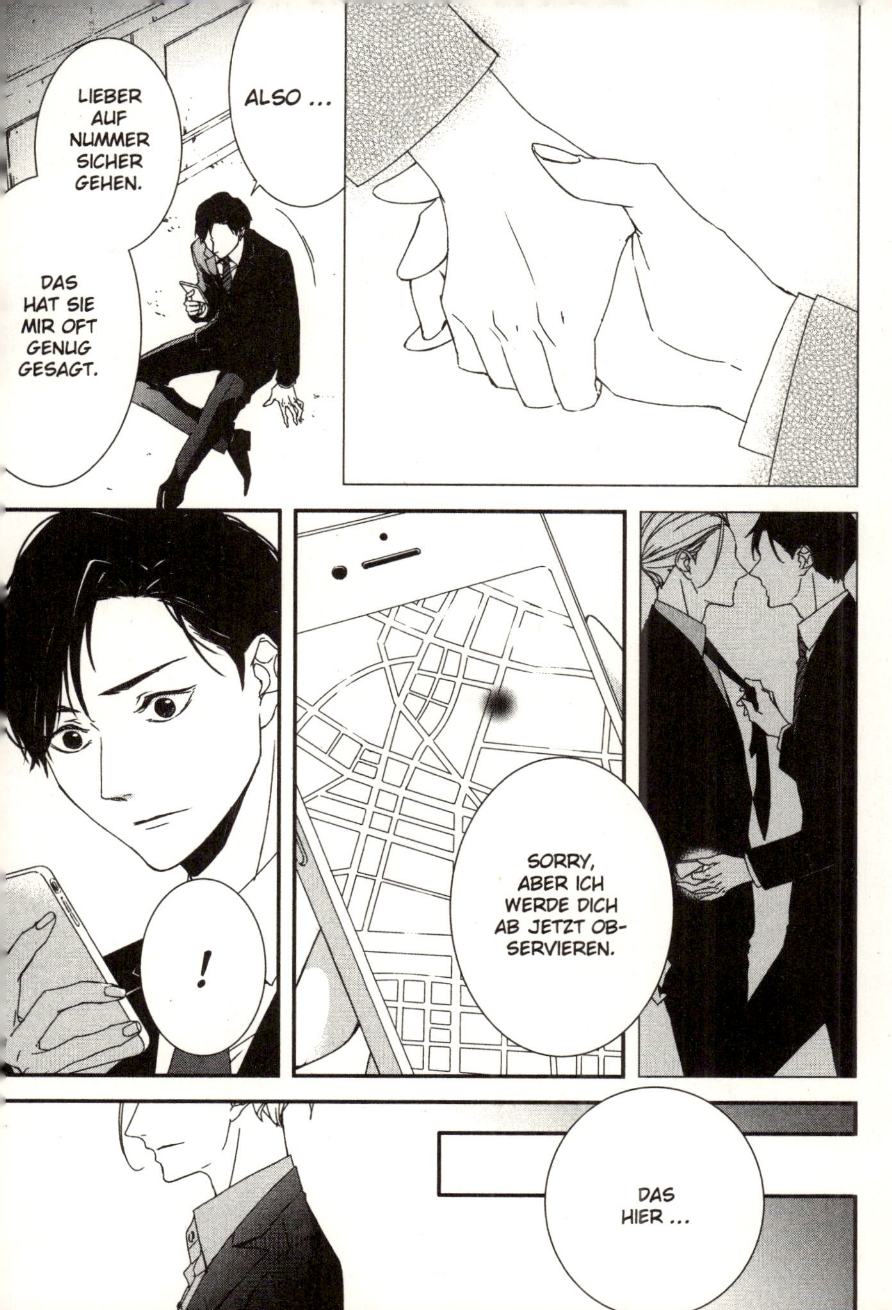
ALSO …
LIEBER AUF NUMMER SICHER GEHEN.
DAS HAT SIE MIR OFT GENUG GESAGT.
SORRY, ABER ICH WERDE DICH AB JETZT OB-SERVIEREN.
!
DAS HIER …

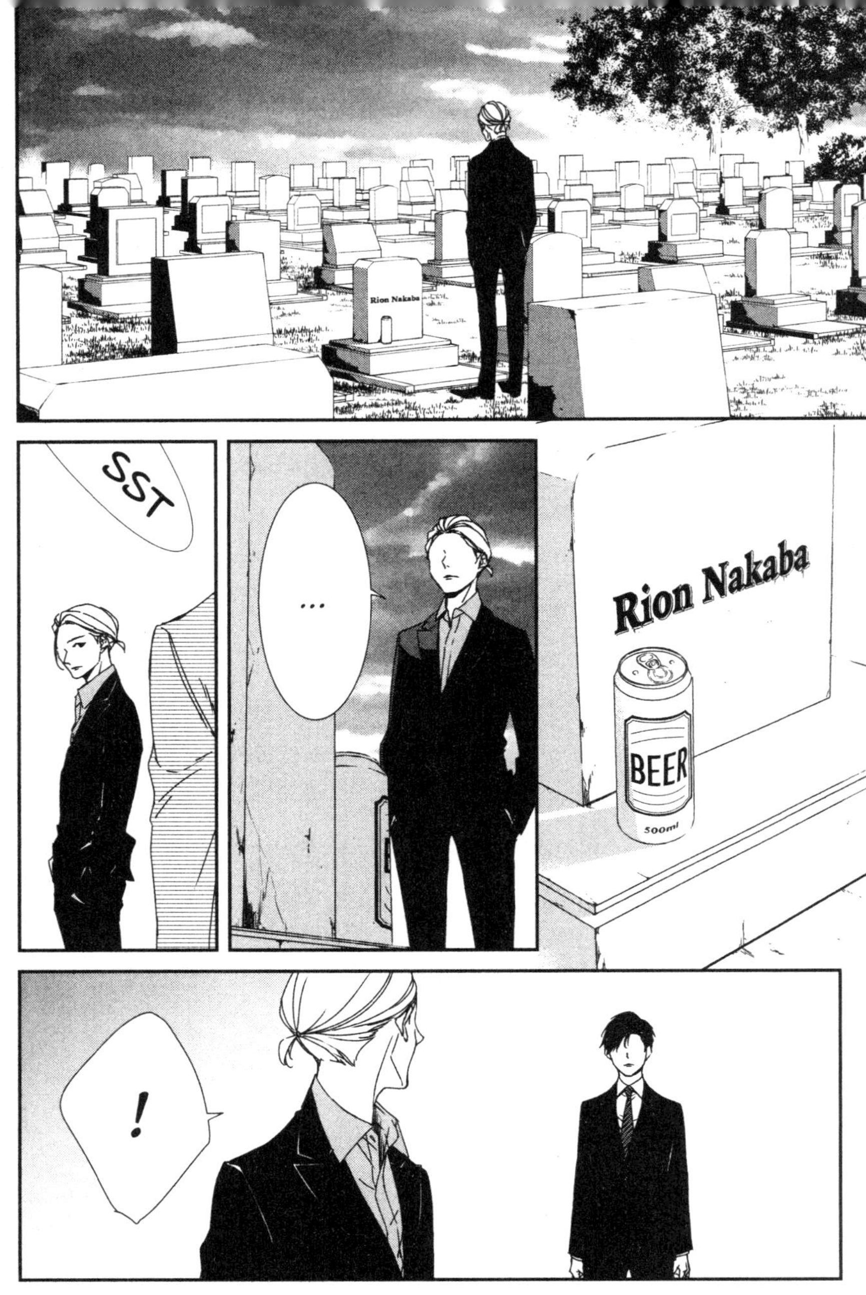
Rion Nakaba
SST
...
Rion Nakaba
BEER
500ml
!

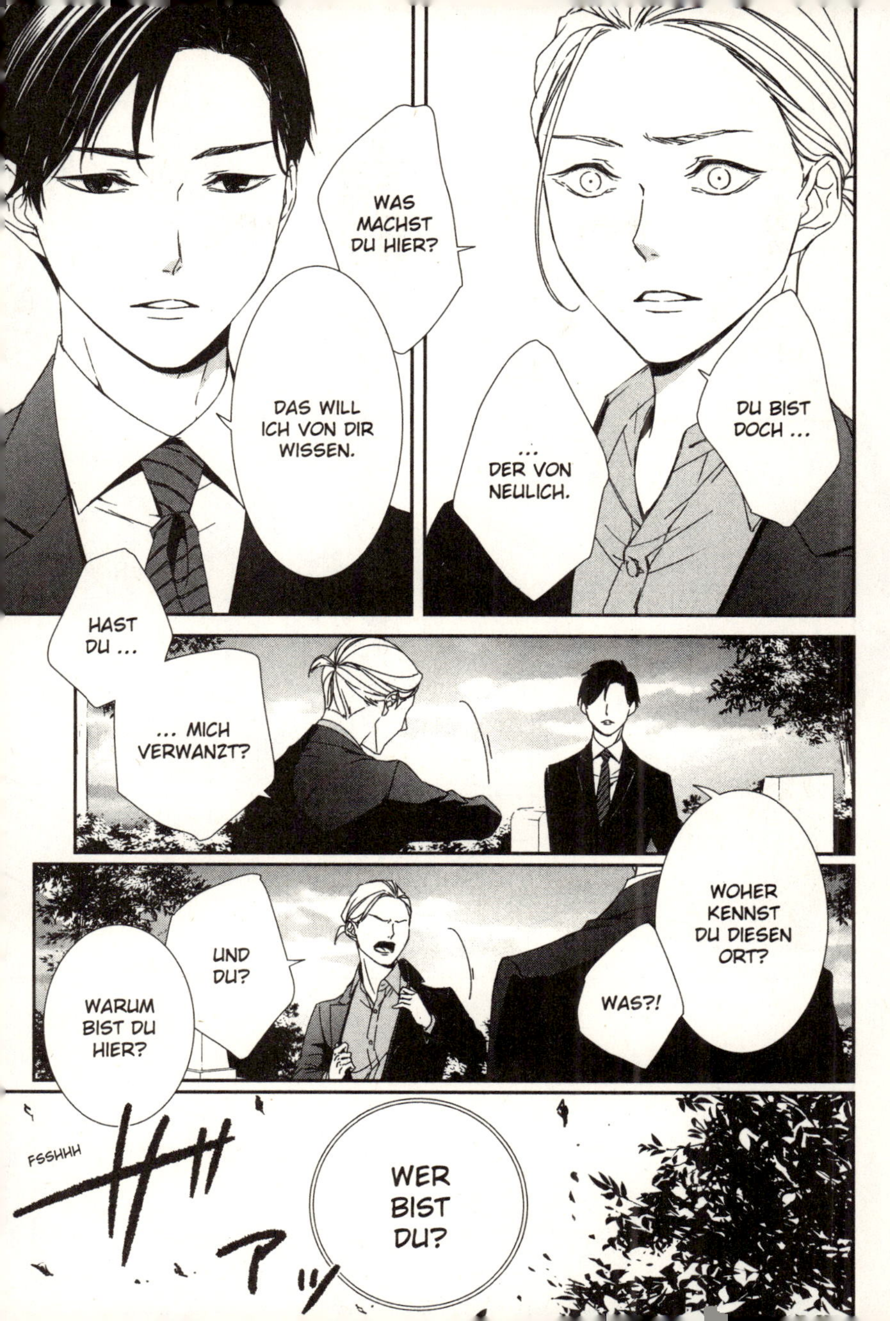
DU BIST DOCH …
… DER VON NEULICH.
WAS MACHST DU HIER?
DAS WILL ICH VON DIR WISSEN.
HAST DU …
… MICH VERWANZT?
WOHER KENNST DU DIESEN ORT?
WAS?!
UND DU?
WARUM BIST DU HIER?
WER BIST DU?
FSSHHH
アッ

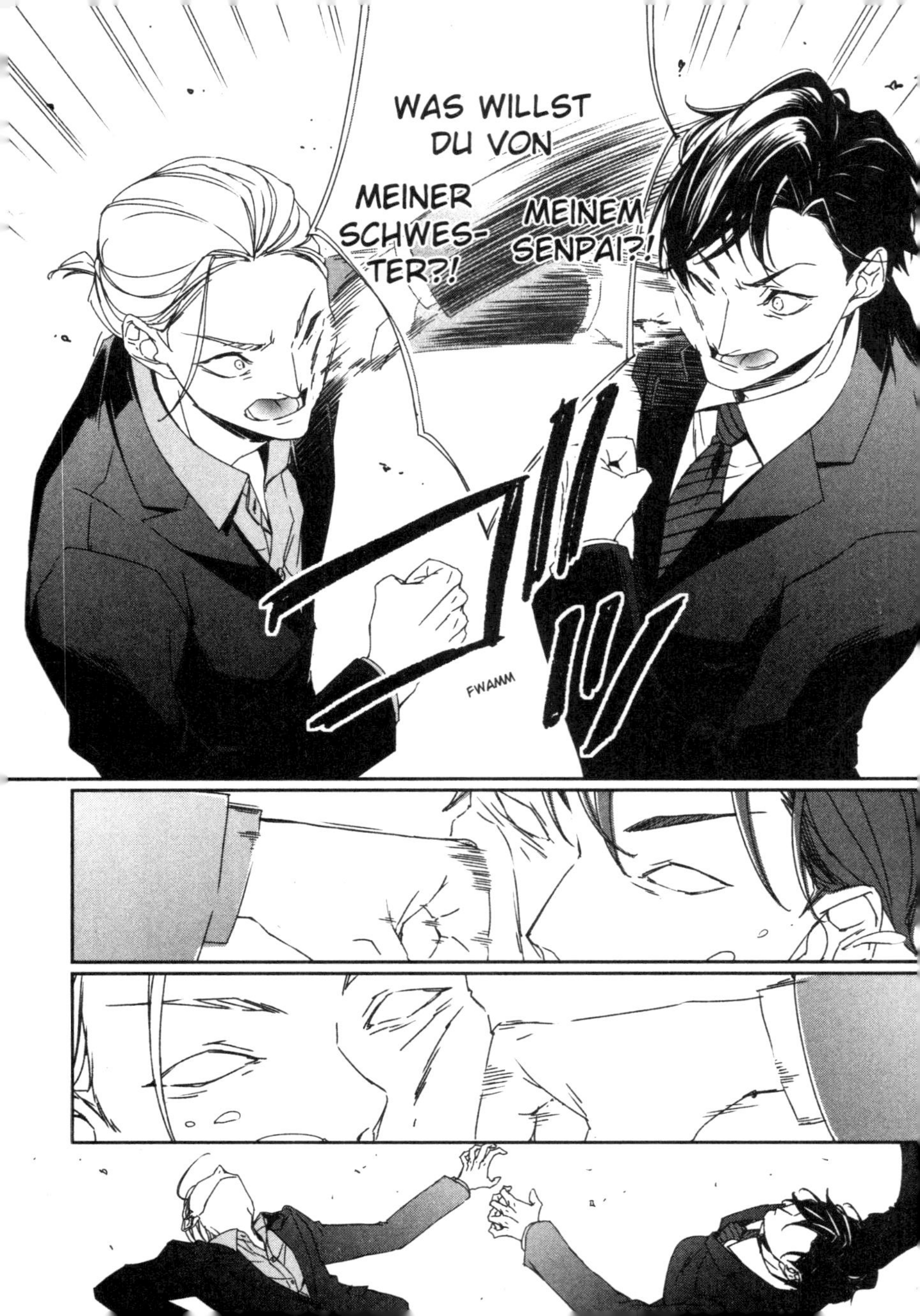
WAS WILLST DU VON
MEINEM SENPAI?!
MEINER SCHWES-TER?!
FWAMM

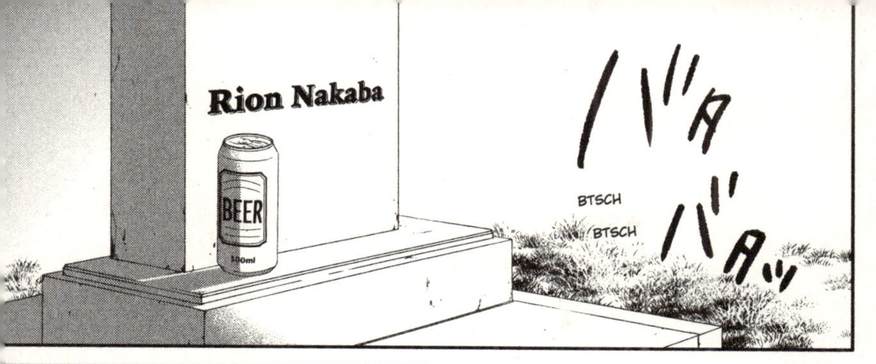
Rion Nakaba
BEER
BTSCH
BTSCH
バタバタッ

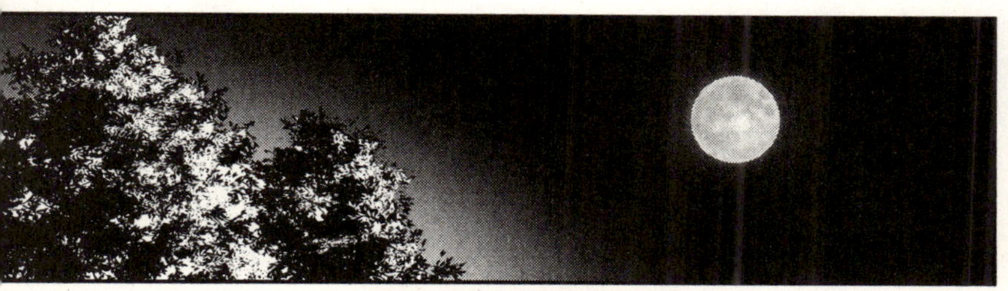

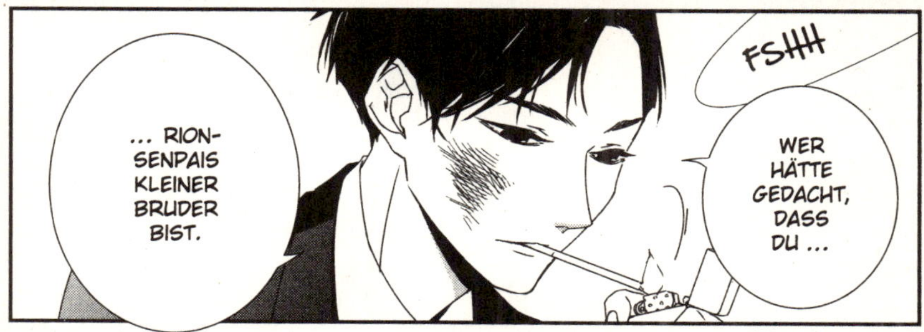
FSHH
WER HÄTTE GEDACHT, DASS DU ...
... RION-SENPAIS KLEINER BRUDER BIST.

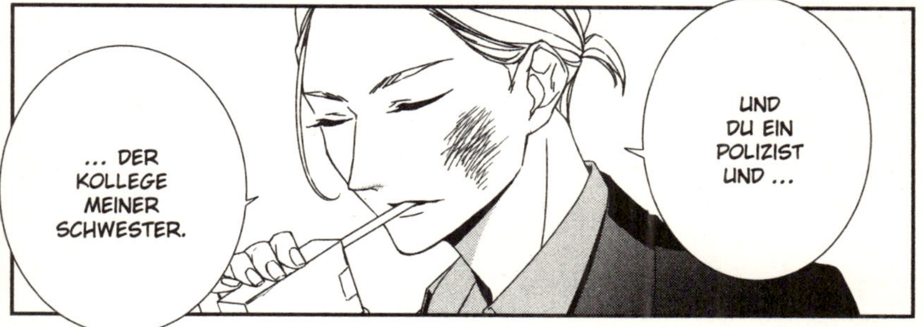
UND DU EIN POLIZIST UND ...
... DER KOLLEGE MEINER SCHWESTER.

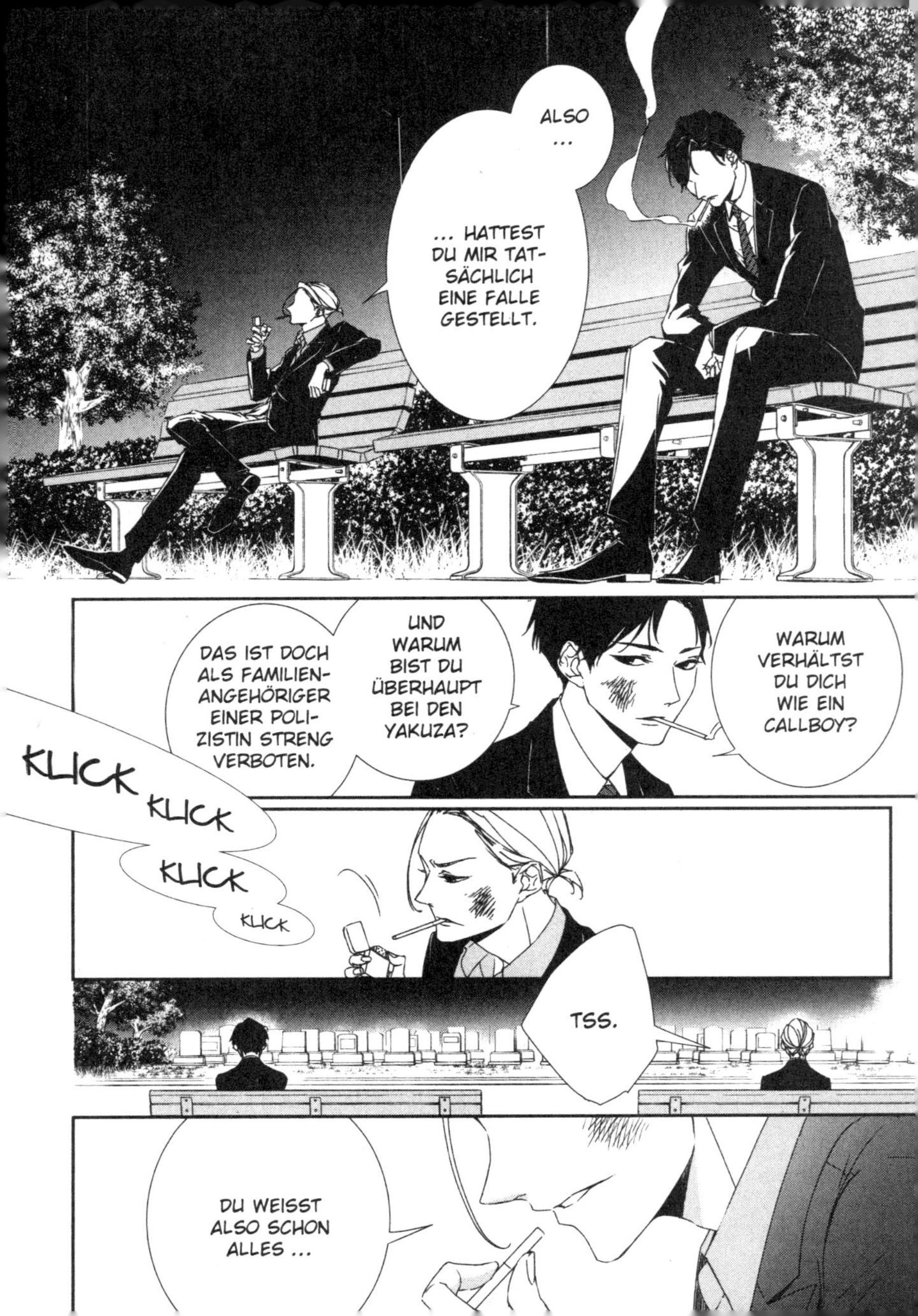
ALSO ...
... HATTEST DU MIR TATSÄCHLICH EINE FALLE GESTELLT.
WARUM VERHÄLTST DU DICH WIE EIN CALLBOY?
UND WARUM BIST DU ÜBERHAUPT BEI DEN YAKUZA?
DAS IST DOCH ALS FAMILIENANGEHÖRIGER EINER POLIZISTIN STRENG VERBOTEN.
KLICK
KLICK
KLICK
KLICK
TSS.
DU WEISST ALSO SCHON ALLES ...

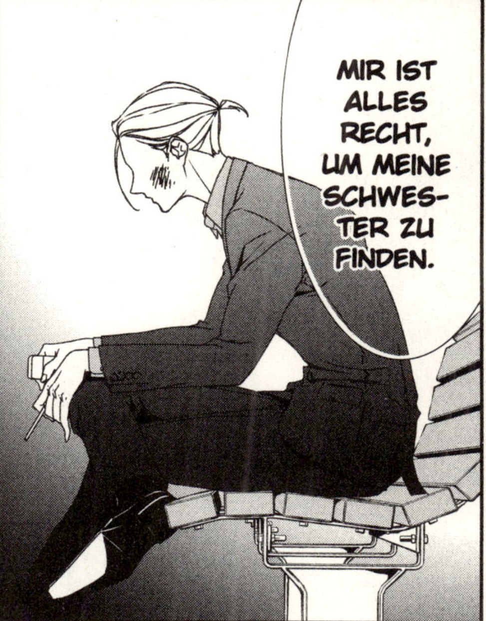
MIR IST ALLES RECHT, UM MEINE SCHWESTER ZU FINDEN.

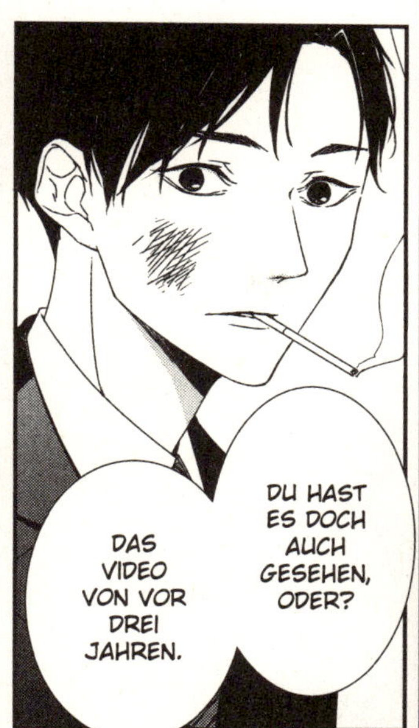
DU HAST ES DOCH AUCH GESEHEN, ODER?
DAS VIDEO VON VOR DREI JAHREN.

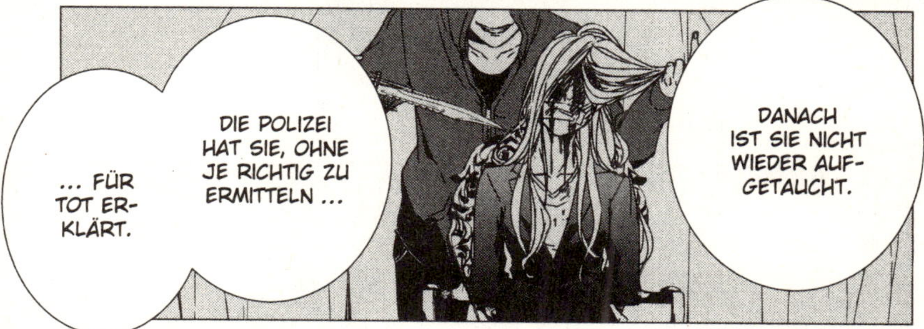
DANACH IST SIE NICHT WIEDER AUFGETAUCHT.
DIE POLIZEI HAT SIE, OHNE JE RICHTIG ZU ERMITTELN ...
... FÜR TOT ERKLÄRT.

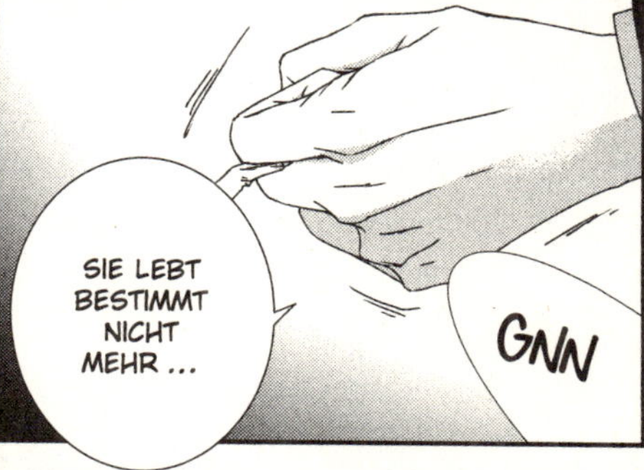
GNN
SIE LEBT BESTIMMT NICHT MEHR ...

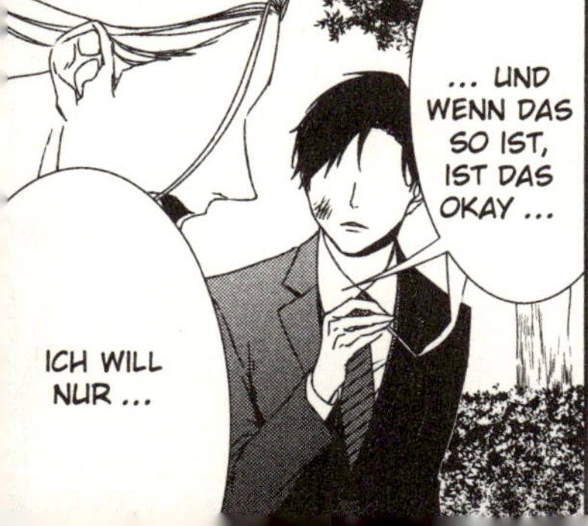
... UND WENN DAS SO IST, IST DAS OKAY ...
ICH WILL NUR ...

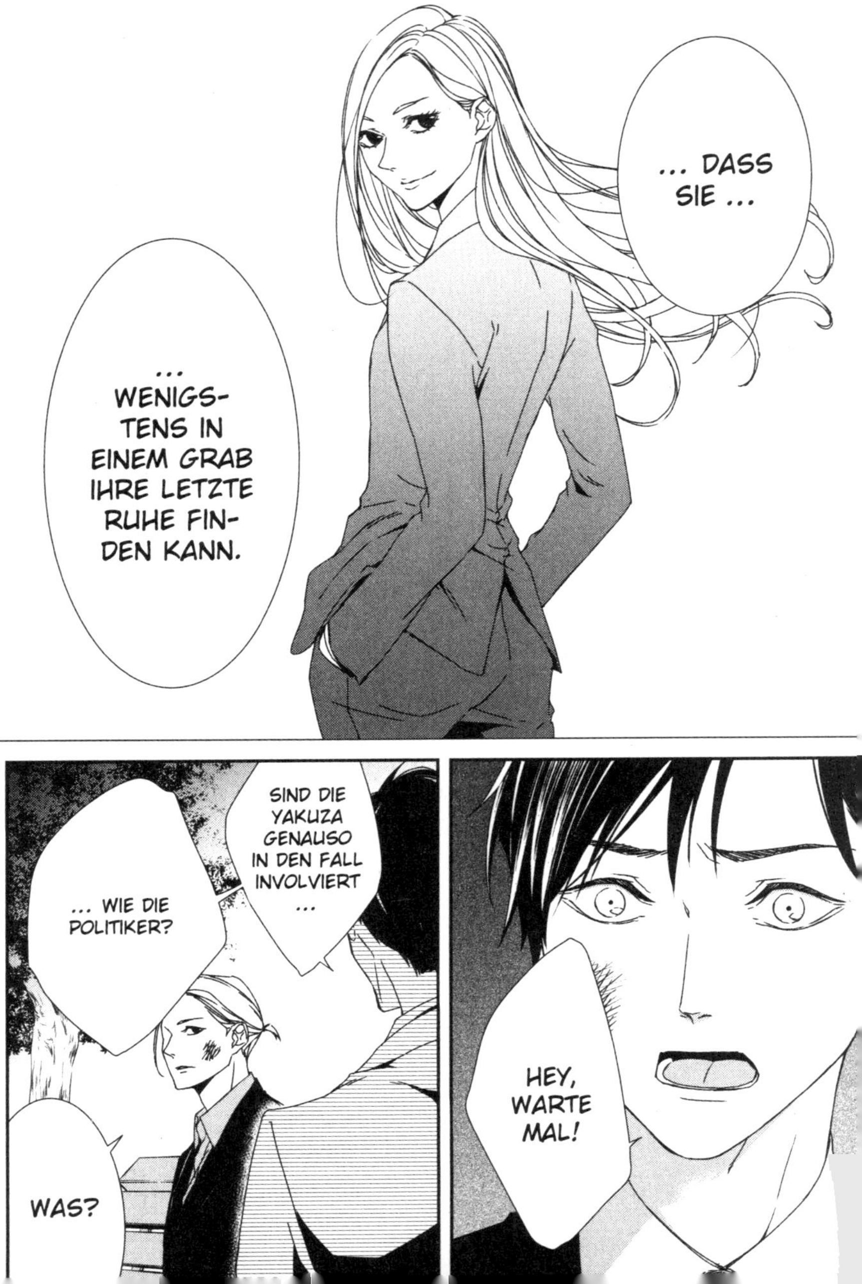

... DASS SIE ...

... WENIGSTENS IN EINEM GRAB IHRE LETZTE RUHE FINDEN KANN.

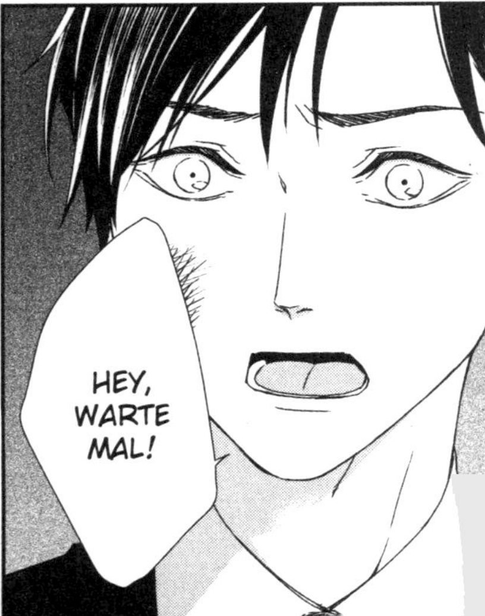

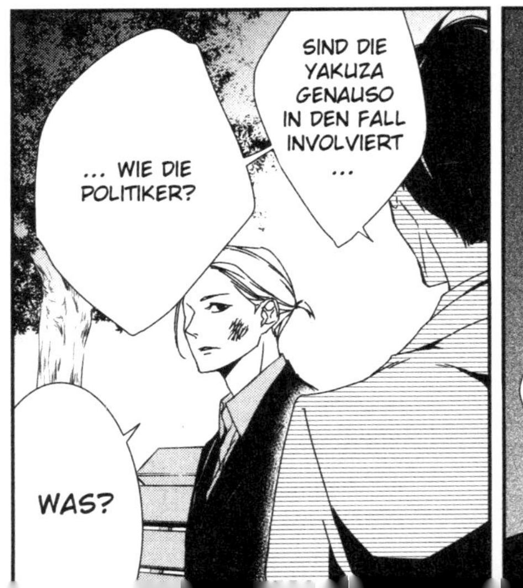

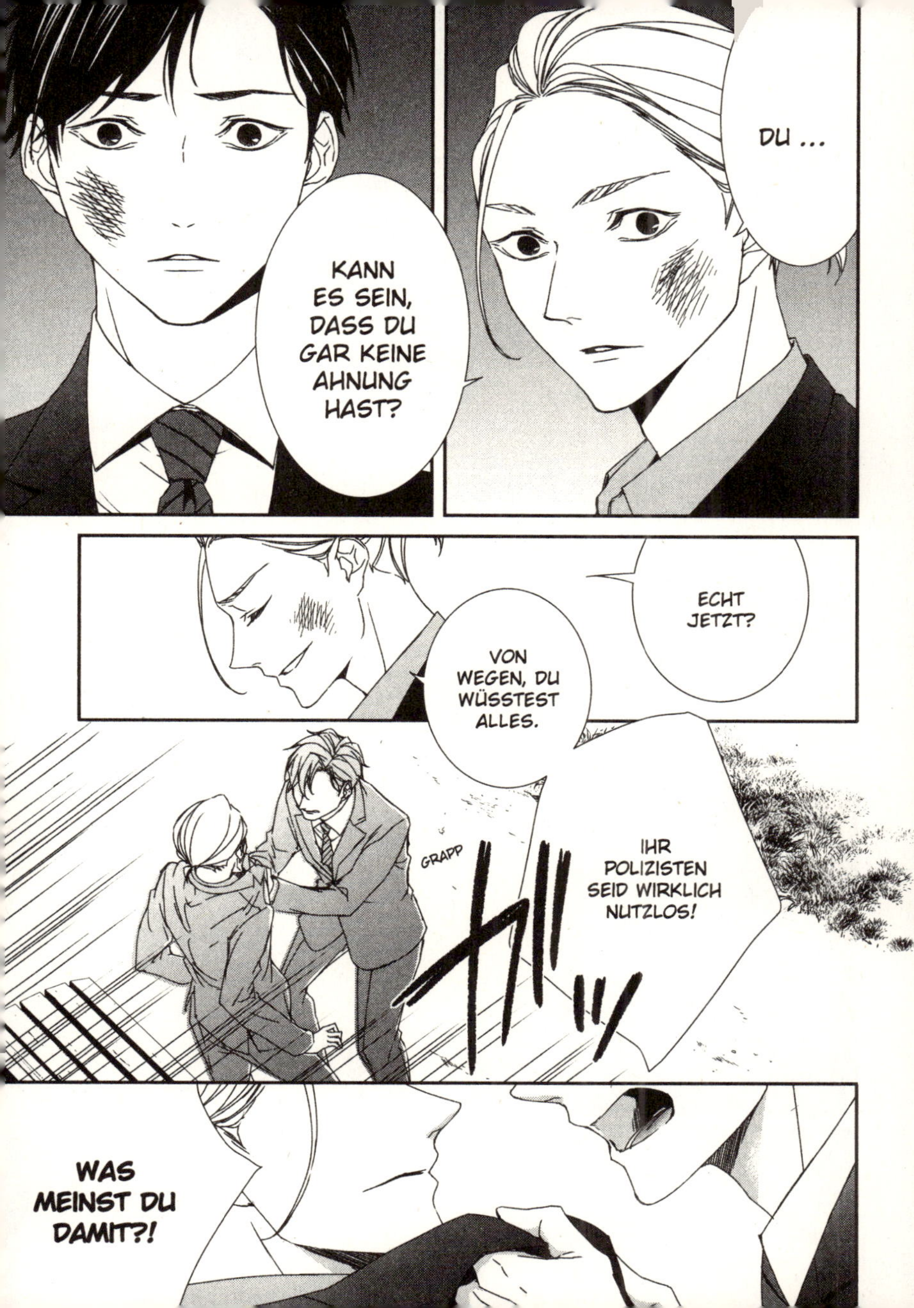
DU ...
KANN ES SEIN, DASS DU GAR KEINE AHNUNG HAST?
ECHT JETZT?
VON WEGEN, DU WÜSSTEST ALLES.
IHR POLIZISTEN SEID WIRKLICH NUTZLOS!
GRAPP
WAS MEINST DU DAMIT?!

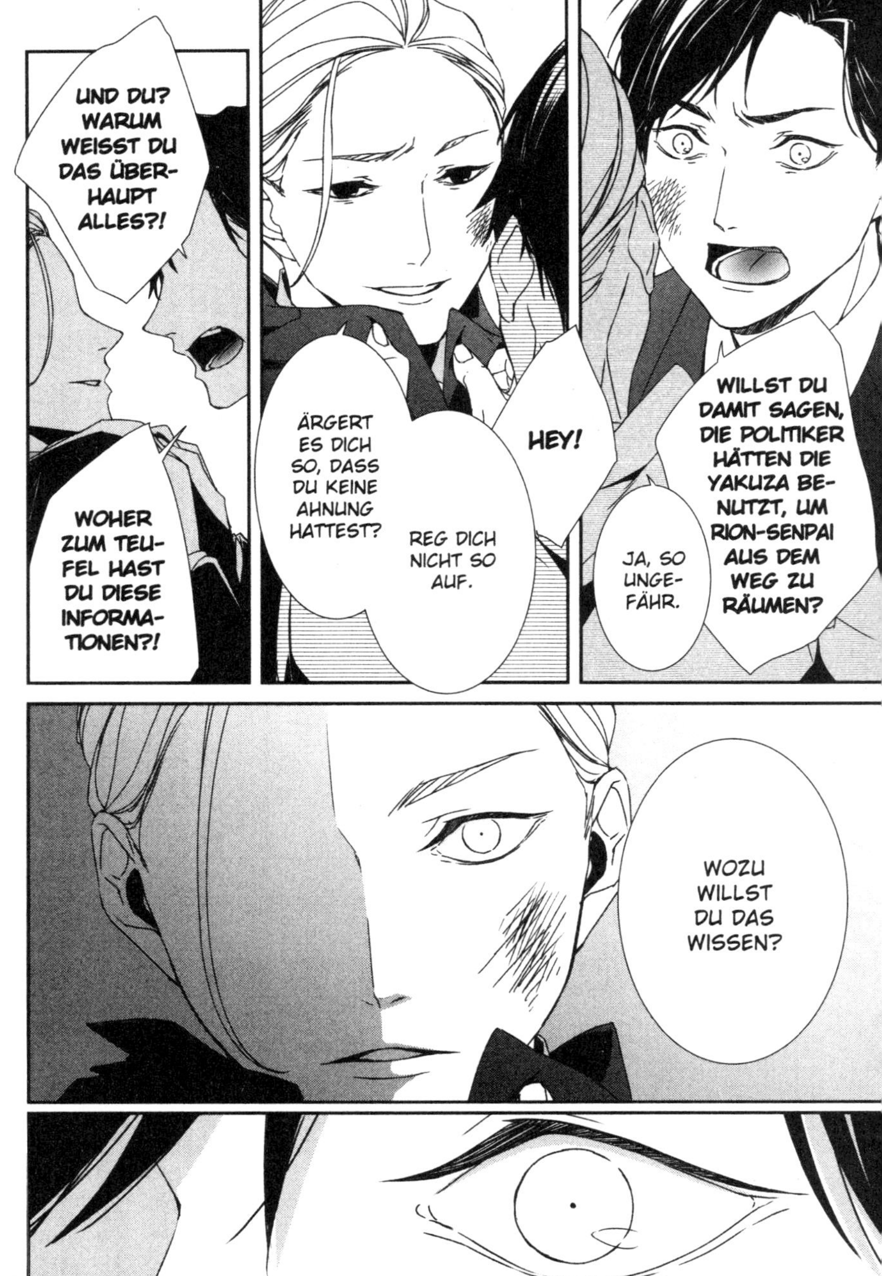
WILLST DU DAMIT SAGEN, DIE POLITIKER HÄTTEN DIE YAKUZA BENUTZT, UM RION-SENPAI AUS DEM WEG ZU RÄUMEN?
JA, SO UNGEFÄHR.
HEY!
ÄRGERT ES DICH SO, DASS DU KEINE AHNUNG HATTEST?
REG DICH NICHT SO AUF.
UND DU? WARUM WEISST DU DAS ÜBERHAUPT ALLES?!
WOHER ZUM TEUFEL HAST DU DIESE INFORMATIONEN?!
WOZU WILLST DU DAS WISSEN?

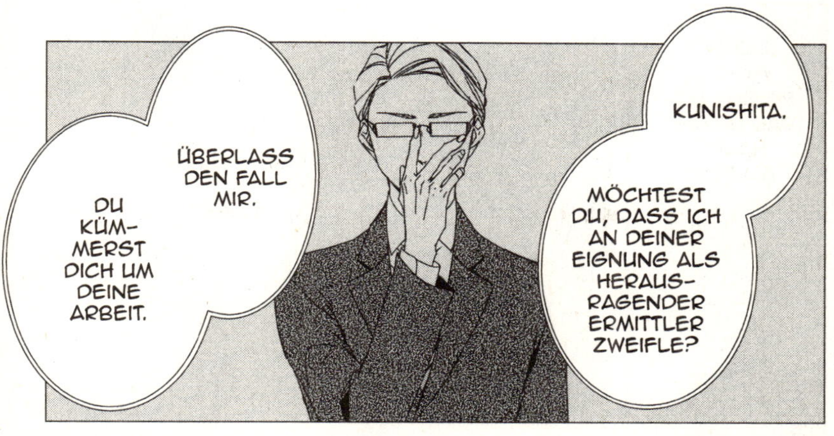
KUNISHITA.
MÖCHTEST DU, DASS ICH AN DEINER EIGNUNG ALS HERAUS-RAGENDER ERMITTLER ZWEIFLE?
ÜBERLASS DEN FALL MIR.
DU KÜM-MERST DICH UM DEINE ARBEIT.

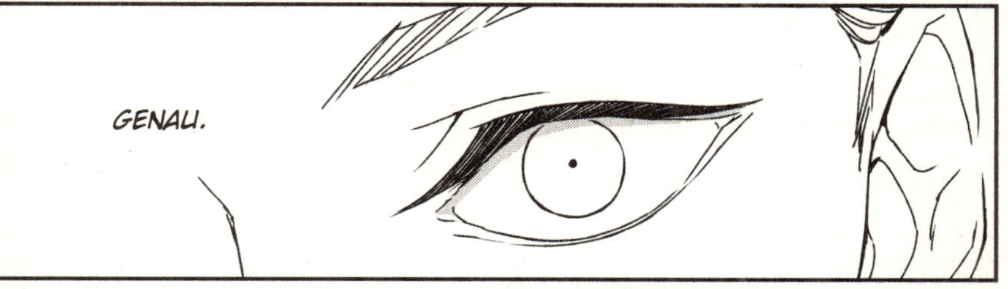
GENAU.

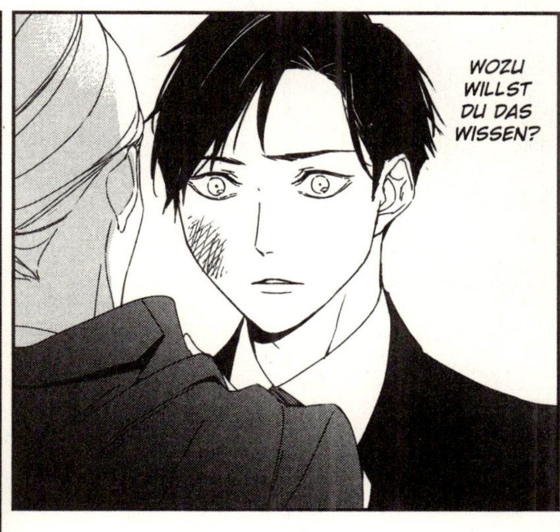
WOZU WILLST DU DAS WISSEN?

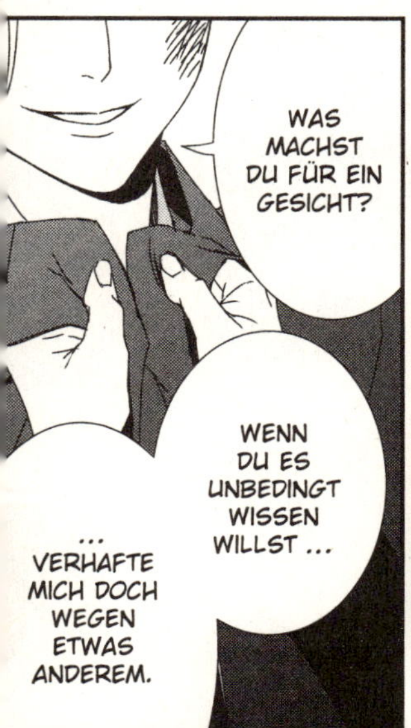
WAS MACHST DU FÜR EIN GESICHT?
WENN DU ES UNBEDINGT WISSEN WILLST ...
... VERHAFTE MICH DOCH WEGEN ETWAS ANDEREM.

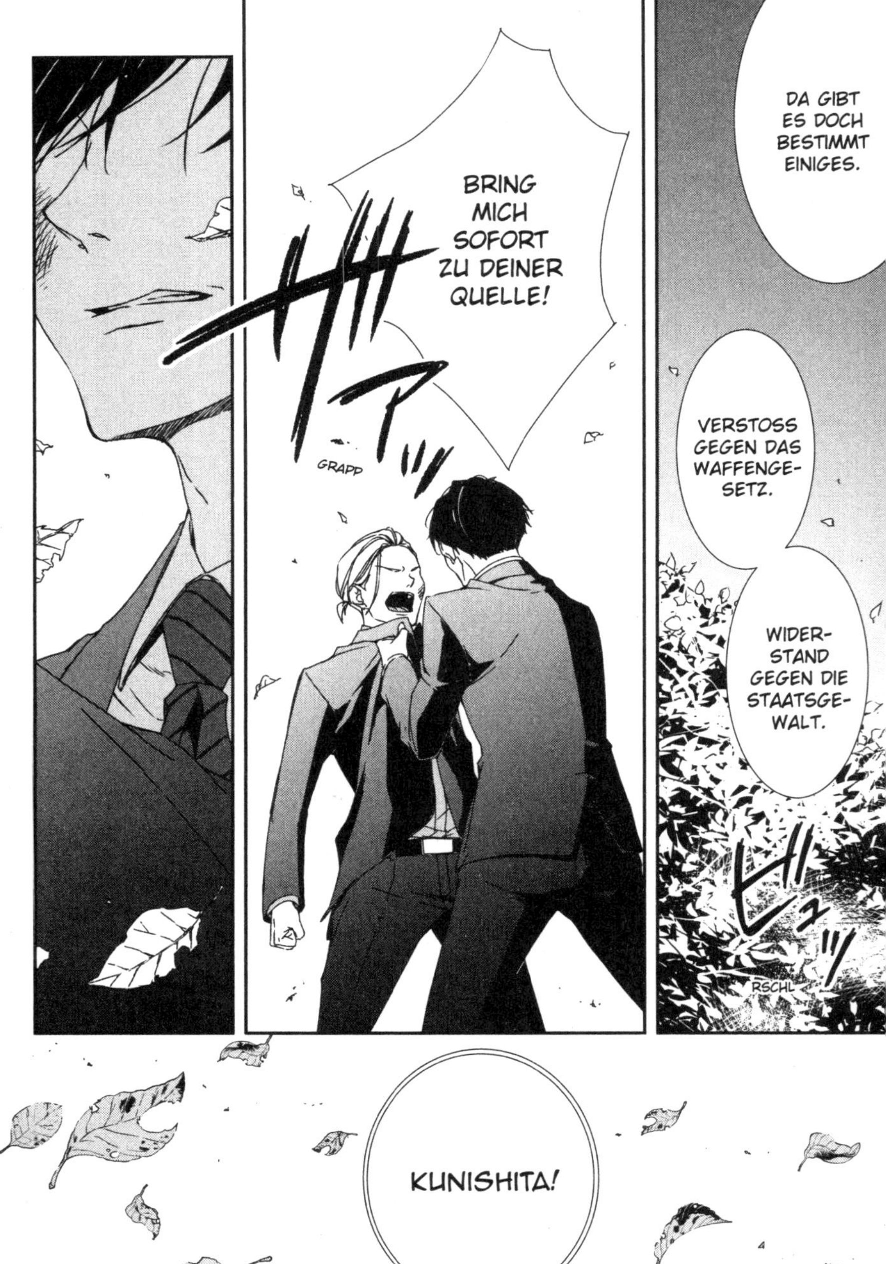
DA GIBT ES DOCH BESTIMMT EINIGES.
VERSTOSS GEGEN DAS WAFFENGE-SETZ.
WIDER-STAND GEGEN DIE STAATSGE-WALT.
RSCHL
BRING MICH SOFORT ZU DEINER QUELLE!
GRAPP
KUNISHITA!

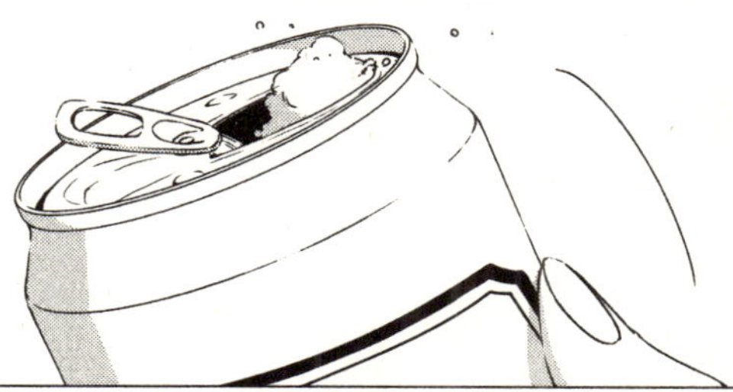

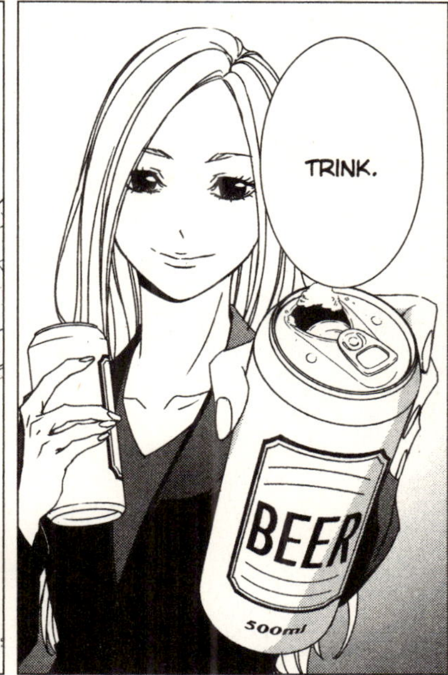

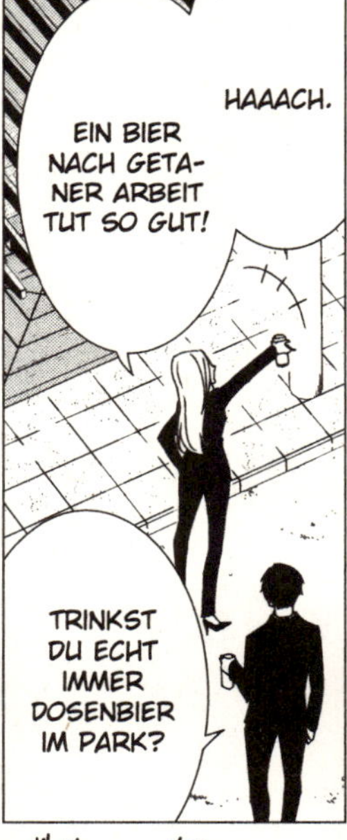

IST DOCH EINFACHER, ALS EINEN LADEN ZU FINDEN, DER UM 4 UHR MORGENS NOCH GE-ÖFFNET HAT, ODER?

ZWEITE DOSE ↑

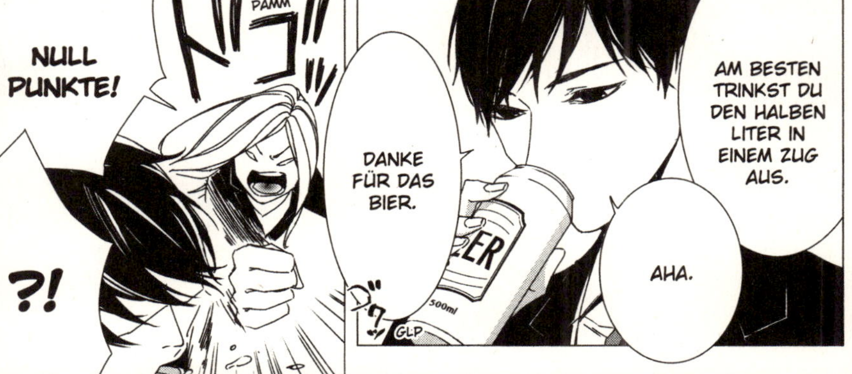

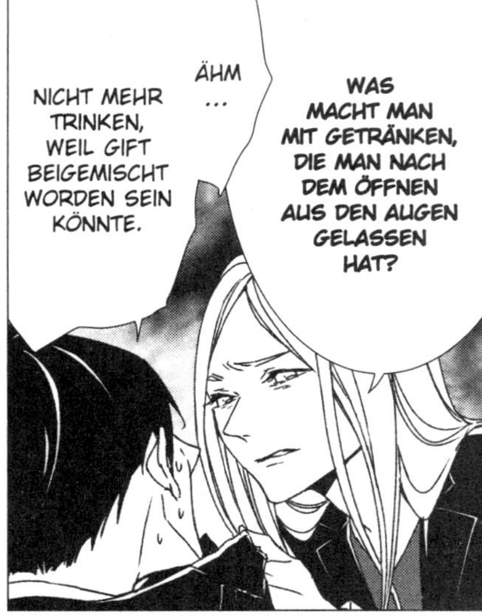

WAS MACHT MAN MIT GETRÄNKEN, DIE MAN NACH DEM ÖFFNEN AUS DEN AUGEN GELASSEN HAT?
ÄHM …
NICHT MEHR TRINKEN, WEIL GIFT BEIGEMISCHT WORDEN SEIN KÖNNTE.

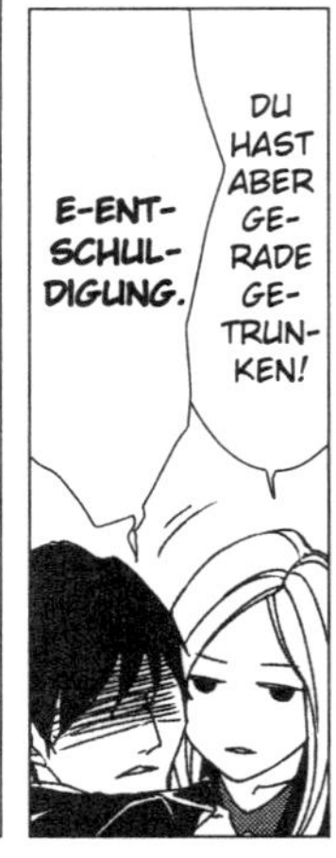

DU HAST ABER GERADE GETRUNKEN!
E-ENTSCHULDIGUNG.

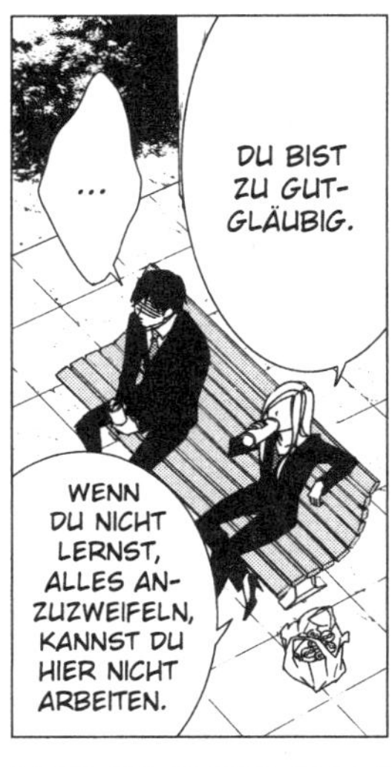

DU BIST ZU GUTGLÄUBIG.
…
WENN DU NICHT LERNST, ALLES ANZUZWEIFELN, KANNST DU HIER NICHT ARBEITEN.

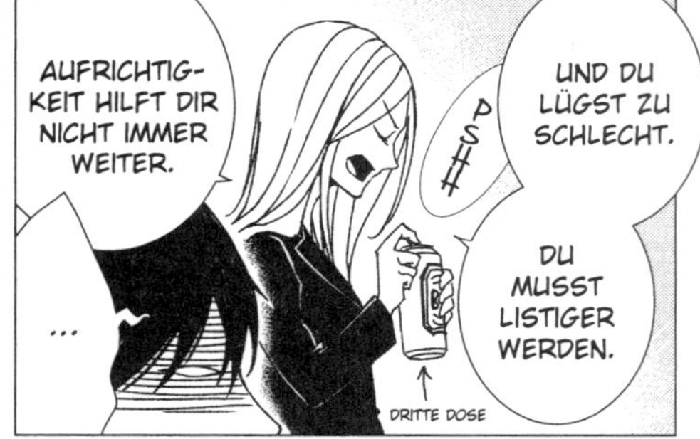

UND DU LÜGST ZU SCHLECHT.
PSH
DU MUSST LISTIGER WERDEN.
AUFRICHTIGKEIT HILFT DIR NICHT IMMER WEITER.
…
DRITTE DOSE

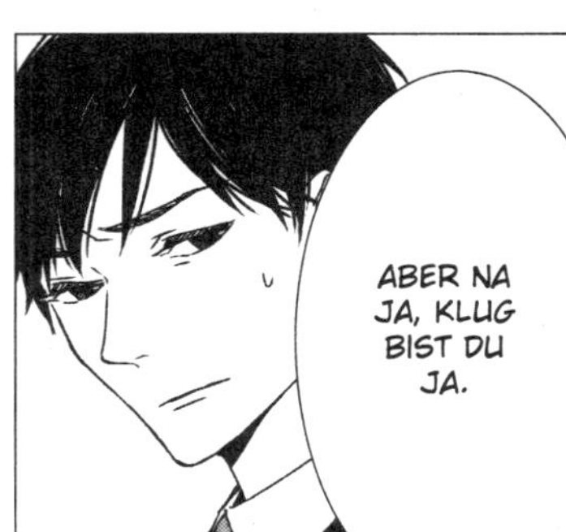

ABER NA JA, KLUG BIST DU JA.

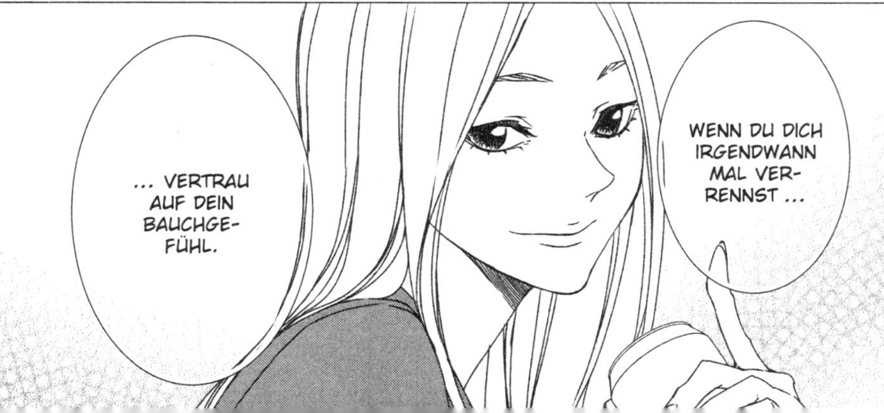

WENN DU DICH IRGENDWANN MAL VERRENNST …
… VERTRAU AUF DEIN BAUCHGEFÜHL.

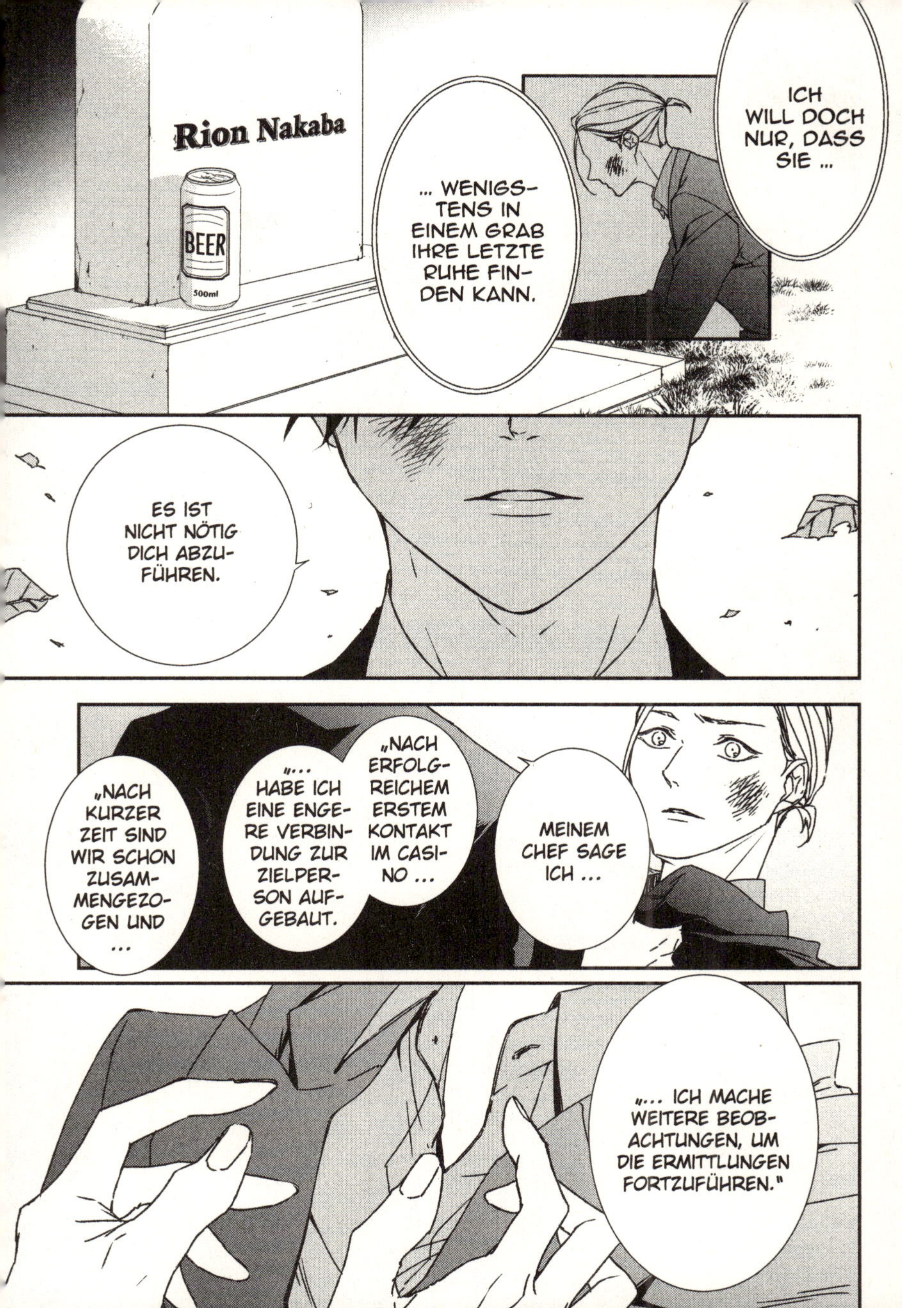
Rion Nakaba
BEER
500ml
ICH WILL DOCH NUR, DASS SIE ...
... WENIGS-TENS IN EINEM GRAB IHRE LETZTE RUHE FIN-DEN KANN.
ES IST NICHT NÖTIG DICH ABZU-FÜHREN.
MEINEM CHEF SAGE ICH ...
„NACH ERFOLG-REICHEM ERSTEM KONTAKT IM CASI-NO ...
„... HABE ICH EINE ENGE-RE VERBIN-DUNG ZUR ZIELPER-SON AUF-GEBAUT.
„NACH KURZER ZEIT SIND WIR SCHON ZUSAM-MENGEZO-GEN UND ...
„... ICH MACHE WEITERE BEOB-ACHTUNGEN, UM DIE ERMITTLUNGEN FORTZUFÜHREN."

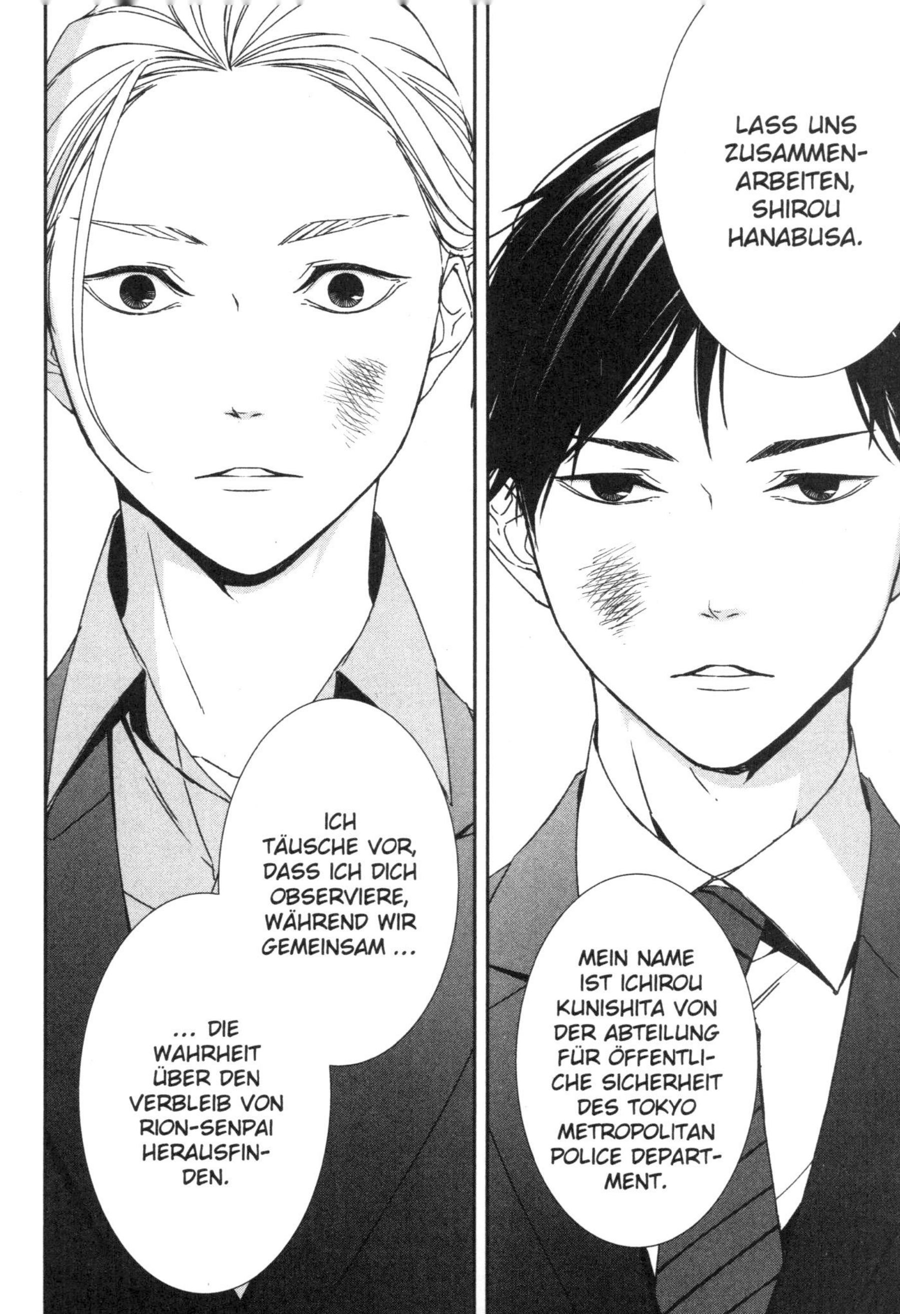
LASS UNS ZUSAMMEN-ARBEITEN, SHIROU HANABUSA.
MEIN NAME IST ICHIROU KUNISHITA VON DER ABTEILUNG FÜR ÖFFENTLICHE SICHERHEIT DES TOKYO METROPOLITAN POLICE DEPARTMENT.
ICH TÄUSCHE VOR, DASS ICH DICH OBSERVIERE, WÄHREND WIR GEMEINSAM …
… DIE WAHRHEIT ÜBER DEN VERBLEIB VON RION-SENPAI HERAUSFINDEN.

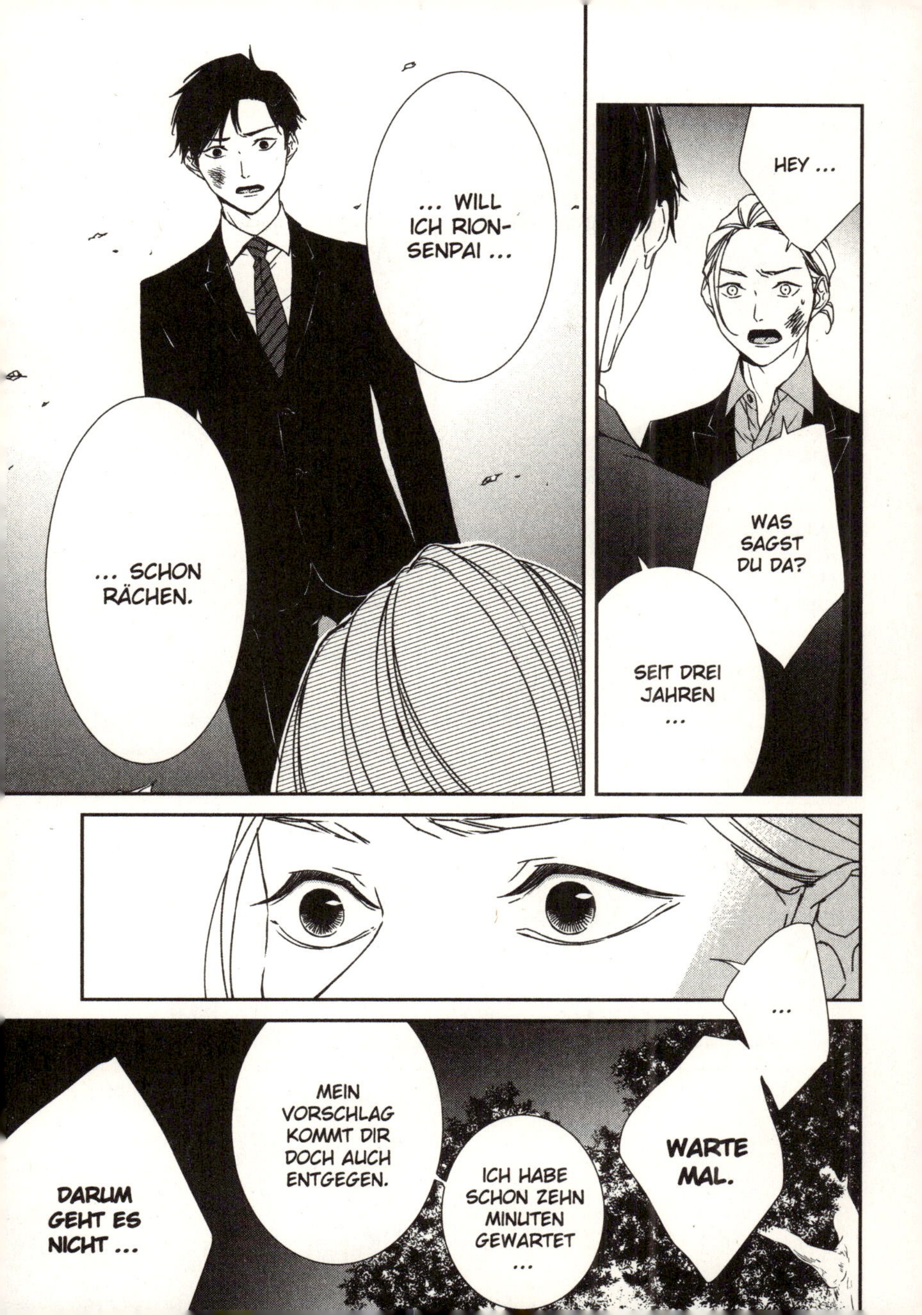

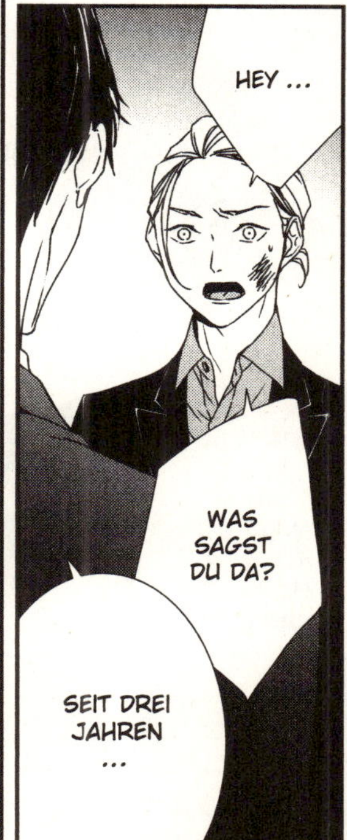
HEY ...
WAS SAGST DU DA?
SEIT DREI JAHREN ...

... WILL ICH RION-SENPAI ...
... SCHON RÄCHEN.

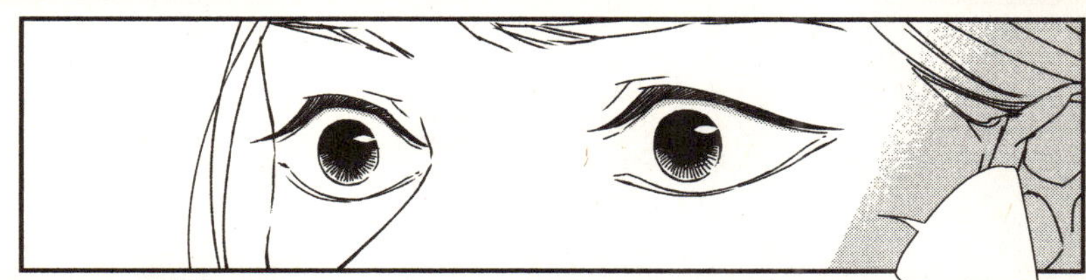
...

WARTE MAL.
ICH HABE SCHON ZEHN MINUTEN GEWARTET ...
MEIN VORSCHLAG KOMMT DIR DOCH AUCH ENTGEGEN.

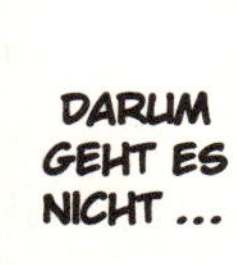
DARUM GEHT ES NICHT ...

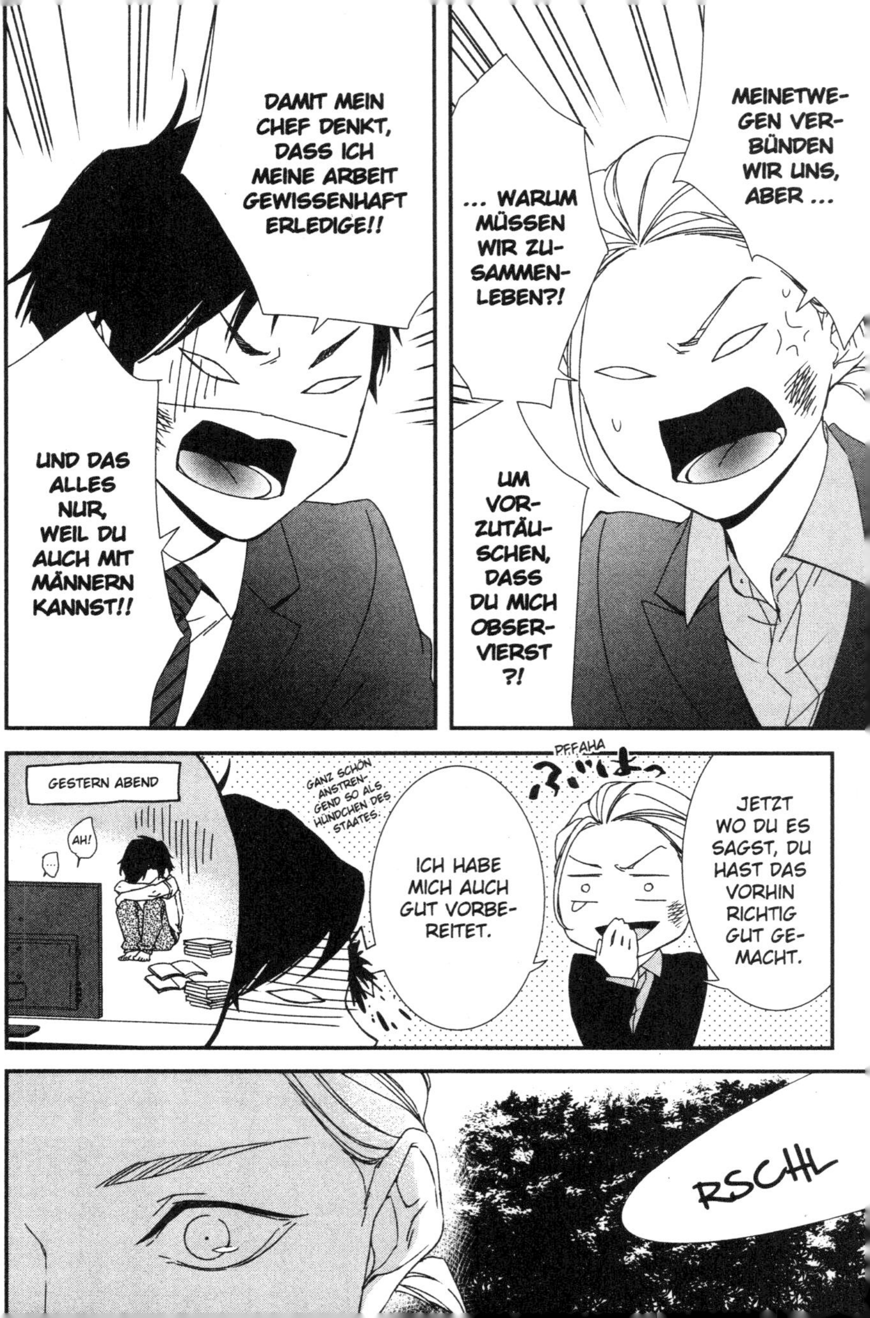

MEINETWEGEN VERBÜNDEN WIR UNS, ABER ...

... WARUM MÜSSEN WIR ZUSAMMENLEBEN?!

UM VORZUTÄUSCHEN, DASS DU MICH OBSERVIERST?!

DAMIT MEIN CHEF DENKT, DASS ICH MEINE ARBEIT GEWISSENHAFT ERLEDIGE!!

UND DAS ALLES NUR, WEIL DU AUCH MIT MÄNNERN KANNST!!

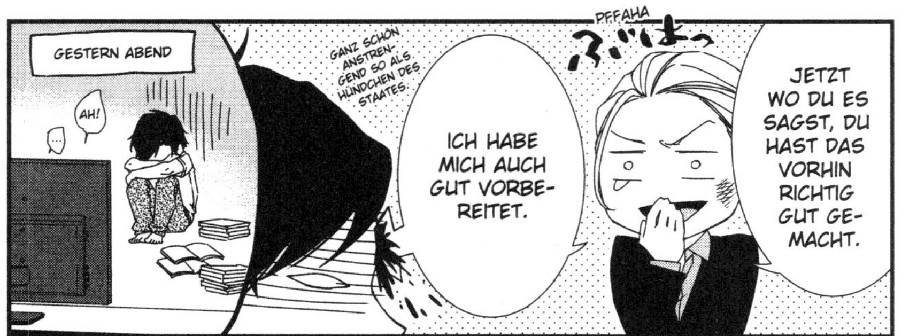

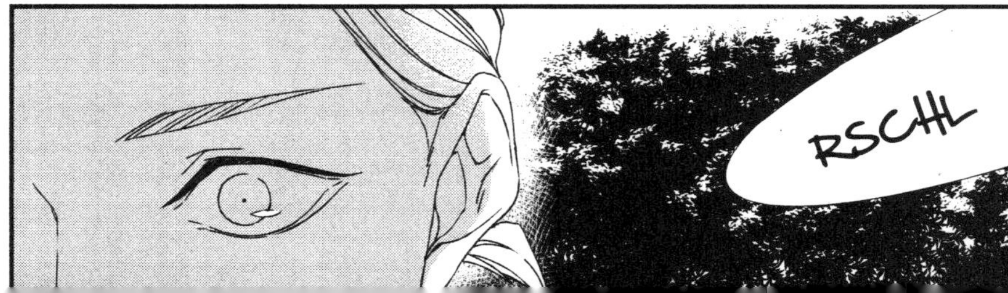

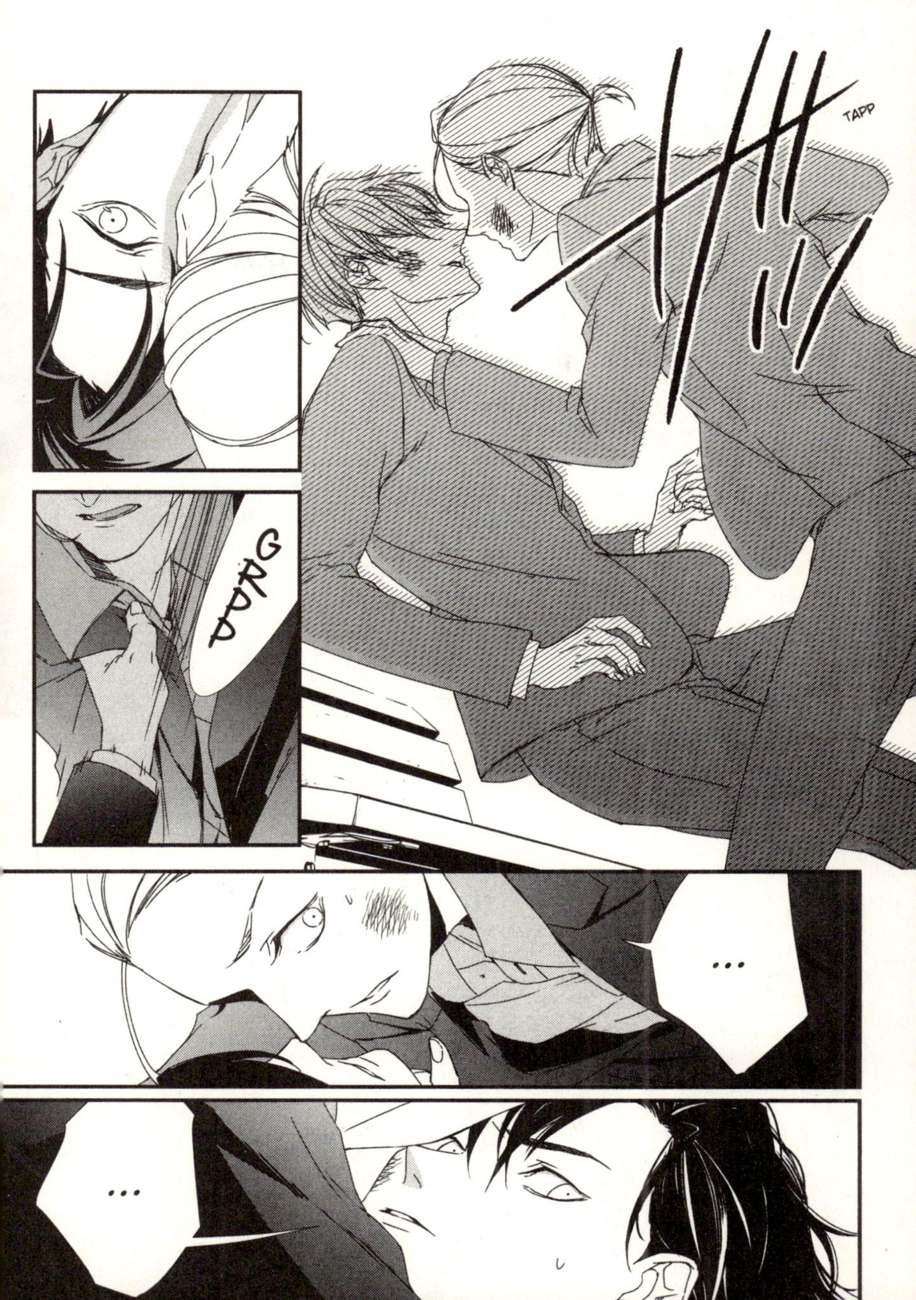
TAPP
GRPP
...
...

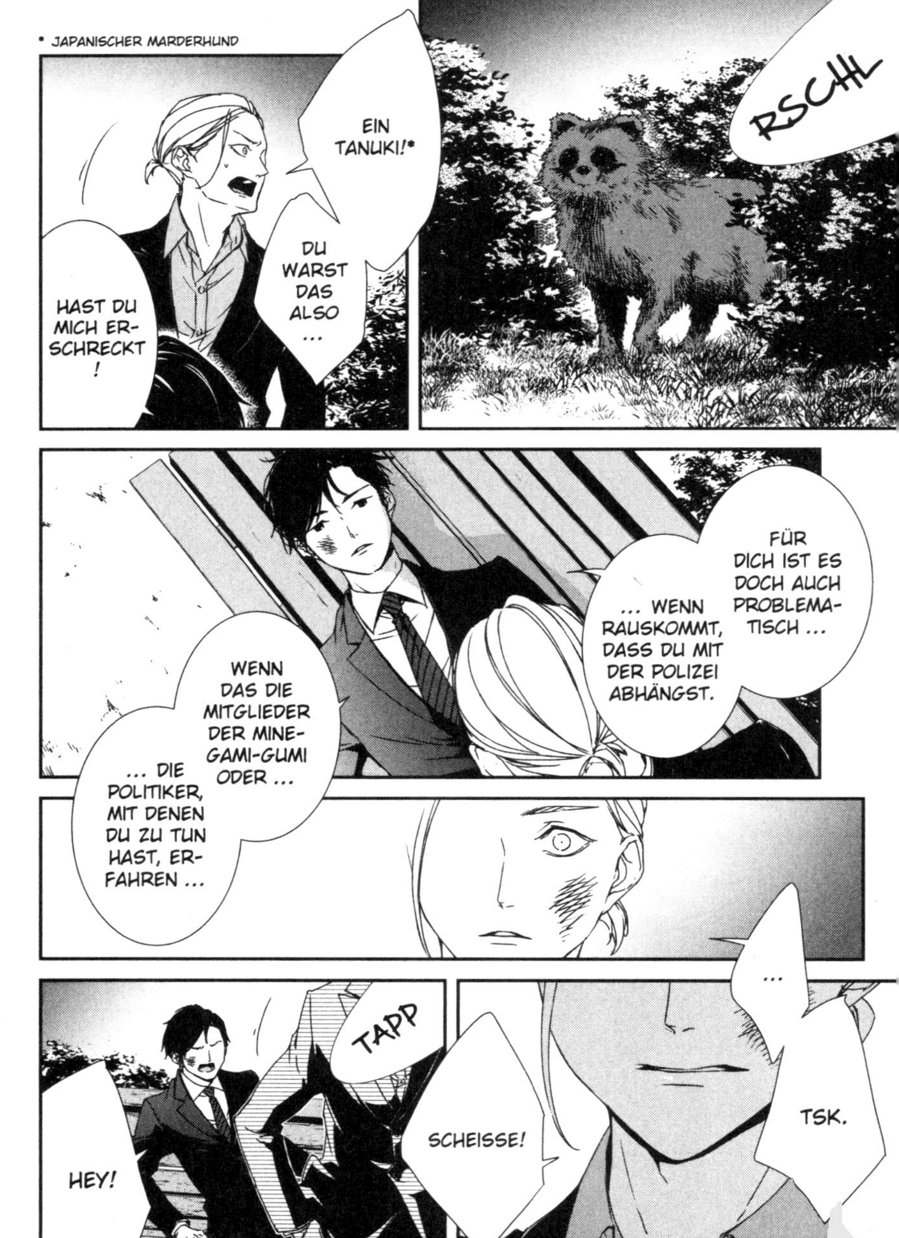

* JAPANISCHER MARDERHUND

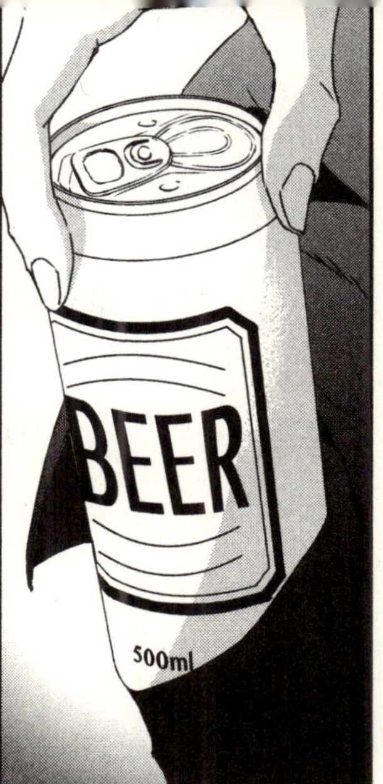
BEER
500ml

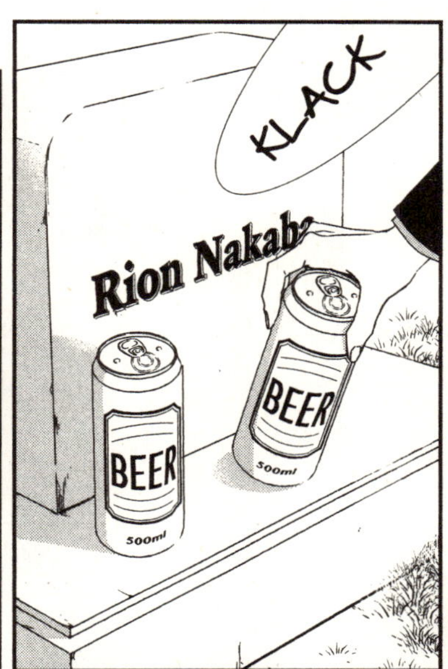
KLACK
Rion Nakaba
BEER
500ml
BEER
500ml

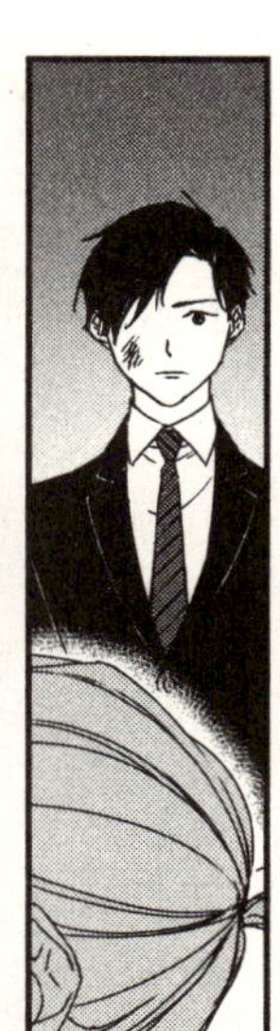

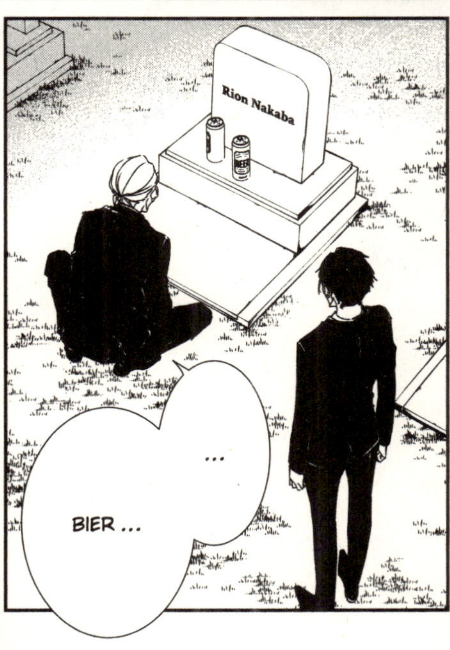
Rion Nakaba
…
BIER …

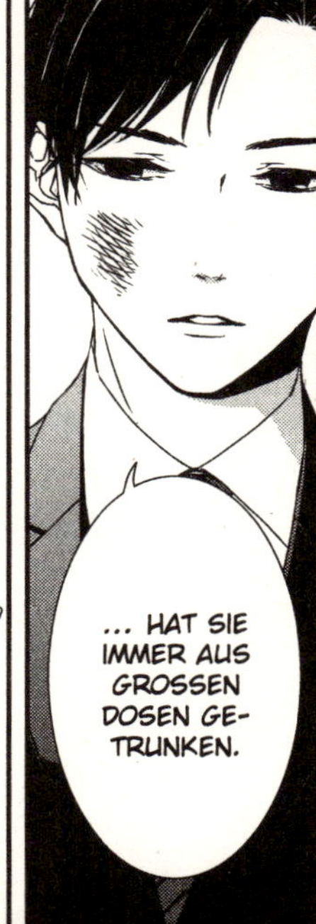
… HAT SIE IMMER AUS GROSSEN DOSEN GE-TRUNKEN.

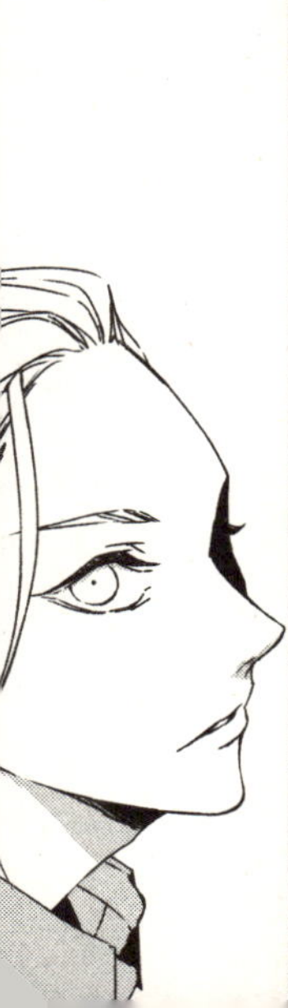

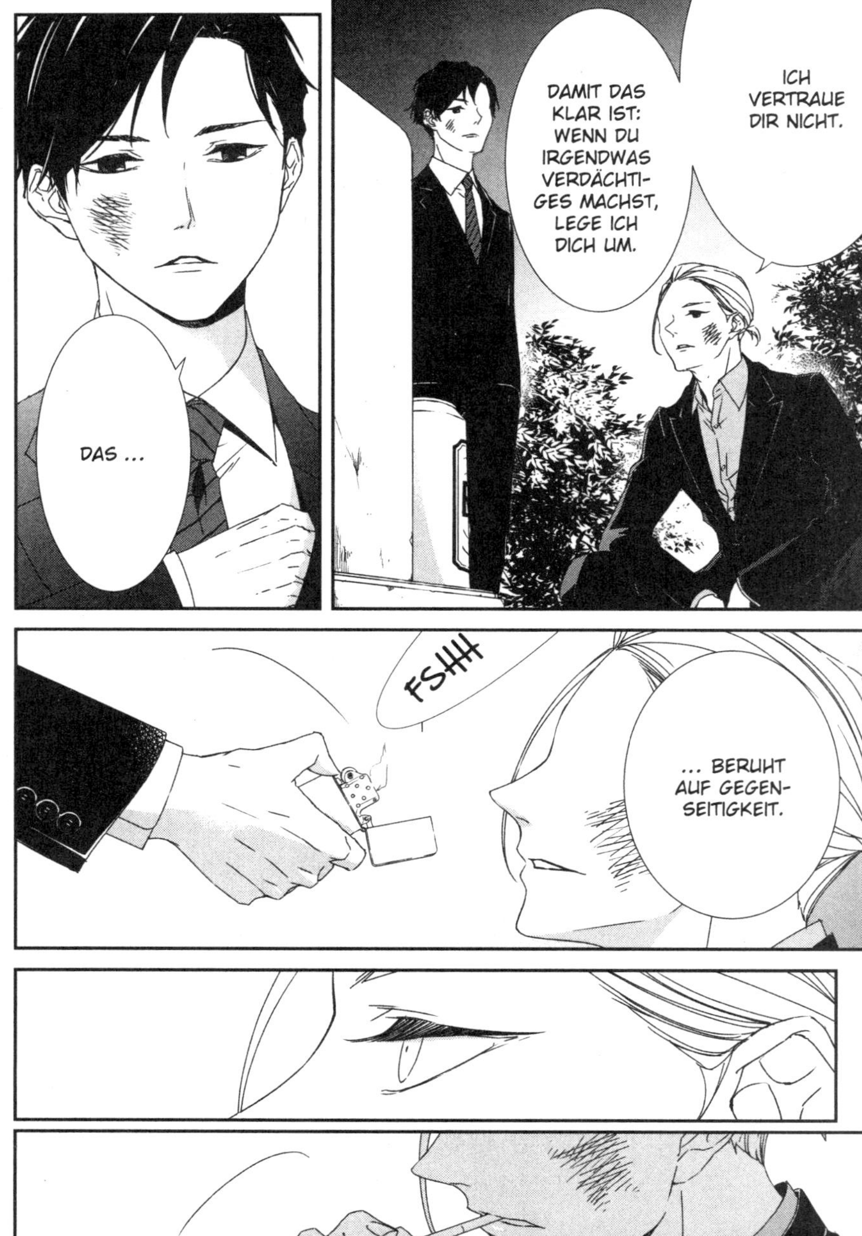
ICH VERTRAUE DIR NICHT.
DAMIT DAS KLAR IST: WENN DU IRGENDWAS VERDÄCHTIGES MACHST, LEGE ICH DICH UM.
DAS ...
FSHH
... BERUHT AUF GEGENSEITIGKEIT.

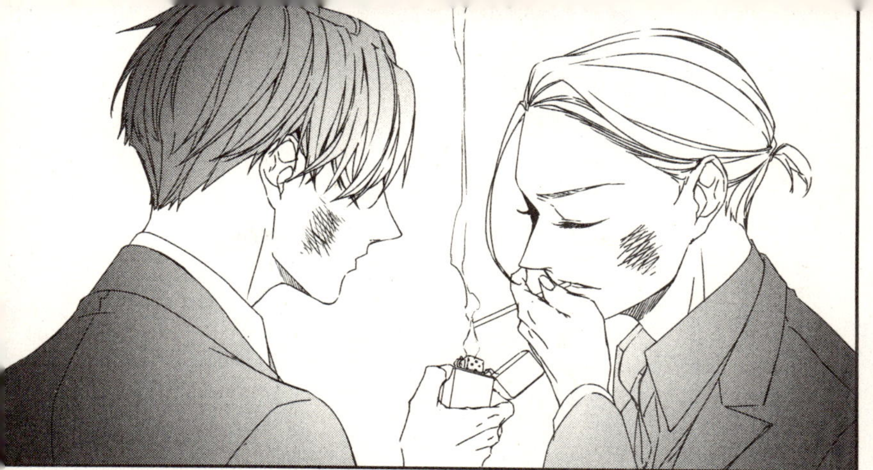

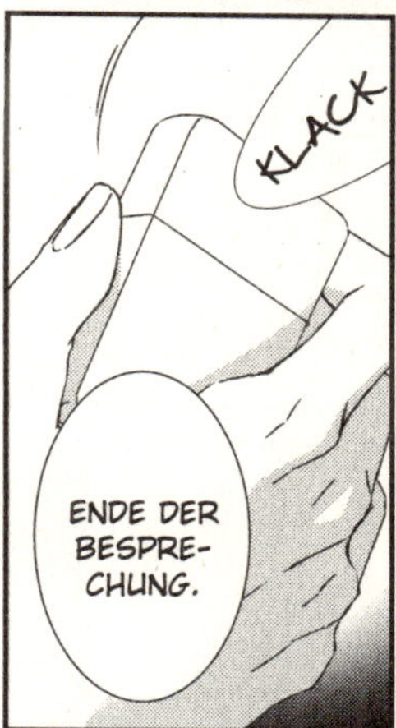
KLACK
ENDE DER BESPRE-CHUNG.

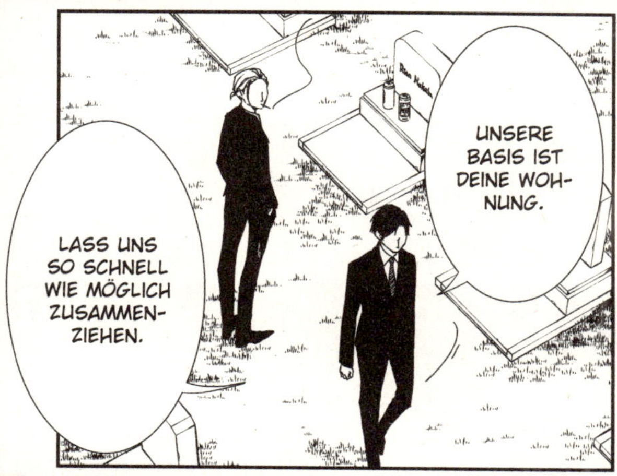
UNSERE BASIS IST DEINE WOH-NUNG.
LASS UNS SO SCHNELL WIE MÖGLICH ZUSAMMEN-ZIEHEN.

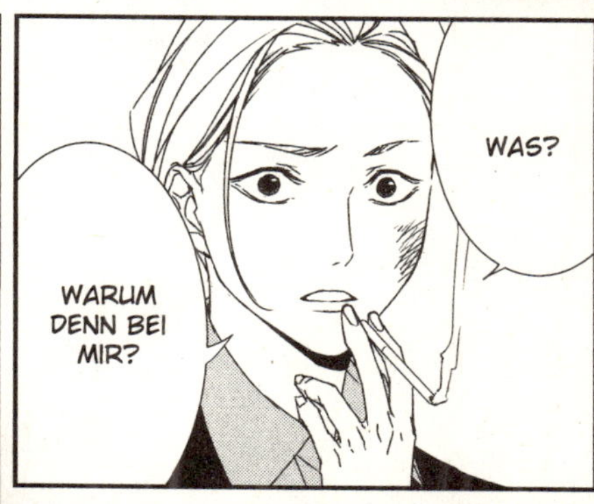
WAS?
WARUM DENN BEI MIR?

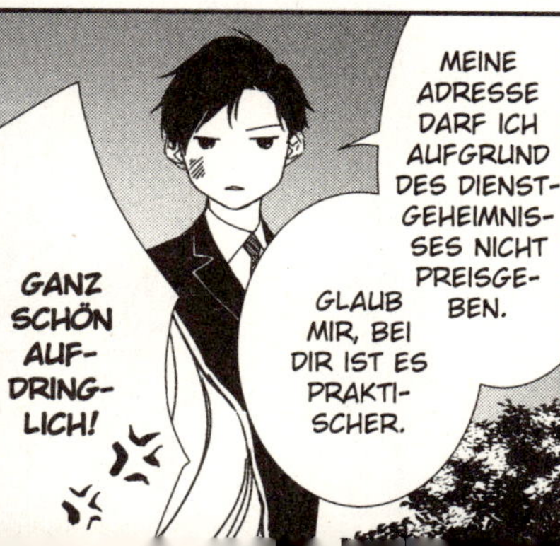
MEINE ADRESSE DARF ICH AUFGRUND DES DIENST-GEHEIMNIS-SES NICHT PREISGE-BEN.
GLAUB MIR, BEI DIR IST ES PRAKTI-SCHER.
GANZ SCHÖN AUF-DRING-LICH!

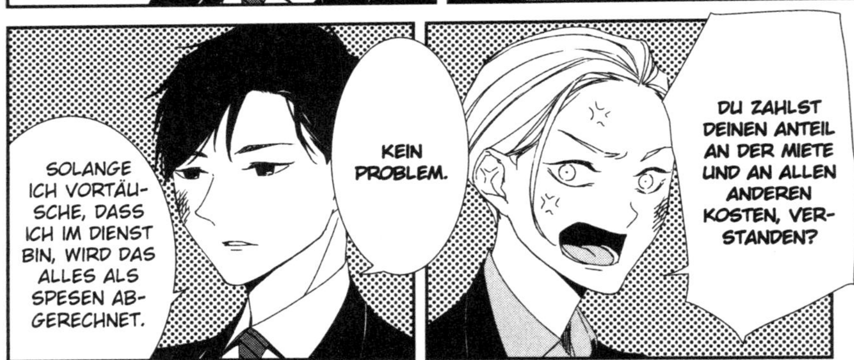

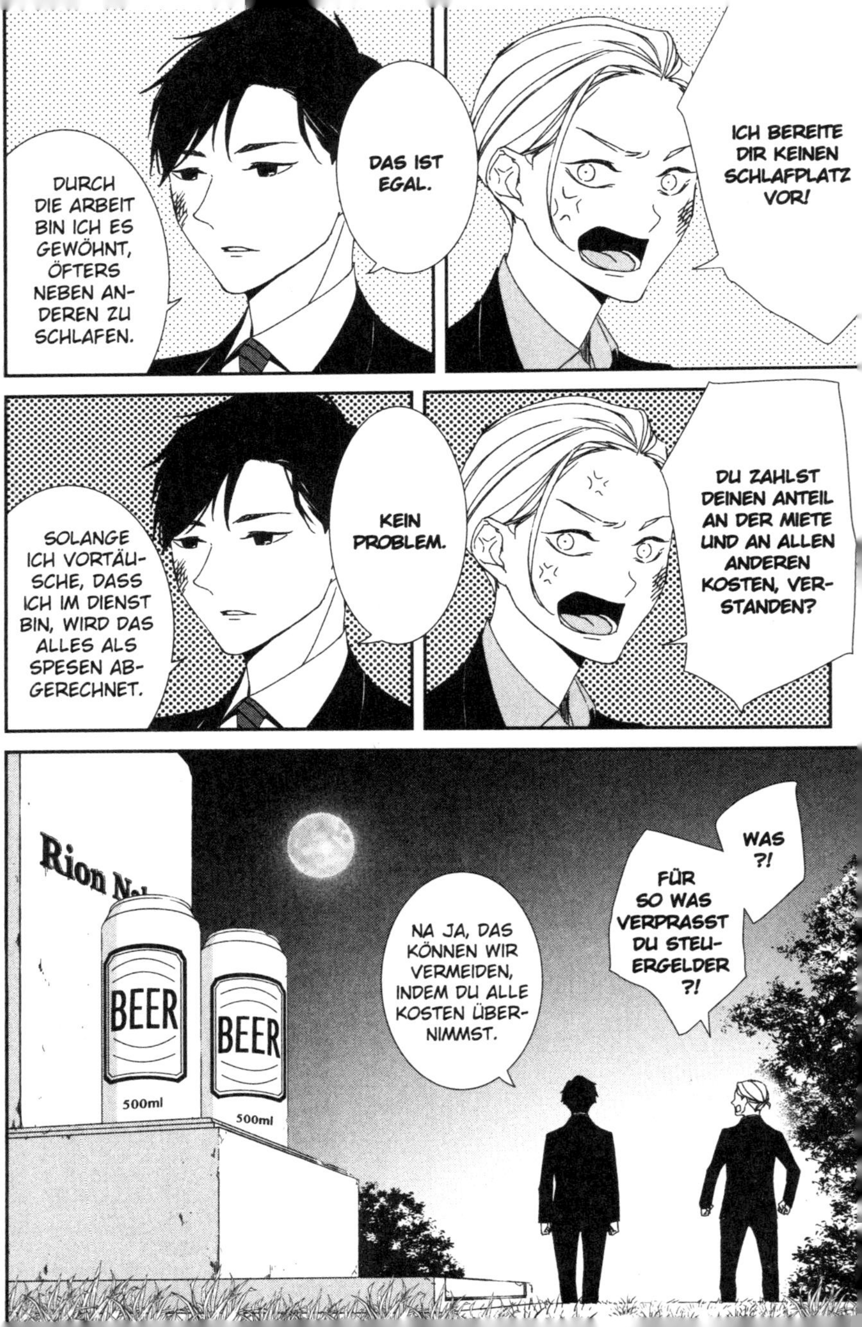

WAS ?!
FÜR SO WAS VERPRASST DU STEUERGELDER ?!
NA JA, DAS KÖNNEN WIR VERMEIDEN, INDEM DU ALLE KOSTEN ÜBERNIMMST.

BARRIERE

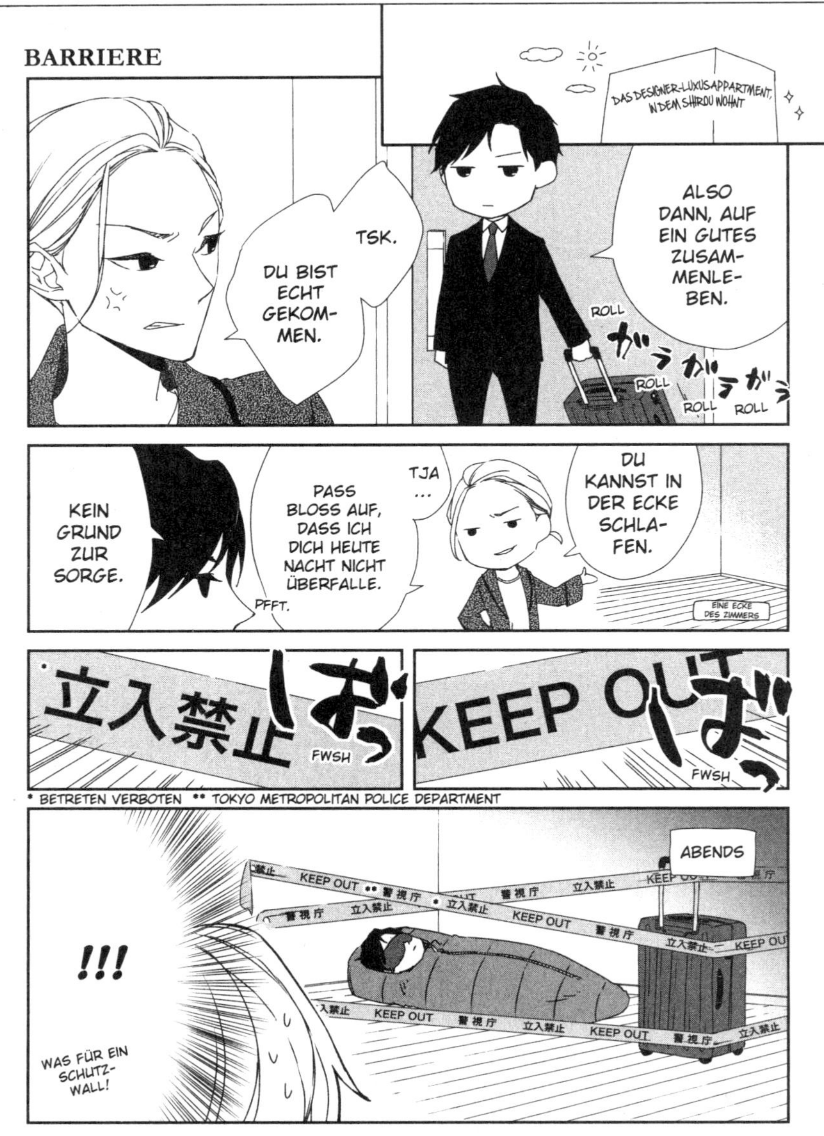
DAS DESIGNER-LUXUSAPPARTMENT, IN DEM SHIROU WOHNT
ALSO DANN, AUF EIN GUTES ZUSAMMENLEBEN.
ROLL
ROLL
ROLL
ROLL
TSK.
DU BIST ECHT GEKOMMEN.
DU KANNST IN DER ECKE SCHLAFEN.
EINE ECKE DES ZIMMERS
TJA ...
PASS BLOSS AUF, DASS ICH DICH HEUTE NACHT NICHT ÜBERFALLE.
PFFT.
KEIN GRUND ZUR SORGE.
立入禁止
FWSH
KEEP OUT
FWSH
* BETRETEN VERBOTEN ** TOKYO METROPOLITAN POLICE DEPARTMENT
ABENDS
!!!
WAS FÜR EIN SCHUTZWALL!

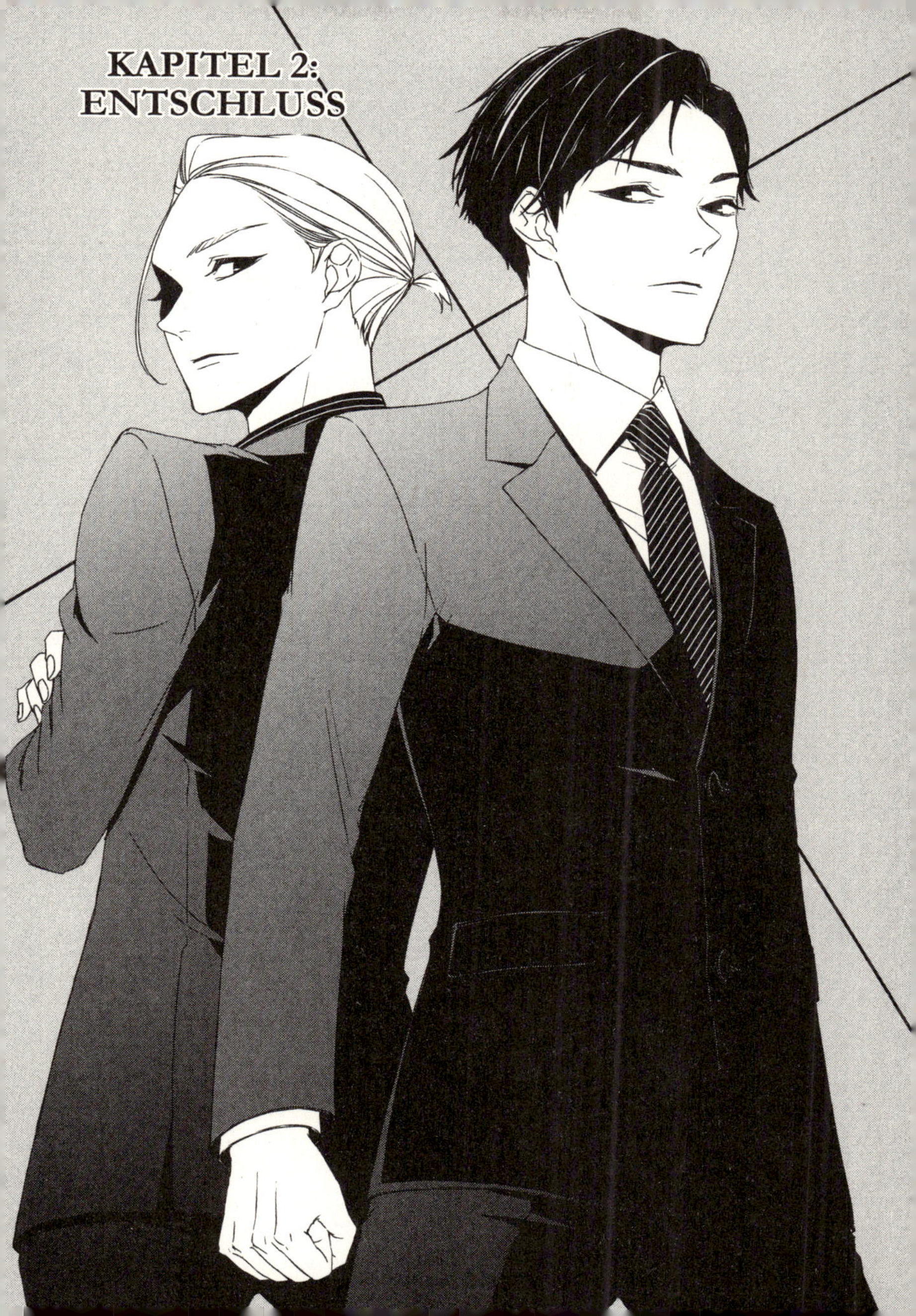
KAPITEL 2:
ENTSCHLUSS

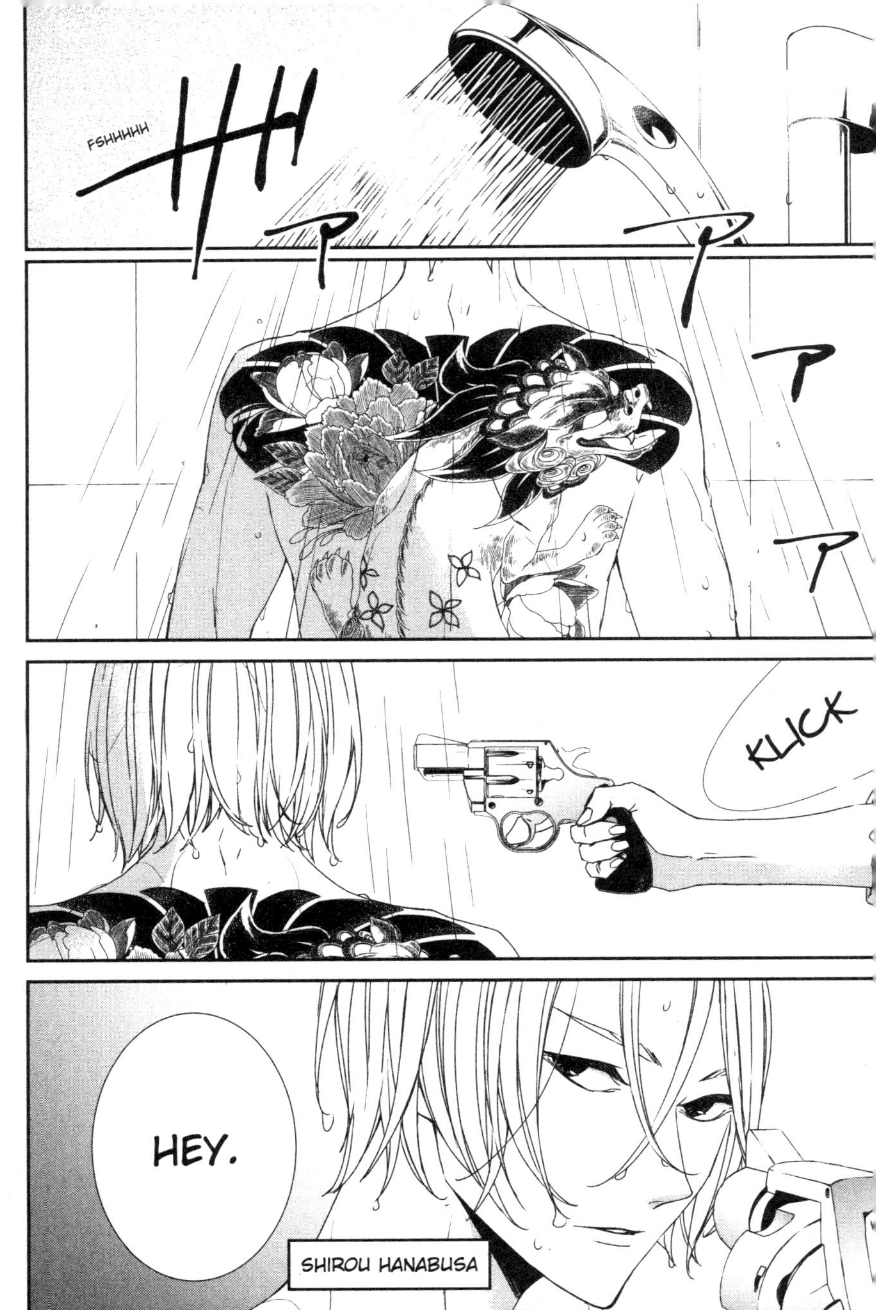
FSHHHHH
KLICK
HEY.
SHIROU HANABUSA

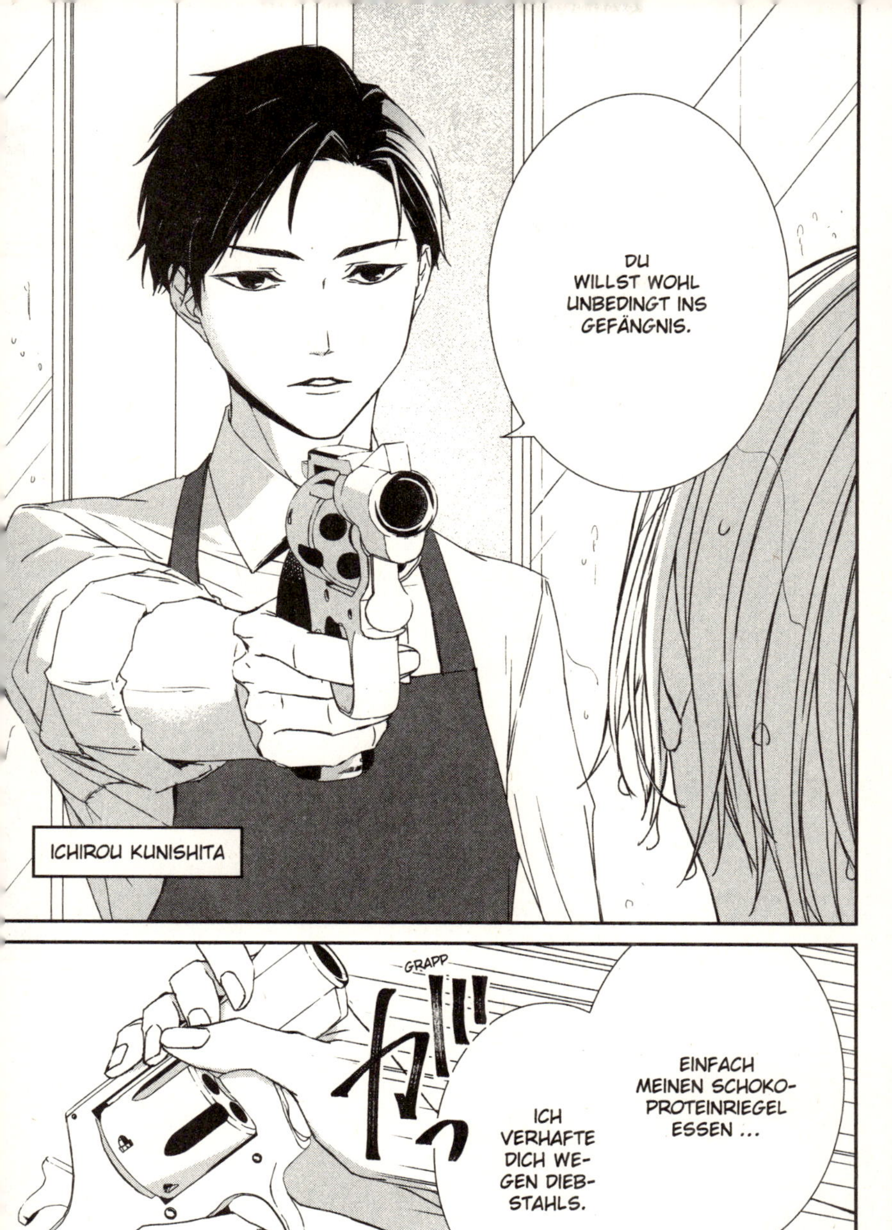
DU WILLST WOHL UNBEDINGT INS GEFÄNGNIS.
ICHIROU KUNISHITA
GRAPP
EINFACH MEINEN SCHOKO-PROTEINRIEGEL ESSEN ...
ICH VERHAFTE DICH WEGEN DIEBSTAHLS.

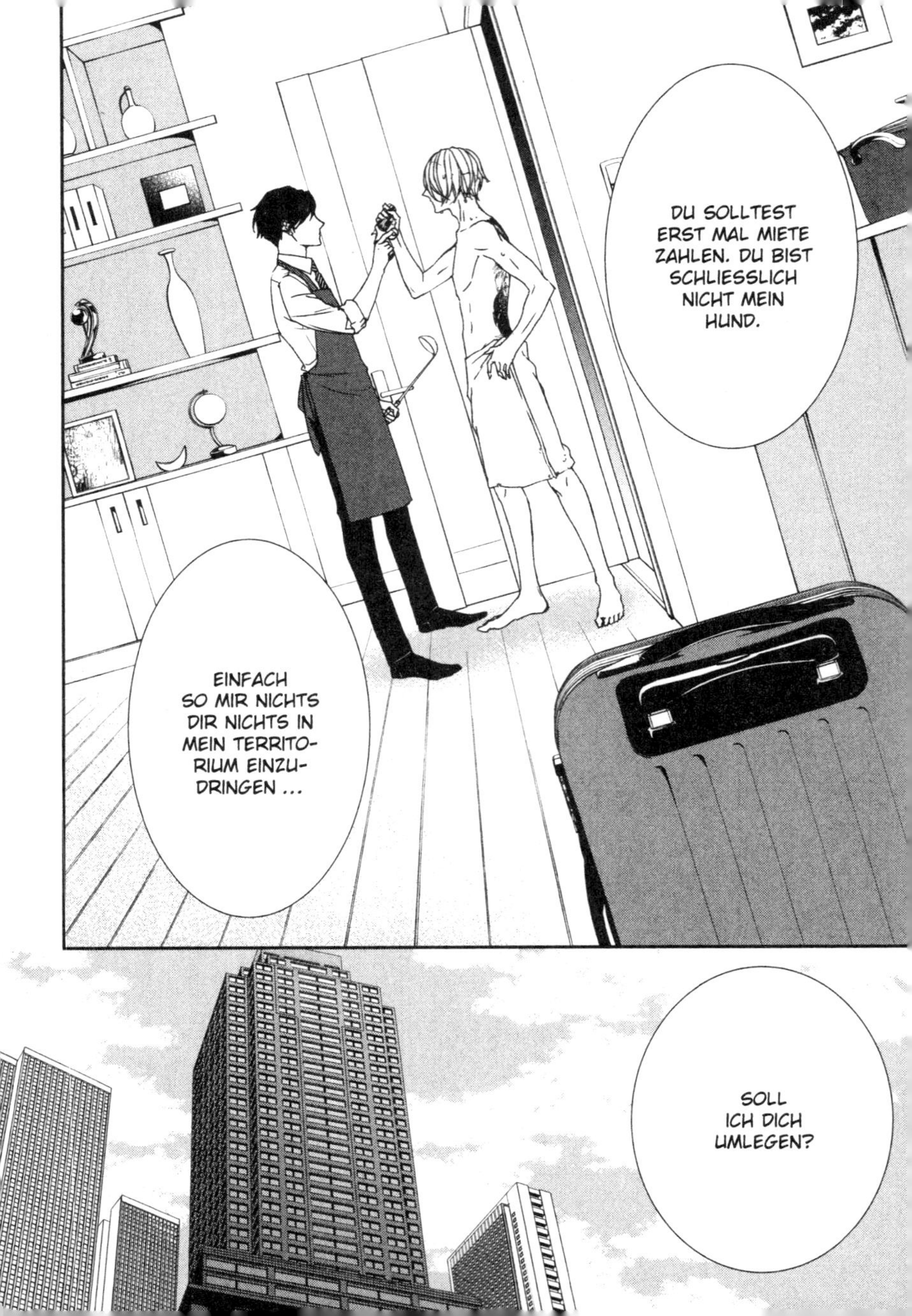
DU SOLLTEST ERST MAL MIETE ZAHLEN. DU BIST SCHLIESSLICH NICHT MEIN HUND.
EINFACH SO MIR NICHTS DIR NICHTS IN MEIN TERRITORIUM EINZUDRINGEN ...
SOLL ICH DICH UMLEGEN?

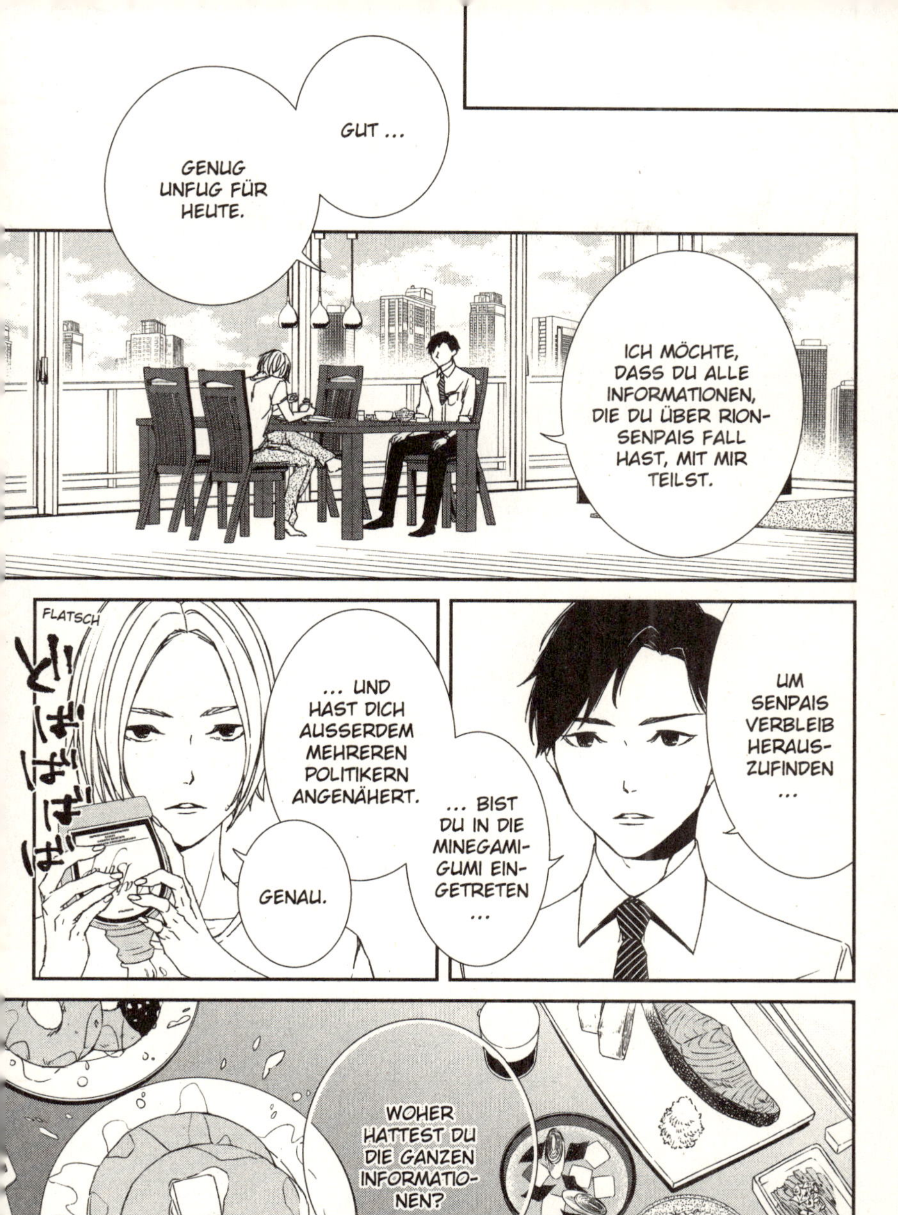
GUT …
GENUG UNFUG FÜR HEUTE.
ICH MÖCHTE, DASS DU ALLE INFORMATIONEN, DIE DU ÜBER RION-SENPAIS FALL HAST, MIT MIR TEILST.
UM SENPAIS VERBLEIB HERAUS-ZUFINDEN …
… BIST DU IN DIE MINEGAMI-GUMI EIN-GETRETEN …
… UND HAST DICH AUSSERDEM MEHREREN POLITIKERN ANGENÄHERT.
GENAU.
FLATSCH
どぼぼぼ
WOHER HATTEST DU DIE GANZEN INFORMATIO-NEN?

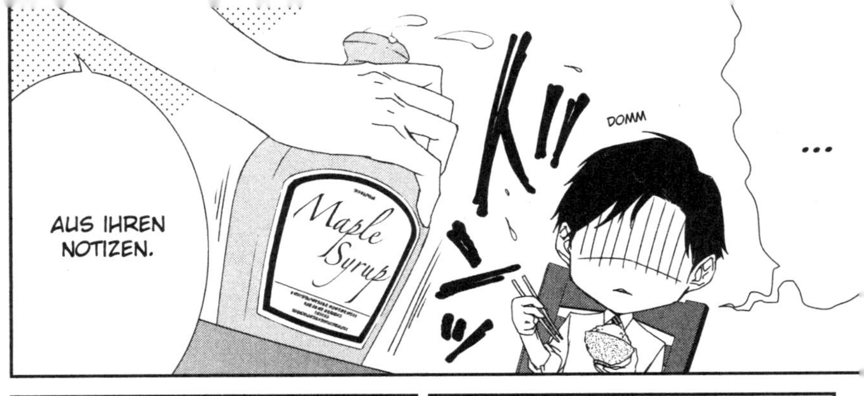

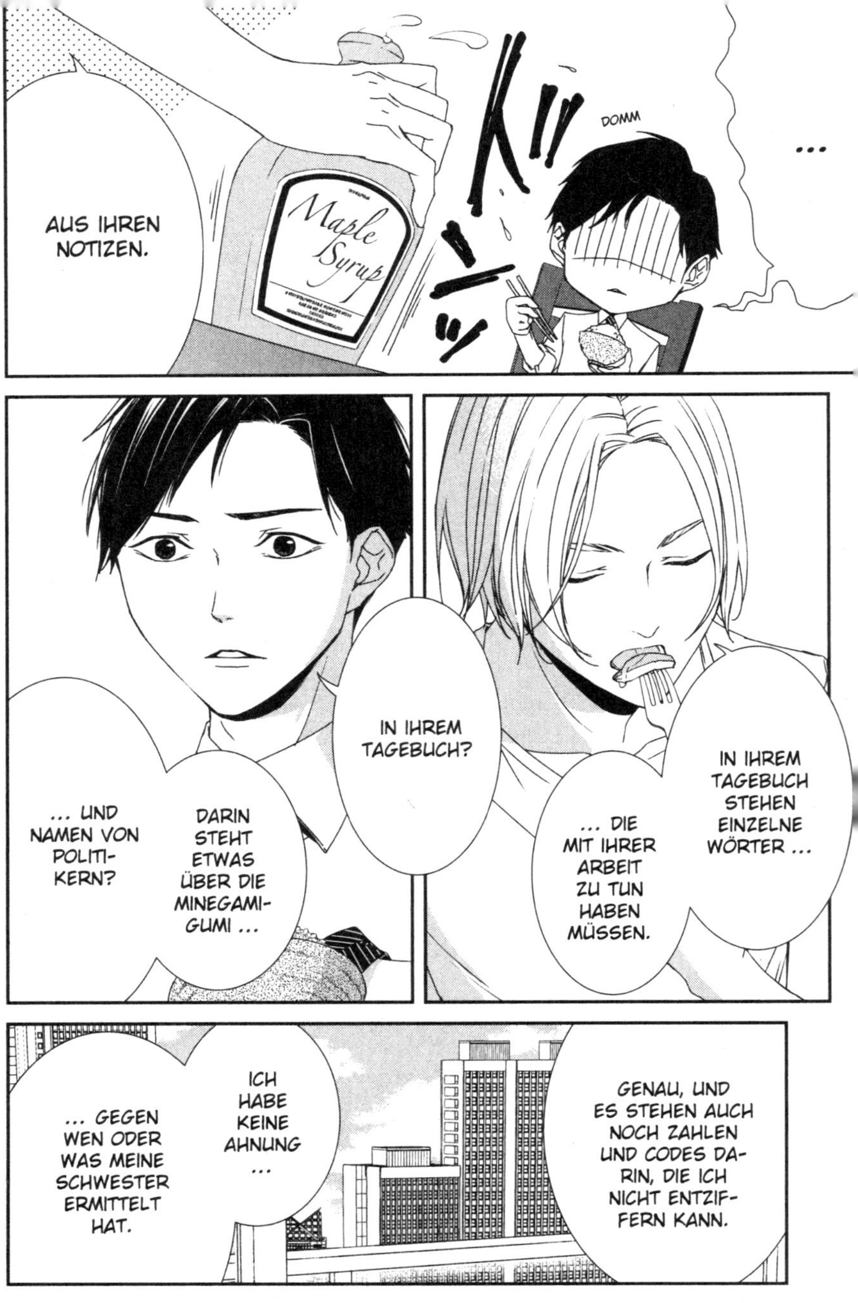

IN IHREM TAGEBUCH STEHEN EINZELNE WÖRTER ...

... DIE MIT IHRER ARBEIT ZU TUN HABEN MÜSSEN.

IN IHREM TAGEBUCH?

DARIN STEHT ETWAS ÜBER DIE MINEGAMI-GUMI ...

... UND NAMEN VON POLITIKERN?

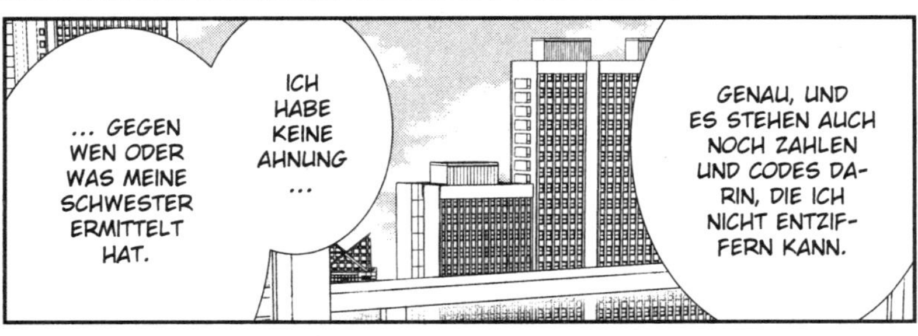

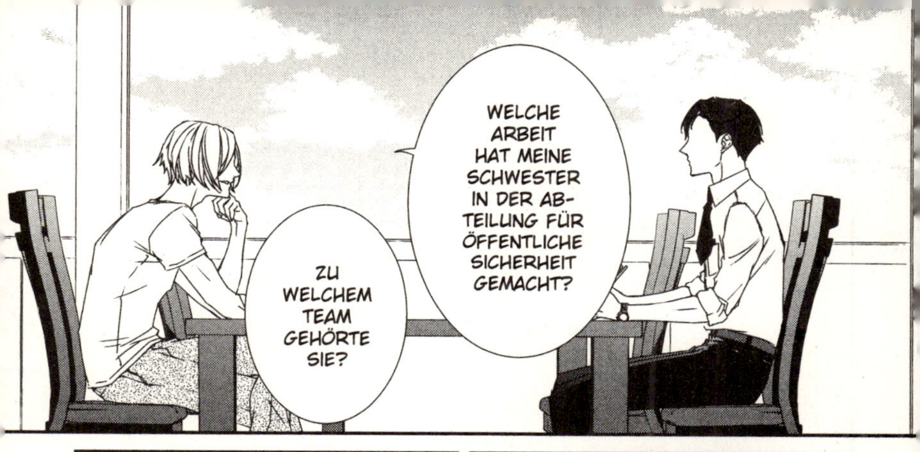
WELCHE ARBEIT HAT MEINE SCHWESTER IN DER ABTEILUNG FÜR ÖFFENTLICHE SICHERHEIT GEMACHT?
ZU WELCHEM TEAM GEHÖRTE SIE?

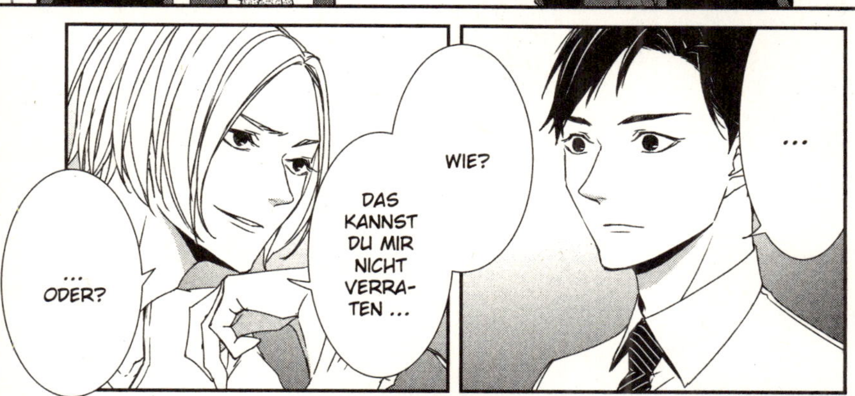
...
WIE?
DAS KANNST DU MIR NICHT VERRATEN ...
... ODER?

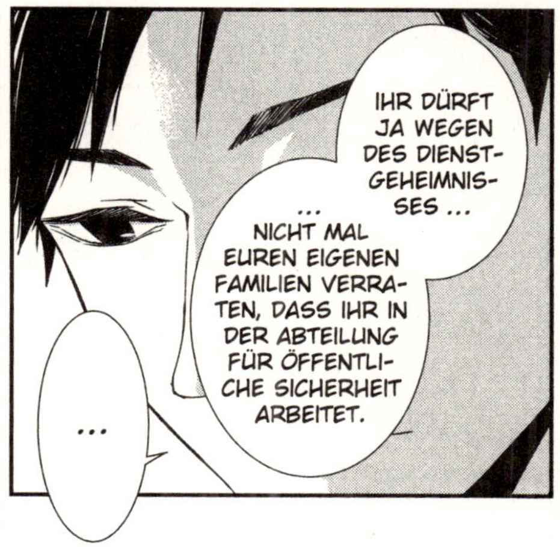
IHR DÜRFT JA WEGEN DES DIENSTGEHEIMNISSES ...
... NICHT MAL EUREN EIGENEN FAMILIEN VERRATEN, DASS IHR IN DER ABTEILUNG FÜR ÖFFENTLICHE SICHERHEIT ARBEITET.
...

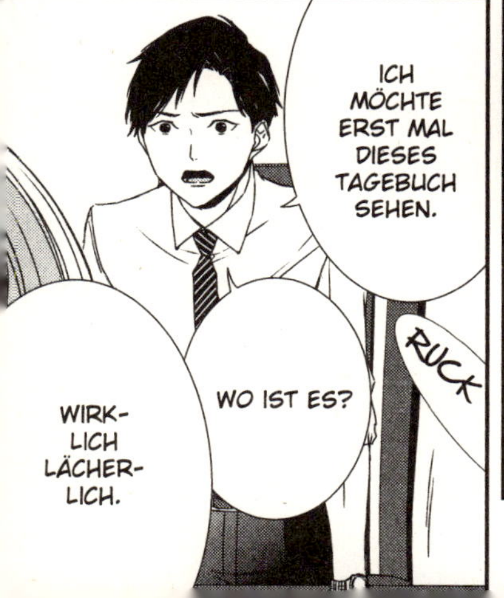
ICH MÖCHTE ERST MAL DIESES TAGEBUCH SEHEN.
RUCK
WO IST ES?
WIRKLICH LÄCHERLICH.

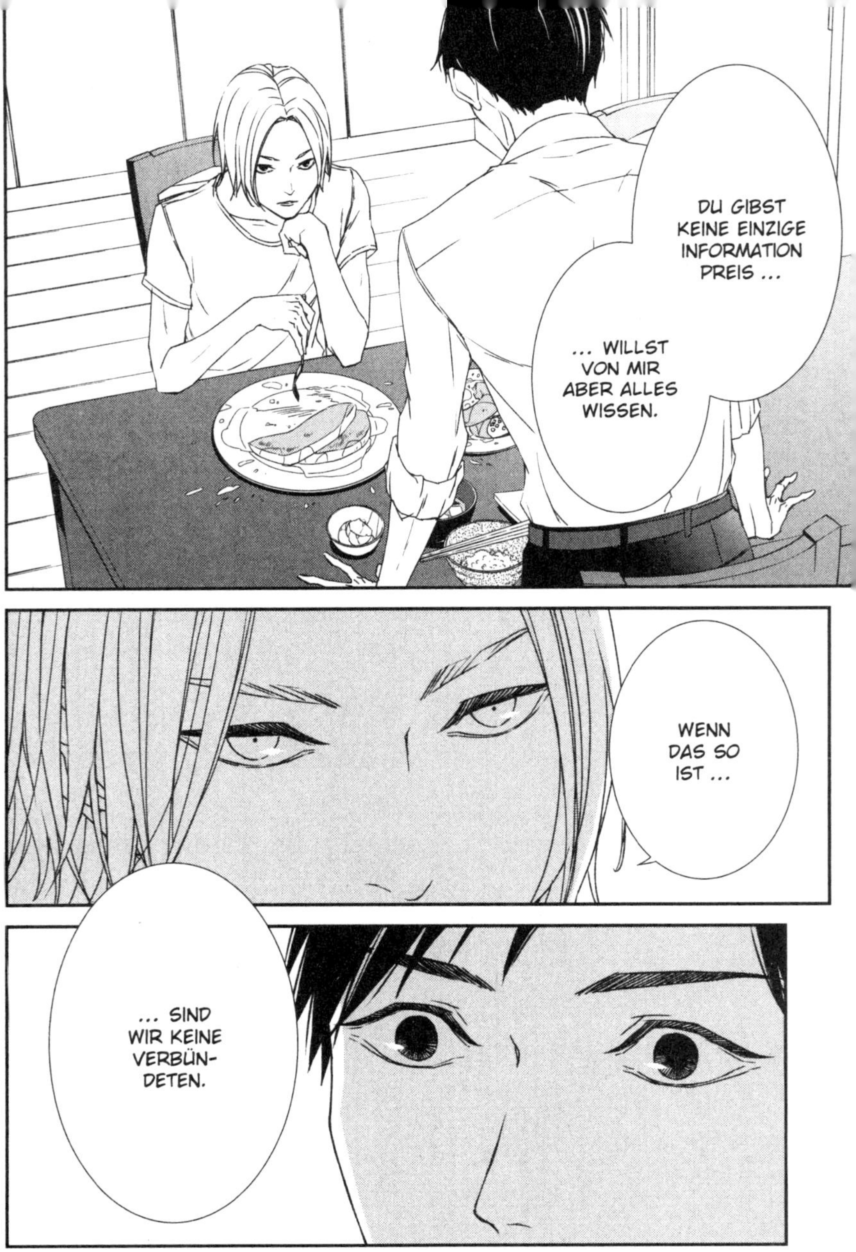

DU GIBST KEINE EINZIGE INFORMATION PREIS …

… WILLST VON MIR ABER ALLES WISSEN.

WENN DAS SO IST …

… SIND WIR KEINE VERBÜN-DETEN.

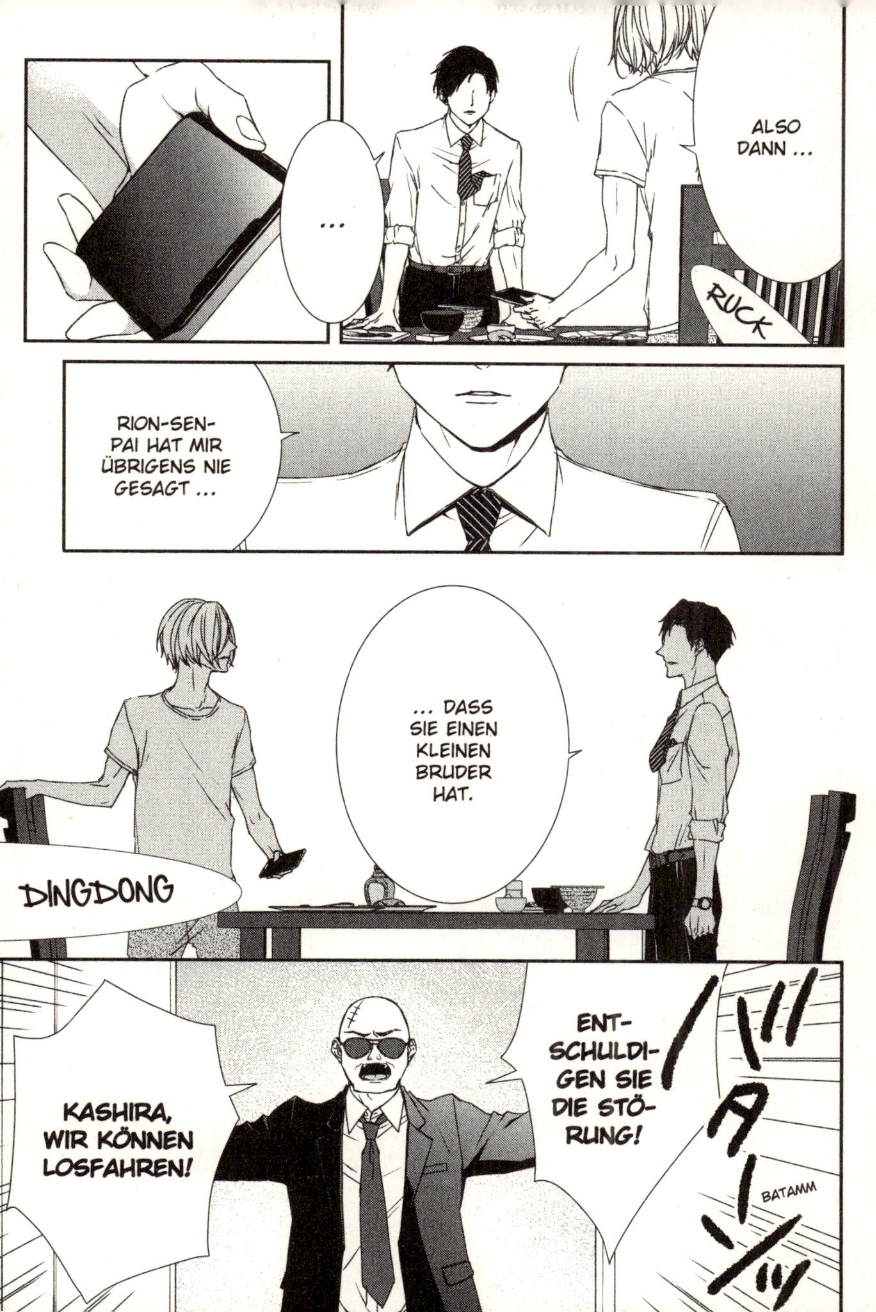
ALSO DANN …
RUCK
…
RION-SENPAI HAT MIR ÜBRIGENS NIE GESAGT …
… DASS SIE EINEN KLEINEN BRUDER HAT.
DINGDONG
BATAMM
ENTSCHULDIGEN SIE DIE STÖRUNG!
KASHIRA, WIR KÖNNEN LOSFAHREN!

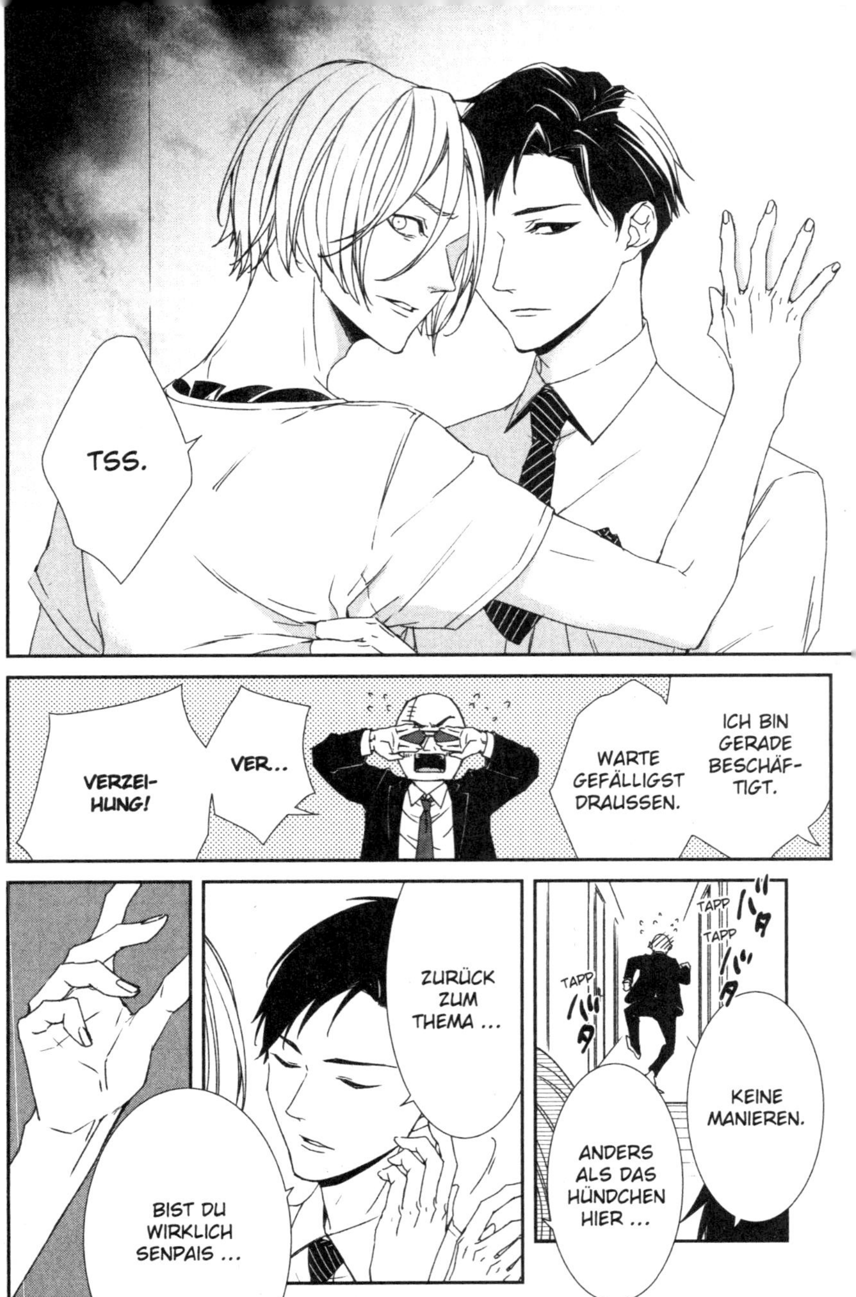

TSS.

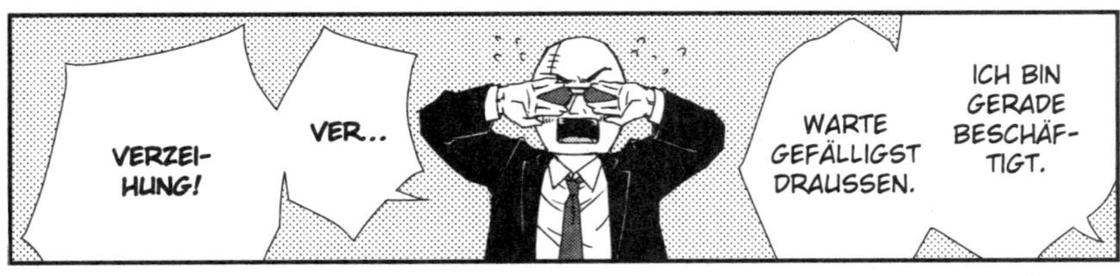
ICH BIN GERADE BESCHÄF-TIGT.
WARTE GEFÄLLIGST DRAUSSEN.
VER...
VERZEI-HUNG!

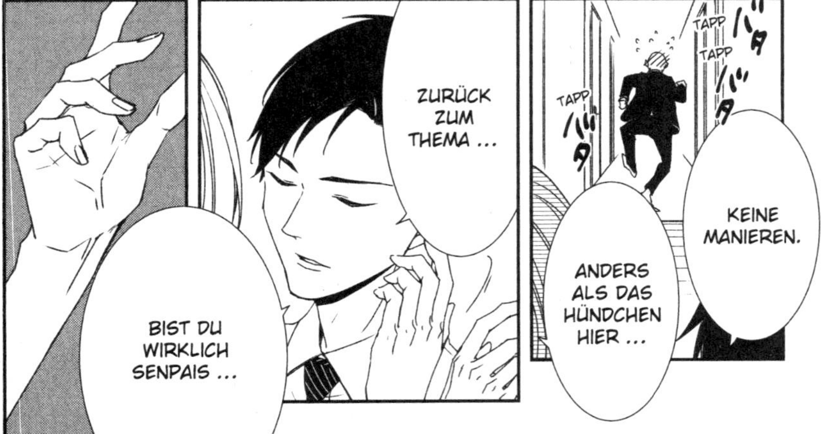
TAPP
TAPP
TAPP
KEINE MANIEREN.
ANDERS ALS DAS HÜNDCHEN HIER ...
ZURÜCK ZUM THEMA ...
BIST DU WIRKLICH SENPAIS ...

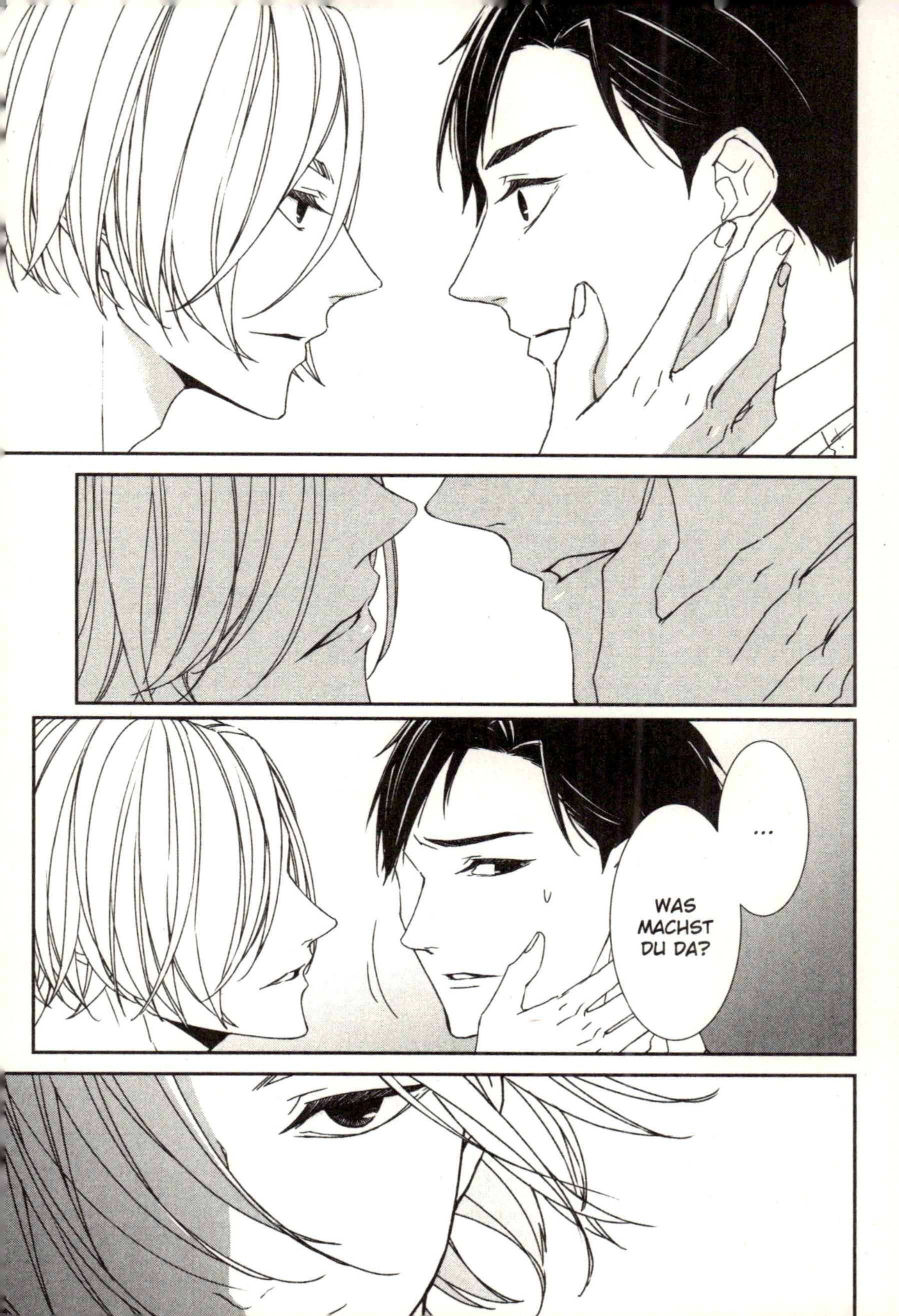
...
WAS MACHST DU DA?

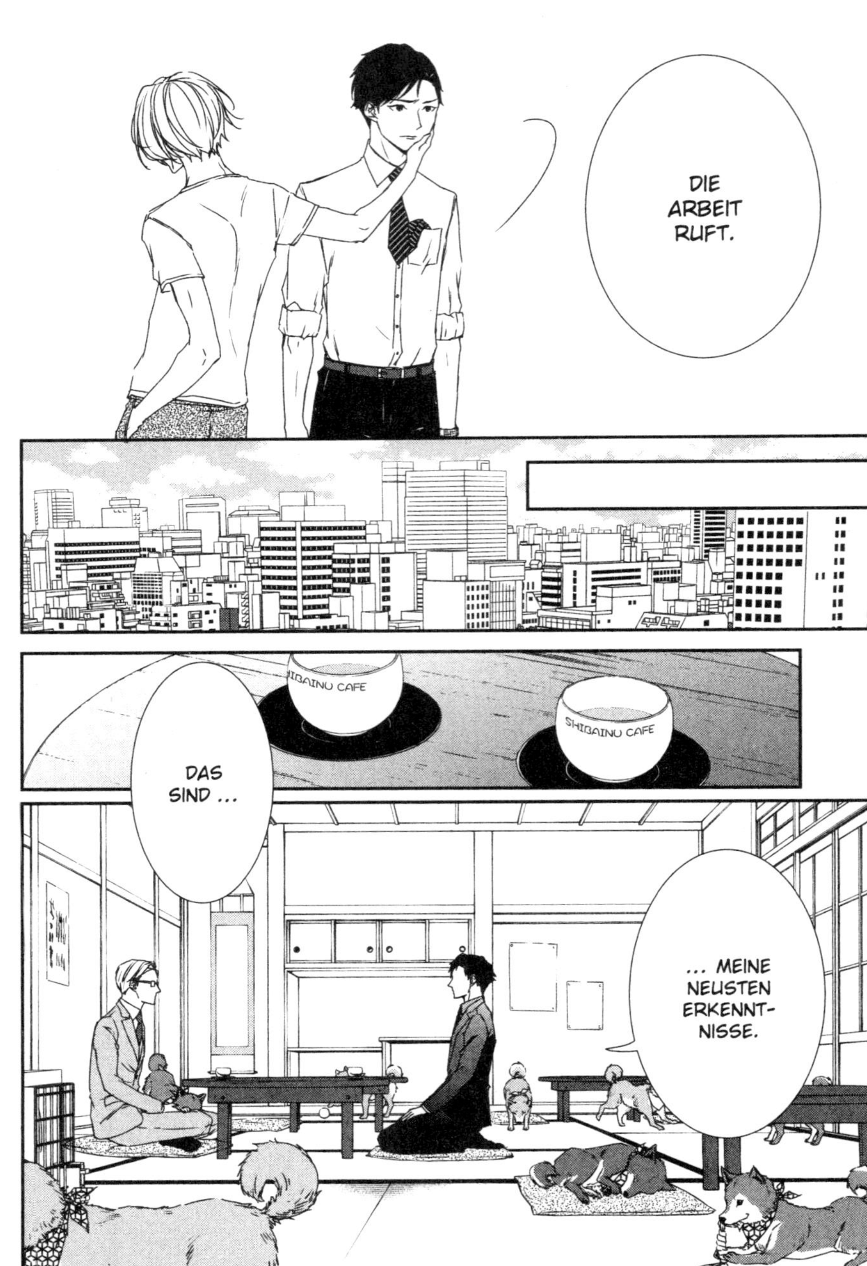
DIE ARBEIT RUFT.
SHIBAINU CAFE
SHIBAINU CAFE
DAS SIND …
… MEINE NEUSTEN ERKENNT-NISSE.

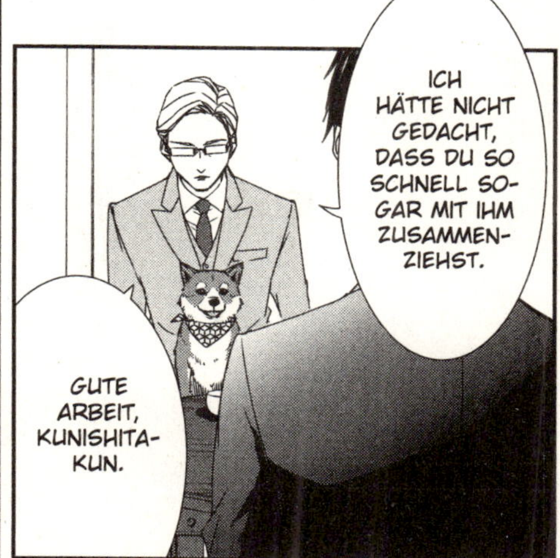
ICH HÄTTE NICHT GEDACHT, DASS DU SO SCHNELL SOGAR MIT IHM ZUSAMMENZIEHST.
GUTE ARBEIT, KUNISHITA-KUN.

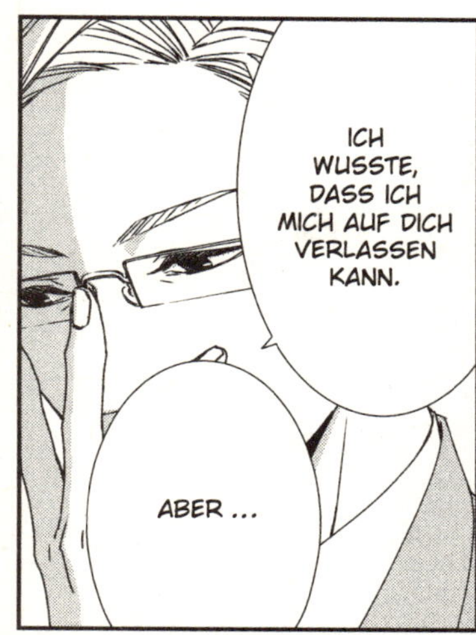
ICH WUSSTE, DASS ICH MICH AUF DICH VERLASSEN KANN.
ABER ...

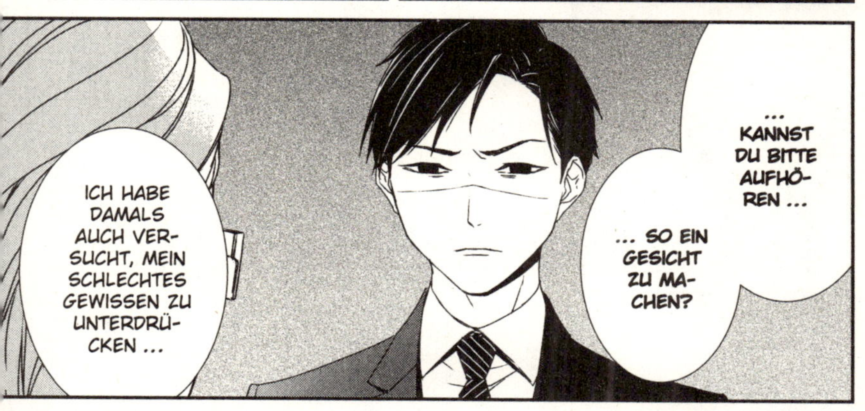
... KANNST DU BITTE AUFHÖREN ...
... SO EIN GESICHT ZU MACHEN?
ICH HABE DAMALS AUCH VERSUCHT, MEIN SCHLECHTES GEWISSEN ZU UNTERDRÜCKEN ...

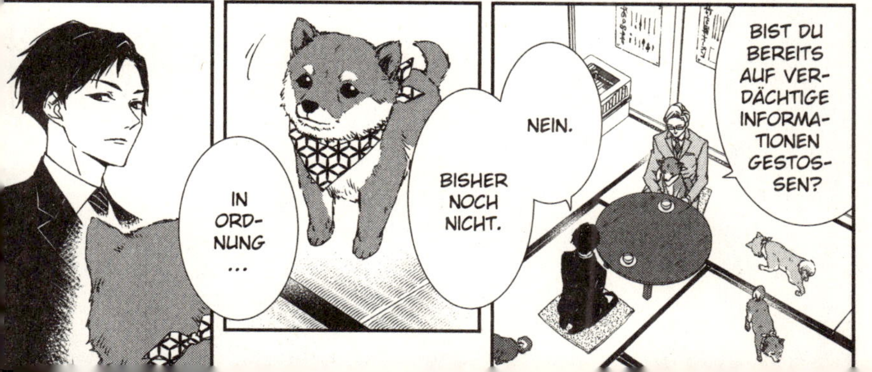
BIST DU BEREITS AUF VERDÄCHTIGE INFORMATIONEN GESTOSSEN?
NEIN.
BISHER NOCH NICHT.
IN ORDNUNG ...

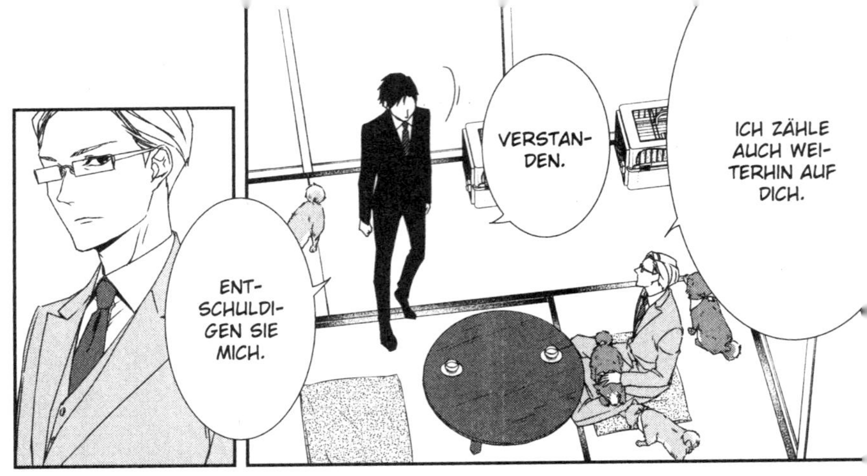
ICH ZÄHLE
AUCH WEI-
TERHIN AUF
DICH.
VERSTAN-
DEN.
ENT-
SCHULDI-
GEN SIE
MICH.

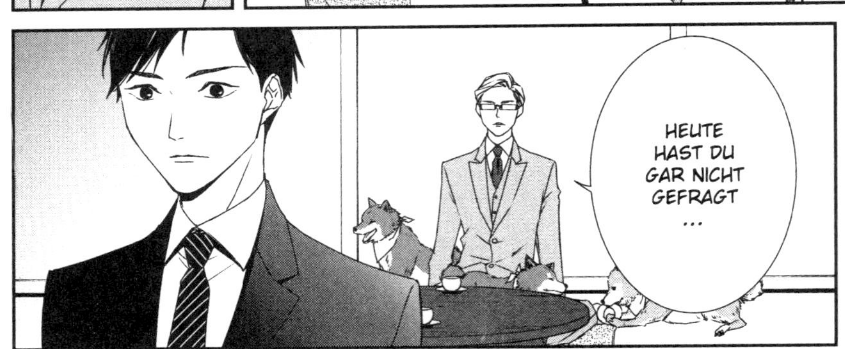
HEUTE
HAST DU
GAR NICHT
GEFRAGT
...

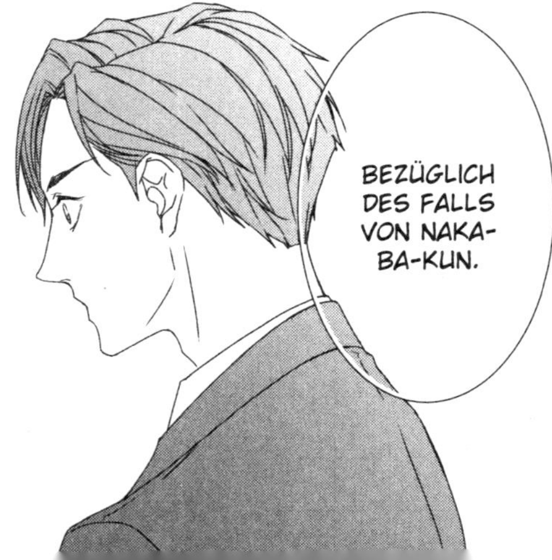
BEZÜGLICH
DES FALLS
VON NAKA-
BA-KUN.

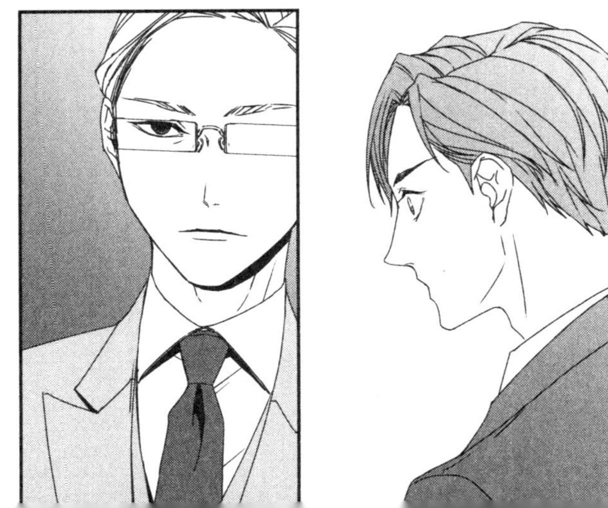

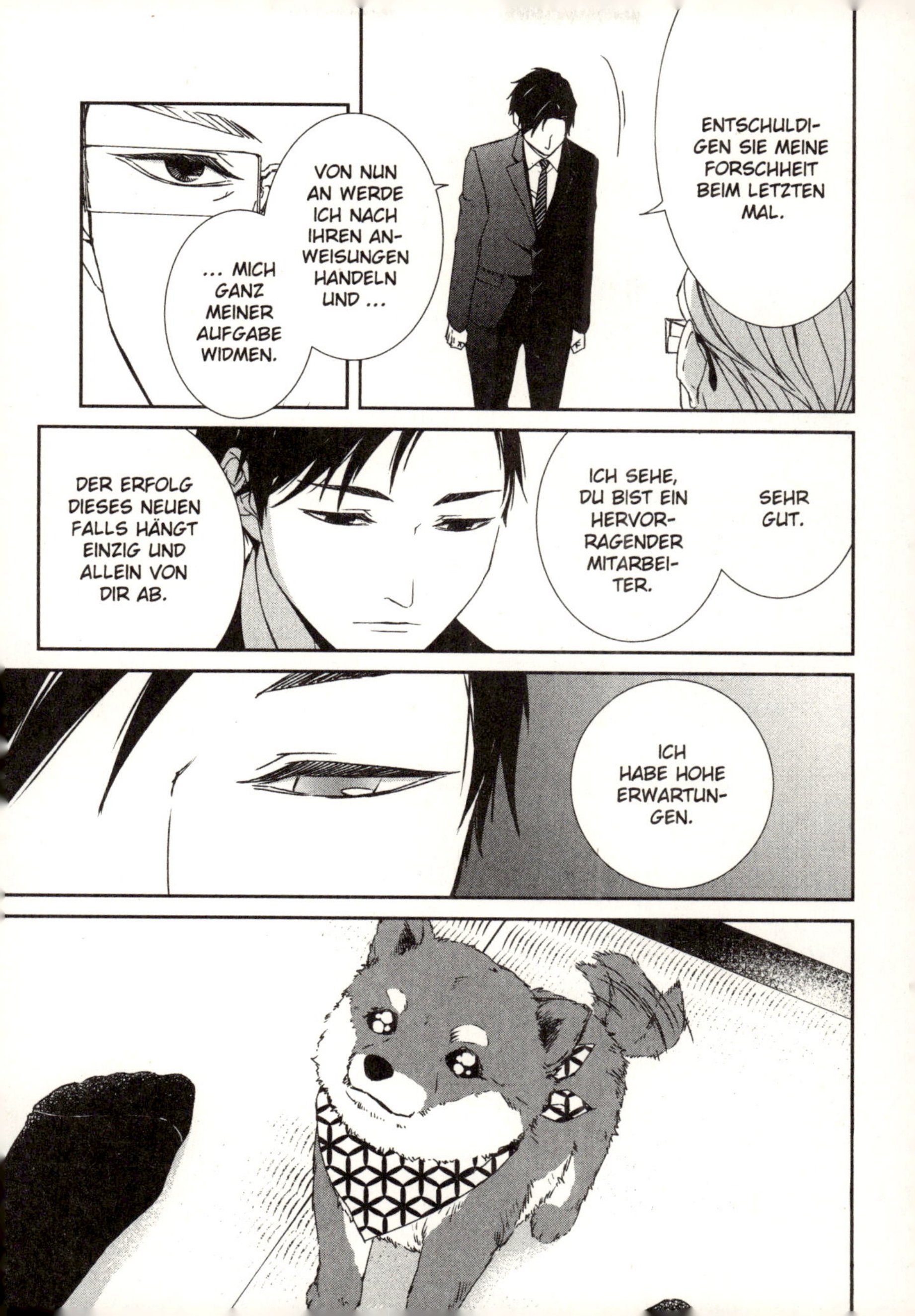

ENTSCHULDIGEN SIE MEINE FORSCHHEIT BEIM LETZTEN MAL.

VON NUN AN WERDE ICH NACH IHREN ANWEISUNGEN HANDELN UND ...

... MICH GANZ MEINER AUFGABE WIDMEN.

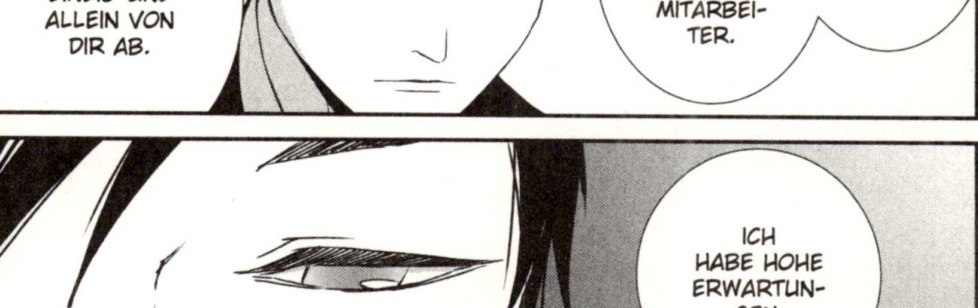

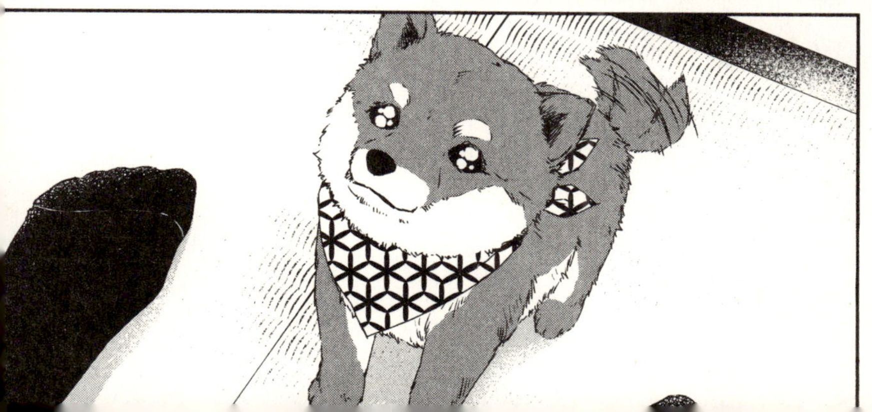

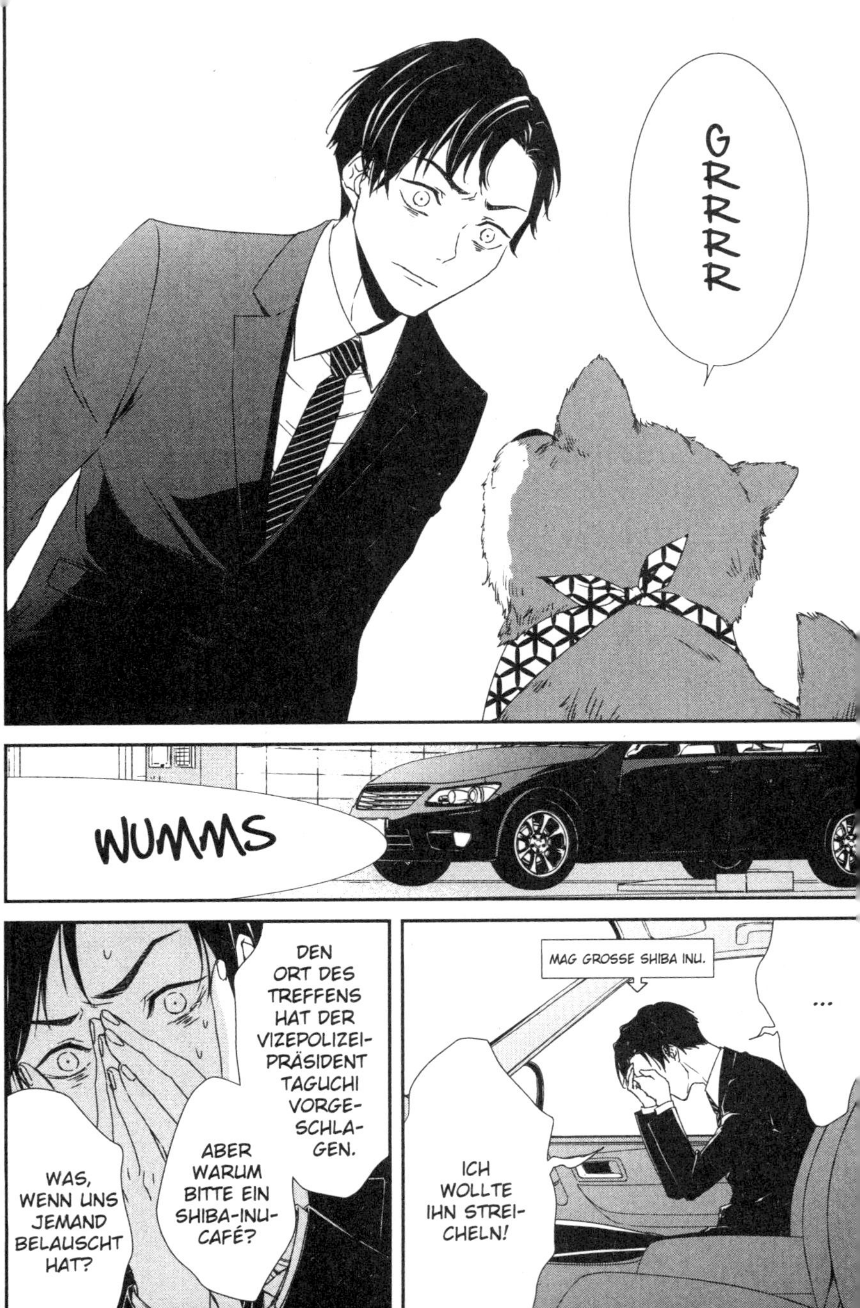

GRRRR

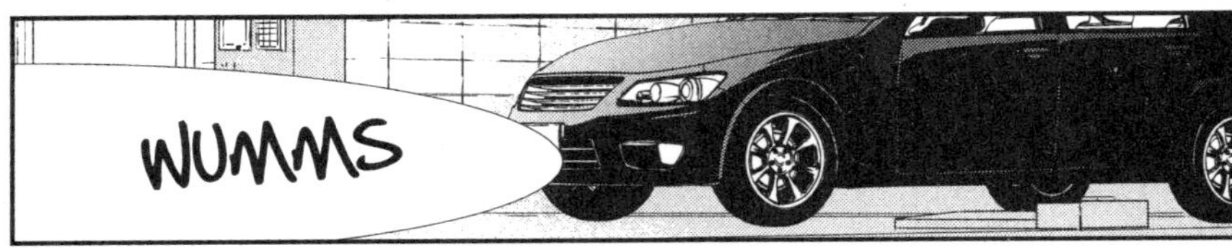
WUMMS

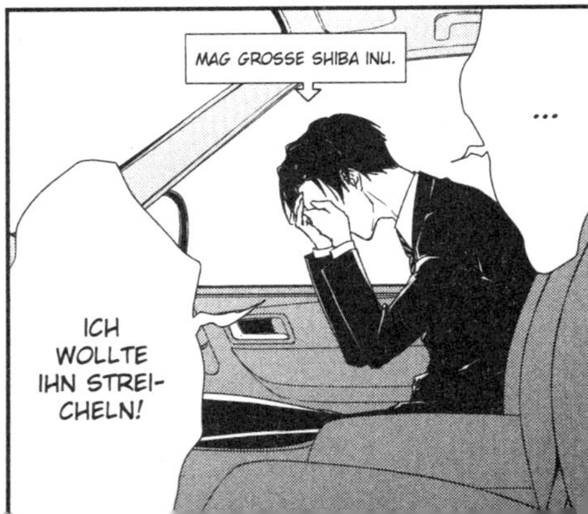
MAG GROSSE SHIBA INU.
...
ICH WOLLTE IHN STREICHELN!

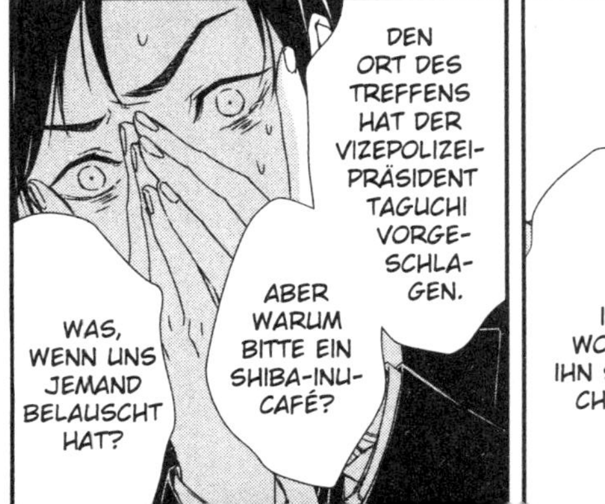
DEN ORT DES TREFFENS HAT DER VIZEPOLIZEIPRÄSIDENT TAGUCHI VORGESCHLAGEN.
ABER WARUM BITTE EIN SHIBA-INU-CAFÉ?
WAS, WENN UNS JEMAND BELAUSCHT HAT?

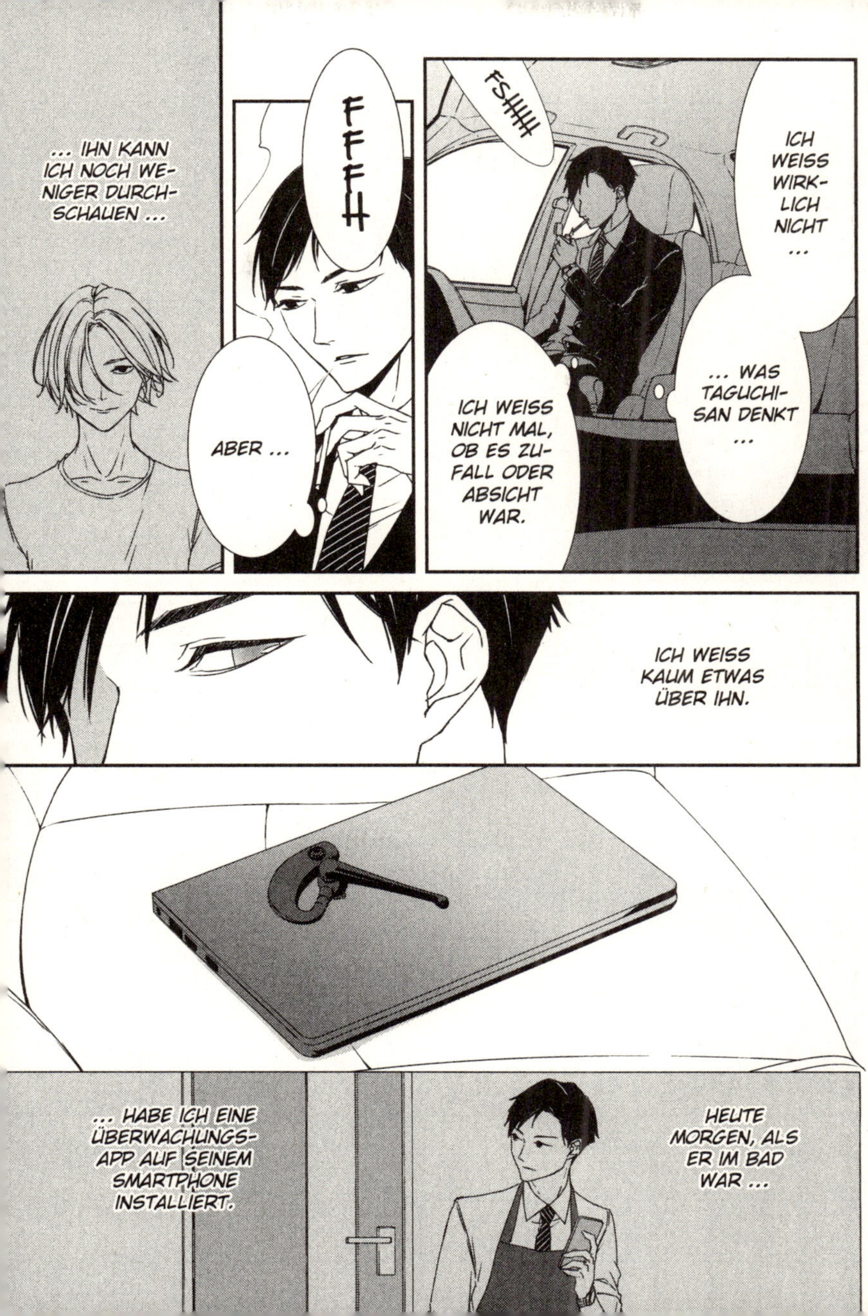

FSHHHH
ICH WEISS WIRKLICH NICHT ...
... WAS TAGUCHI-SAN DENKT ...
ICH WEISS NICHT MAL, OB ES ZUFALL ODER ABSICHT WAR.
FFFH
ABER ...
... IHN KANN ICH NOCH WENIGER DURCHSCHAUEN ...
ICH WEISS KAUM ETWAS ÜBER IHN.
HEUTE MORGEN, ALS ER IM BAD WAR ...
... HABE ICH EINE ÜBERWACHUNGS-APP AUF SEINEM SMARTPHONE INSTALLIERT.

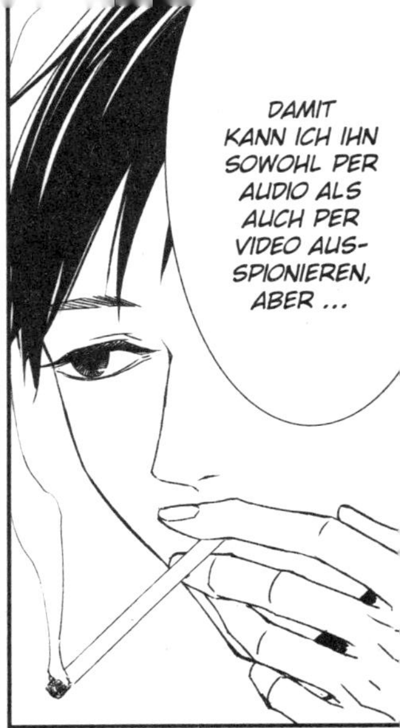
DAMIT KANN ICH IHN SOWOHL PER AUDIO ALS AUCH PER VIDEO AUSSPIONIEREN, ABER …

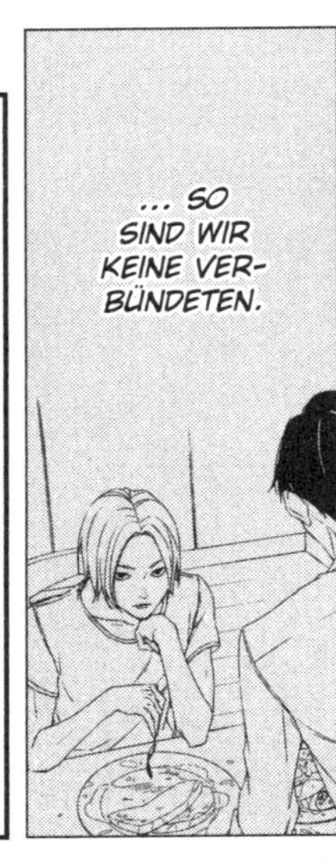
… SO SIND WIR KEINE VERBÜNDETEN.

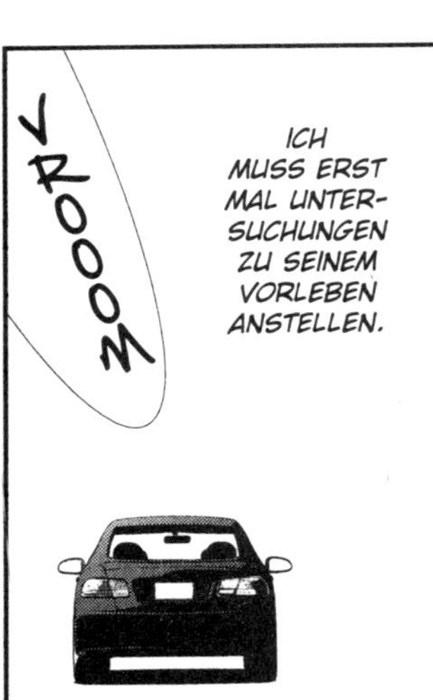
ICH MUSS ERST MAL UNTERSUCHUNGEN ZU SEINEM VORLEBEN ANSTELLEN.
VROOOOM

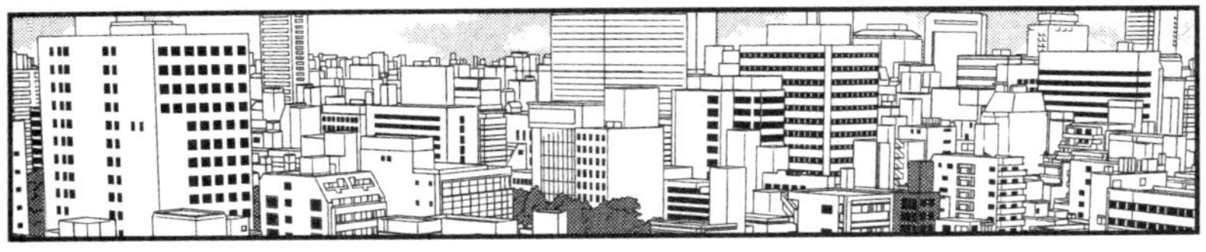

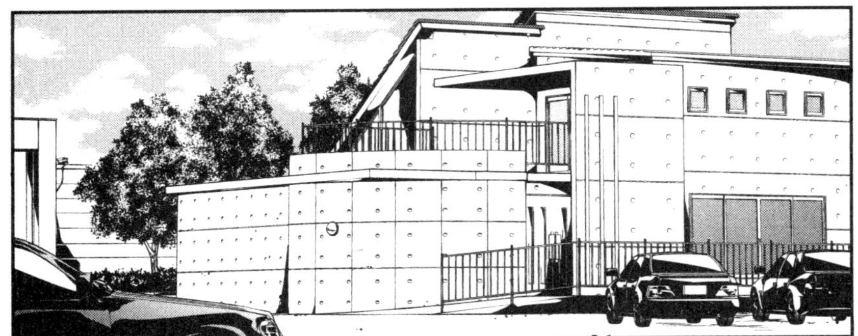

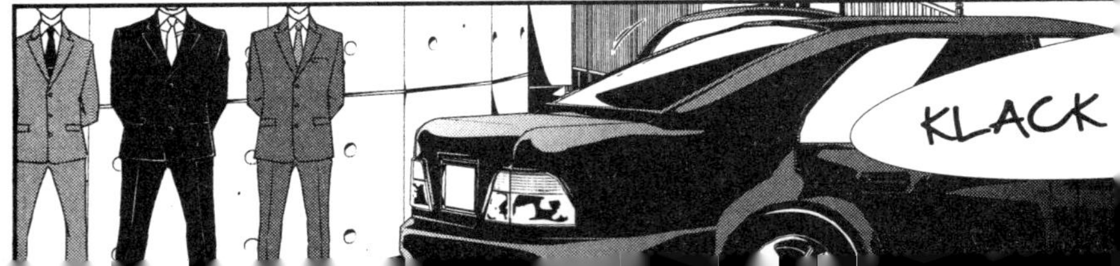
KLACK

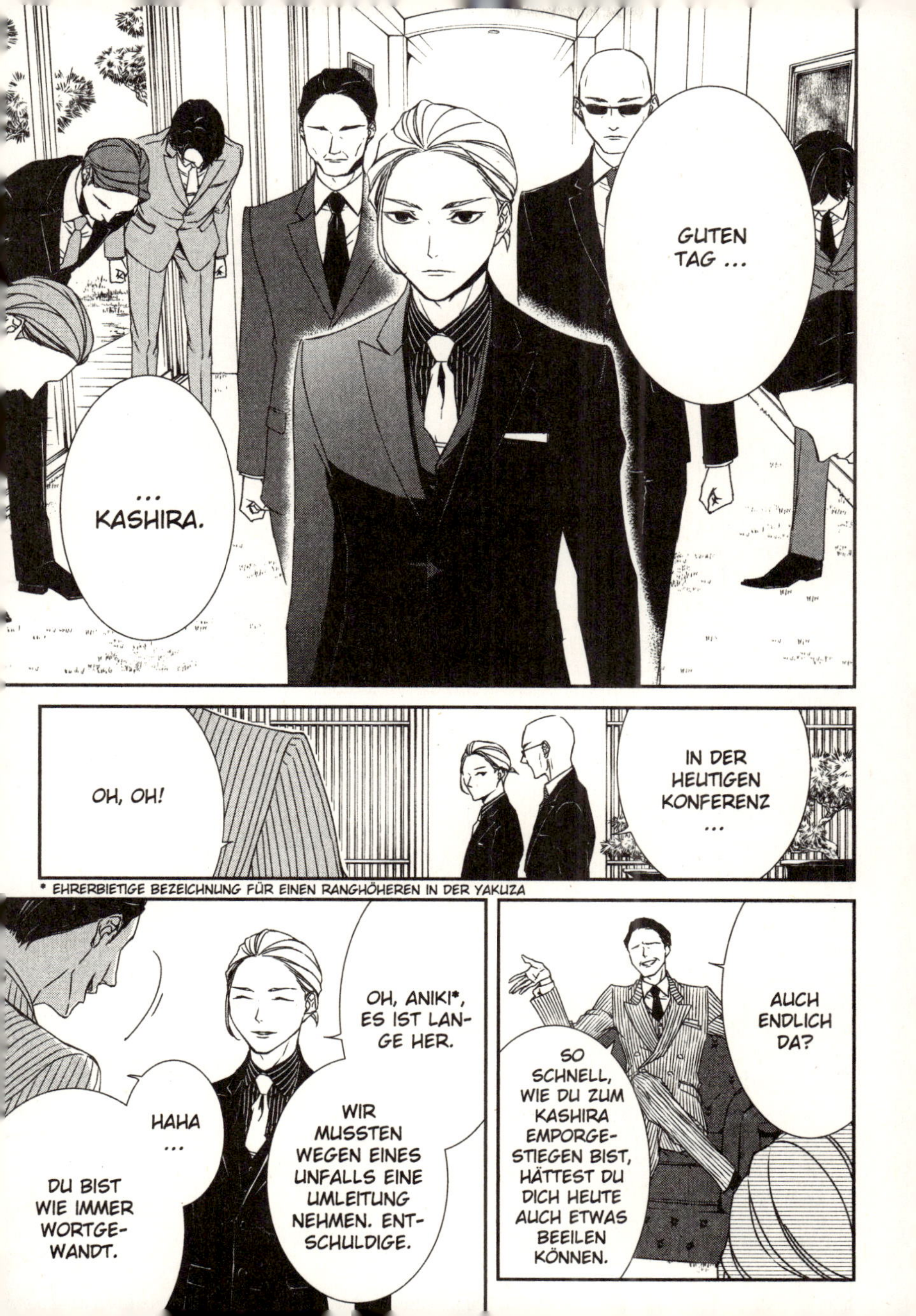

GUTEN TAG ...

... KASHIRA.

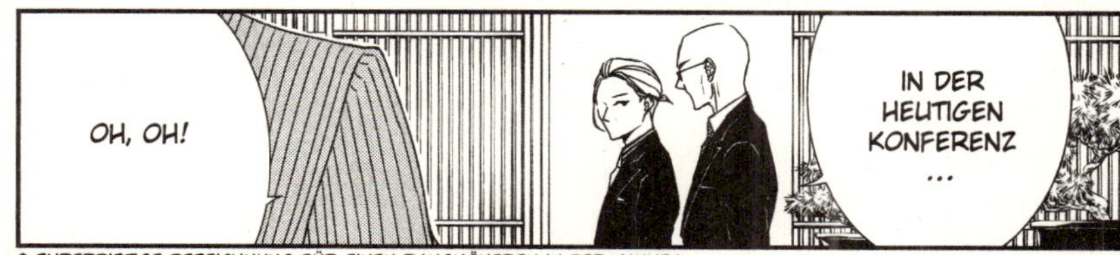

* EHRERBIETIGE BEZEICHNUNG FÜR EINEN RANGHÖHEREN IN DER YAKUZA

AUCH ENDLICH DA?

SO SCHNELL, WIE DU ZUM KASHIRA EMPORGESTIEGEN BIST, HÄTTEST DU DICH HEUTE AUCH ETWAS BEEILEN KÖNNEN.

OH, ANIKI*, ES IST LANGE HER.

WIR MUSSTEN WEGEN EINES UNFALLS EINE UMLEITUNG NEHMEN. ENTSCHULDIGE.

HAHA ...

DU BIST WIE IMMER WORTGEWANDT.

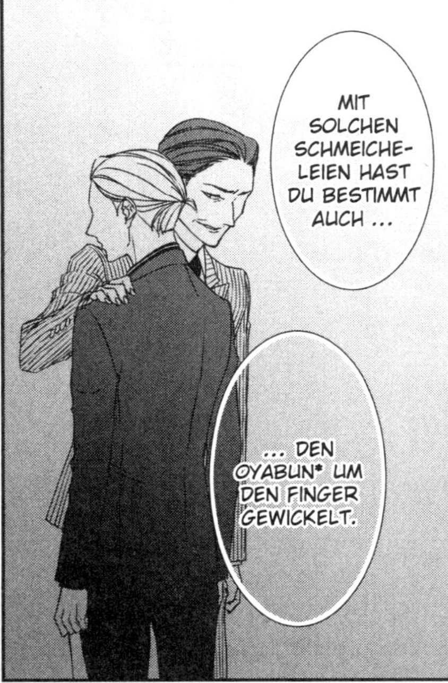

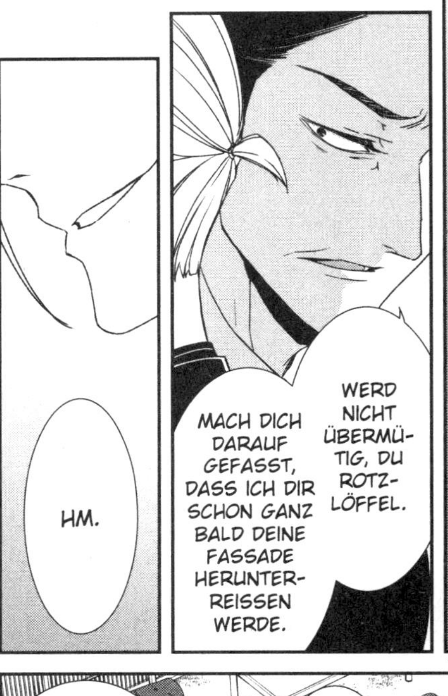

* CHEF EINER YAKUZA-GRUPPE

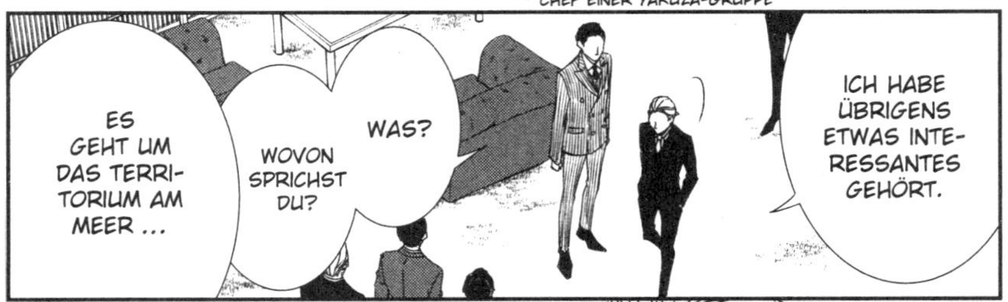

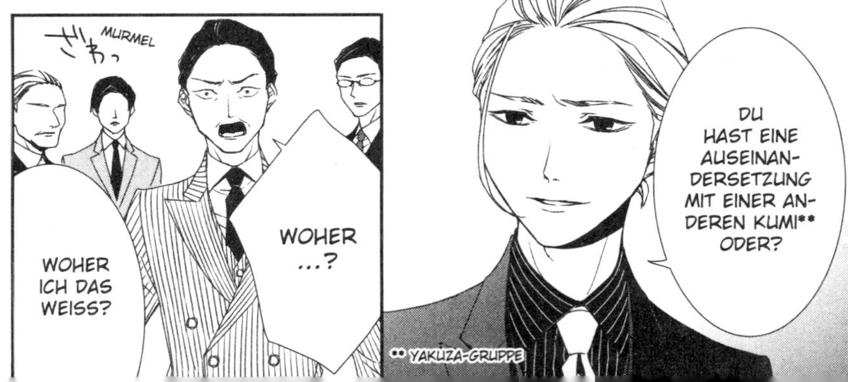

** YAKUZA-GRUPPE

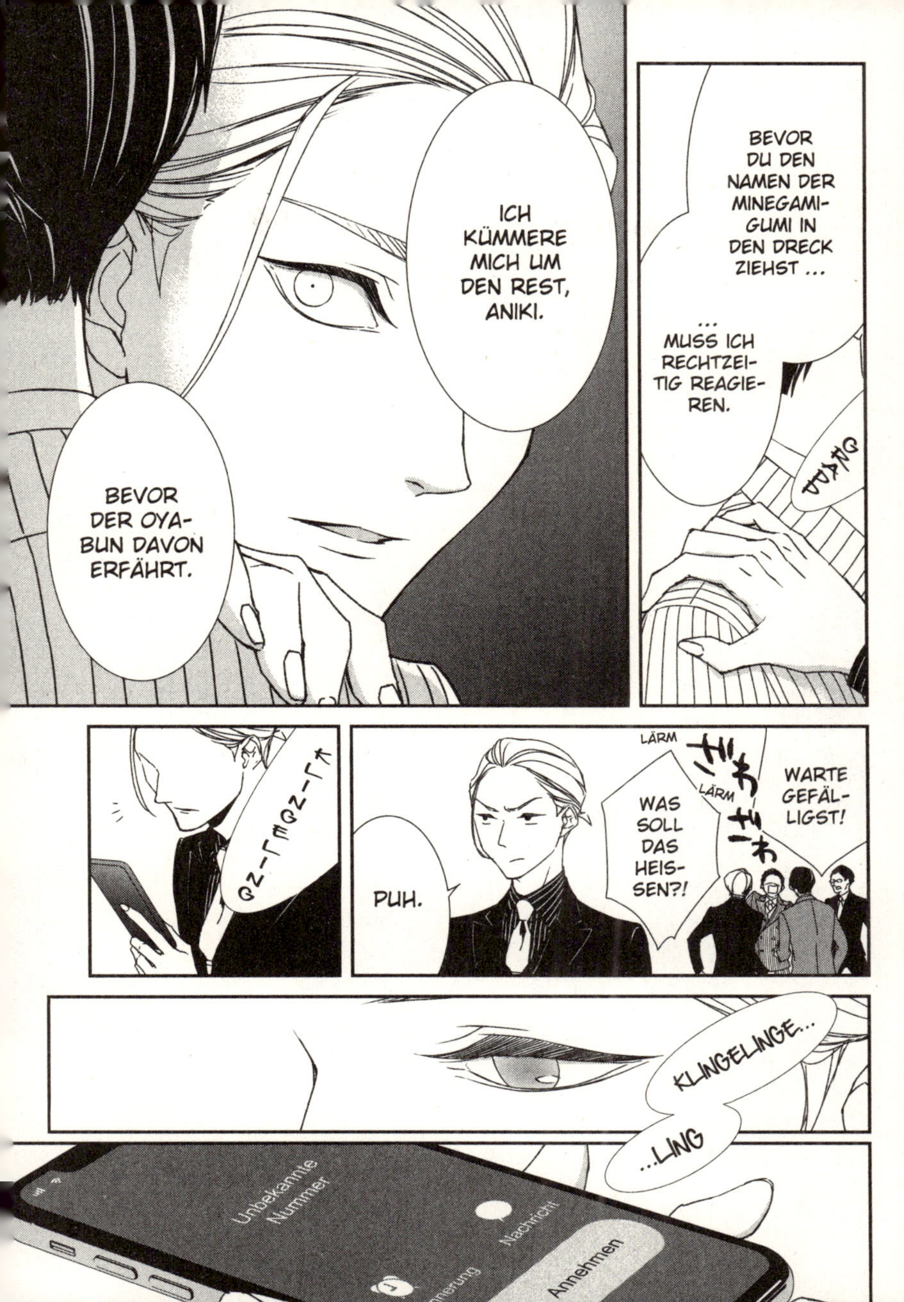
BEVOR DU DEN NAMEN DER MINEGAMI-GUMI IN DEN DRECK ZIEHST ...
... MUSS ICH RECHTZEITIG REAGIEREN.
GNAD
ICH KÜMMERE MICH UM DEN REST, ANIKI.
BEVOR DER OYABUN DAVON ERFÄHRT.
WARTE GEFÄLLIGST!
LÄRM
LÄRM
WAS SOLL DAS HEISSEN?!
PUH.
KLINGELING
KLINGELINGE...
...LING
Unbekannte Nummer
Nachricht
Annehmen

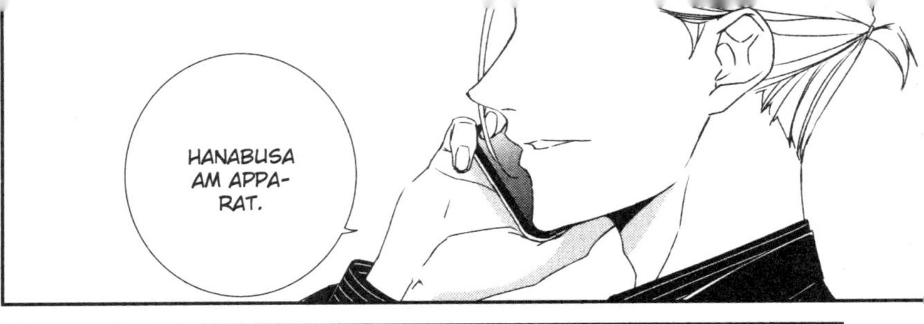
HANABUSA AM APPA-RAT.

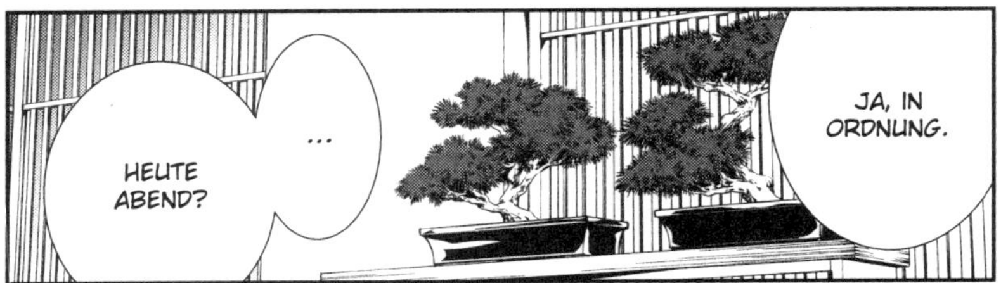
JA, IN ORDNUNG.
...
HEUTE ABEND?

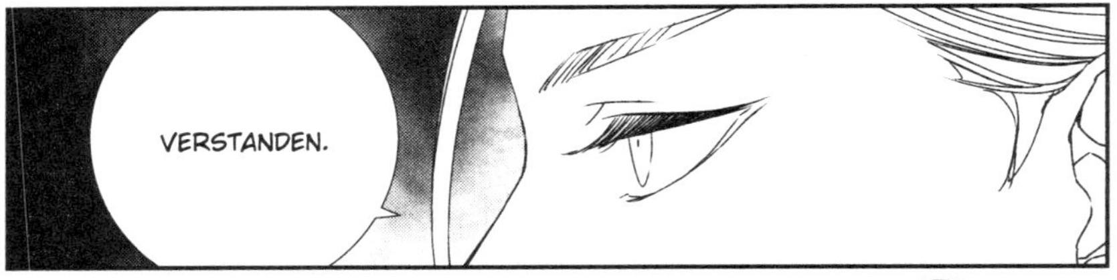
VERSTANDEN.

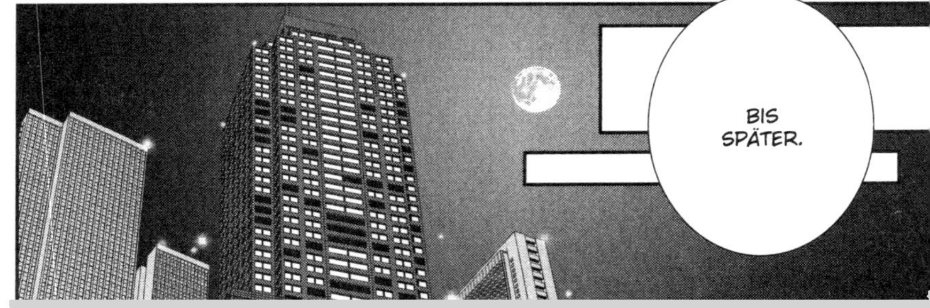
BIS SPÄTER.

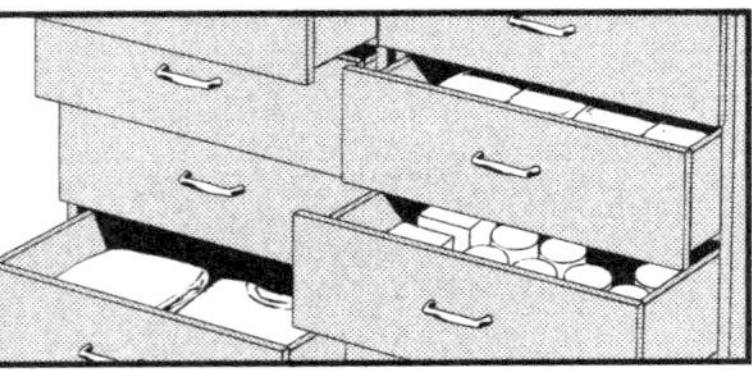

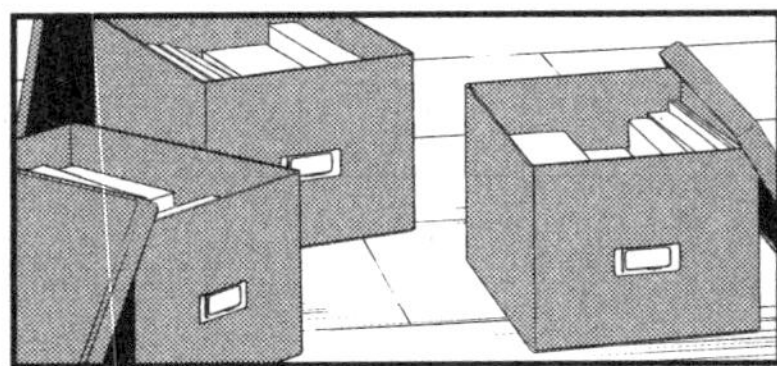

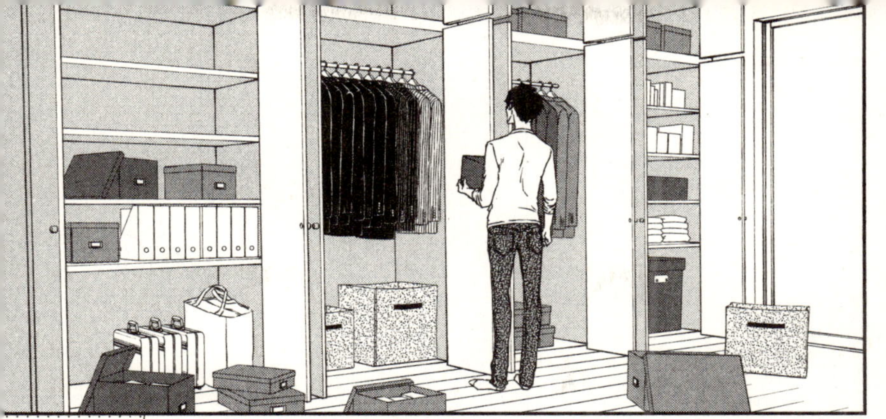

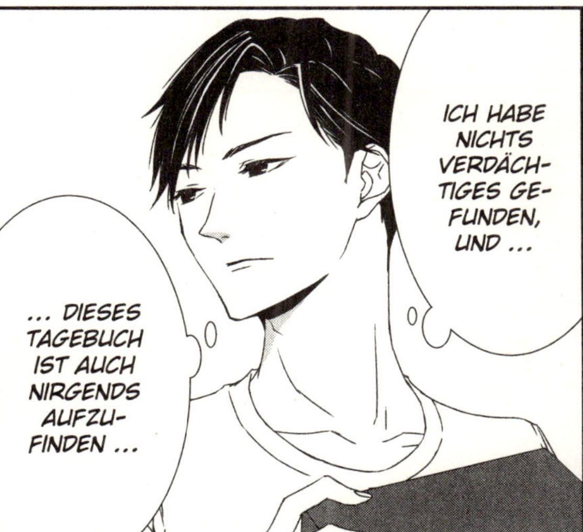
ICH HABE NICHTS VERDÄCHTIGES GEFUNDEN, UND ...
... DIESES TAGEBUCH IST AUCH NIRGENDS AUFZUFINDEN ...

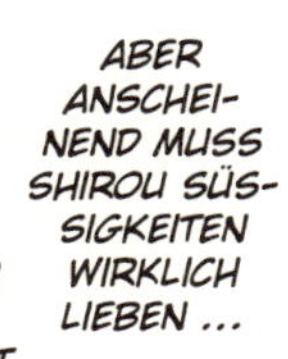
ABER ANSCHEINEND MUSS SHIROU SÜSSIGKEITEN WIRKLICH LIEBEN ...
... ODER IST DAS SEINE ART, ETWAS ZU VERSCHLEIERN?

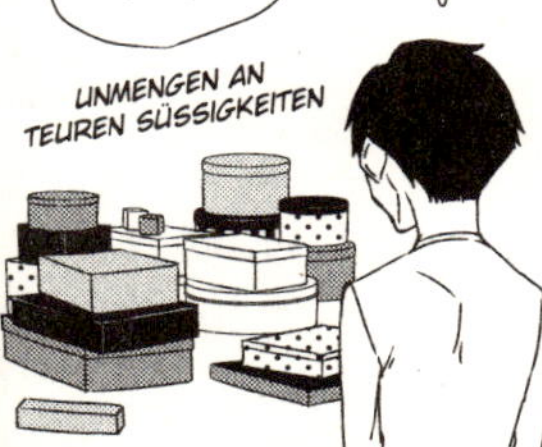
UNMENGEN AN TEUREN SÜSSIGKEITEN

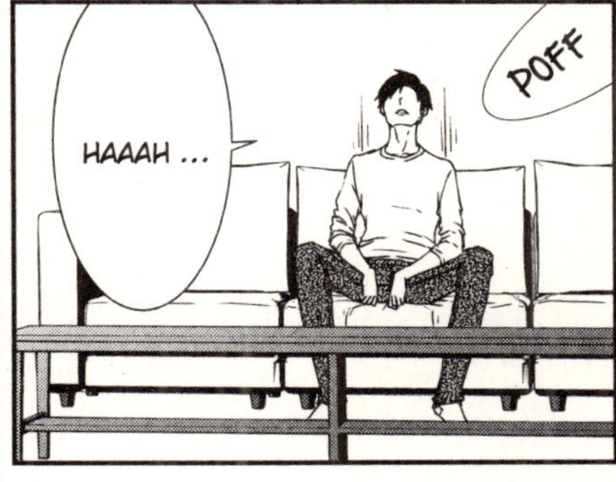
POFF
HAAAH ...

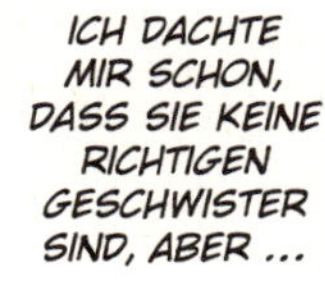
ICH DACHTE MIR SCHON, DASS SIE KEINE RICHTIGEN GESCHWISTER SIND, ABER ...

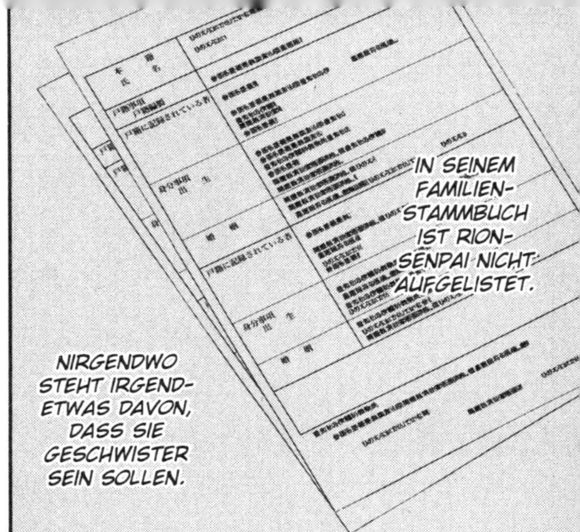

IST „SHIROU HANABUSA" ÜBERHAUPT SEIN RICHTIGER NAME?

VIELLEICHT IST DAS JA EIN GEFÄLSCHTES FAMILIEN-STAMMBUCH.

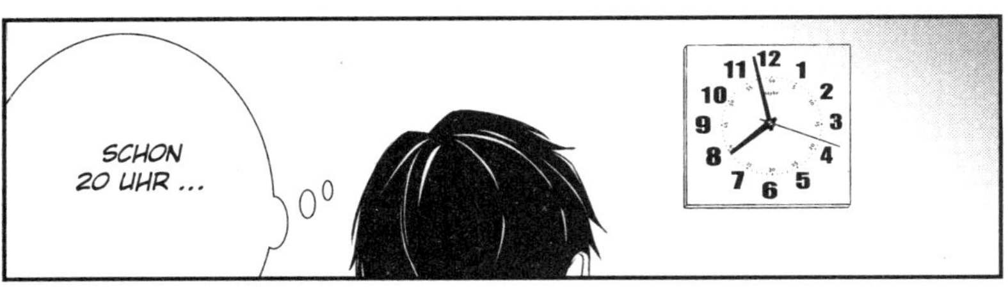

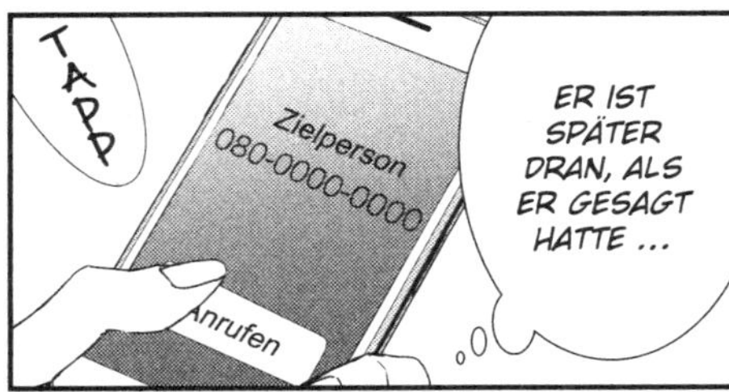

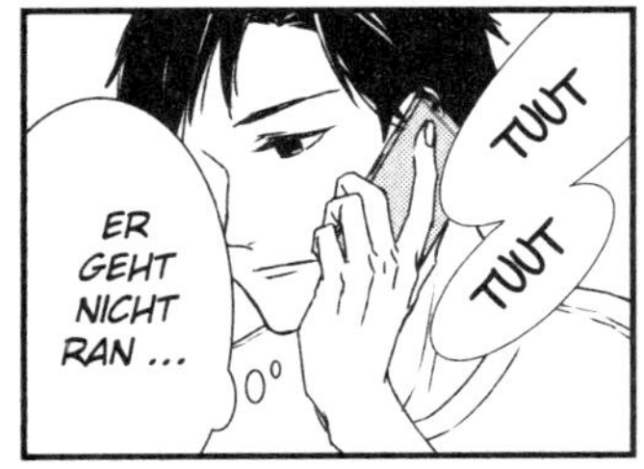

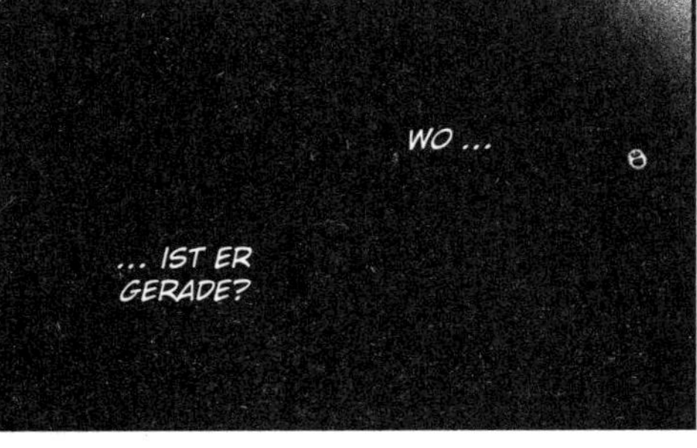

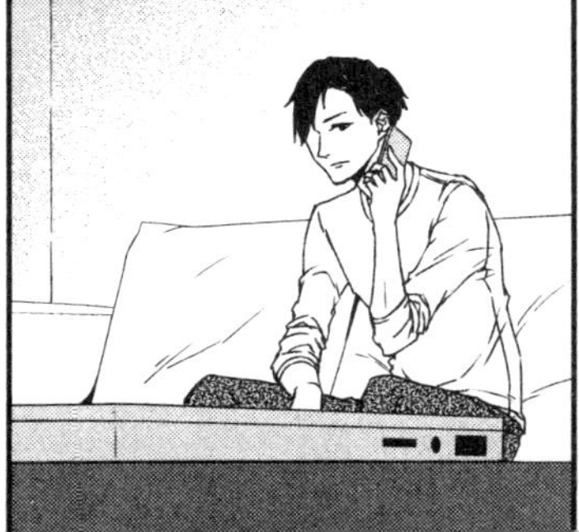

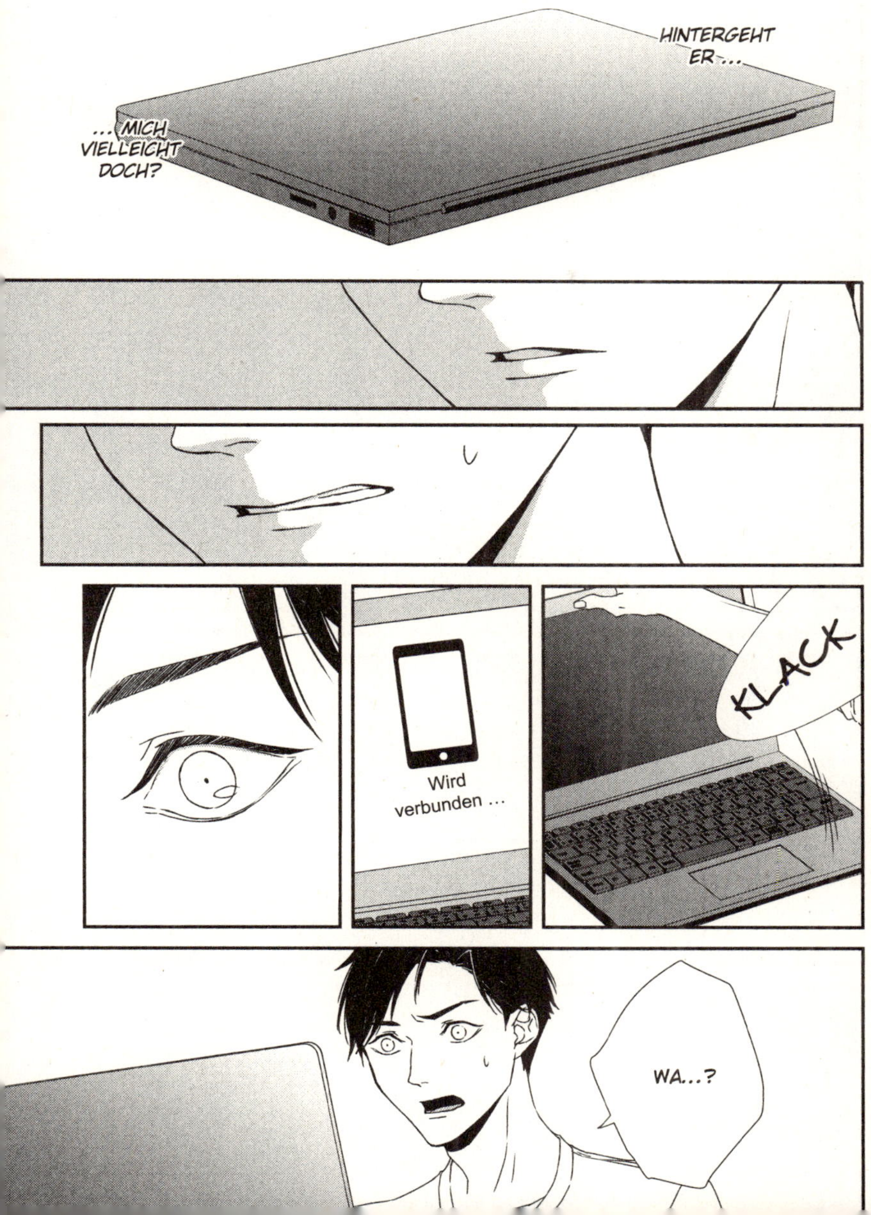

HINTERGEHT ER ...

... MICH VIELLEICHT DOCH?

KLACK

Wird verbunden ...

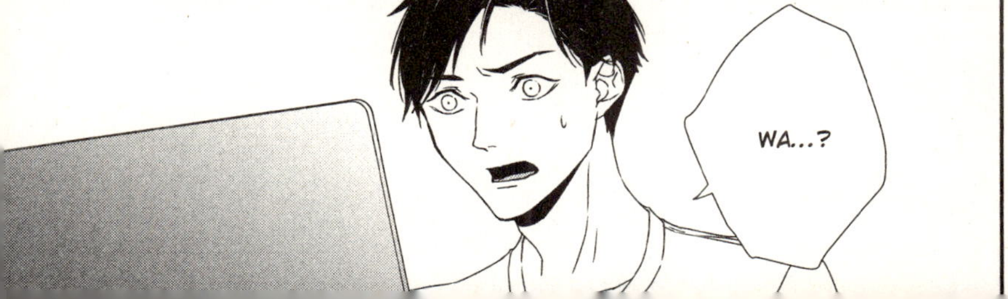

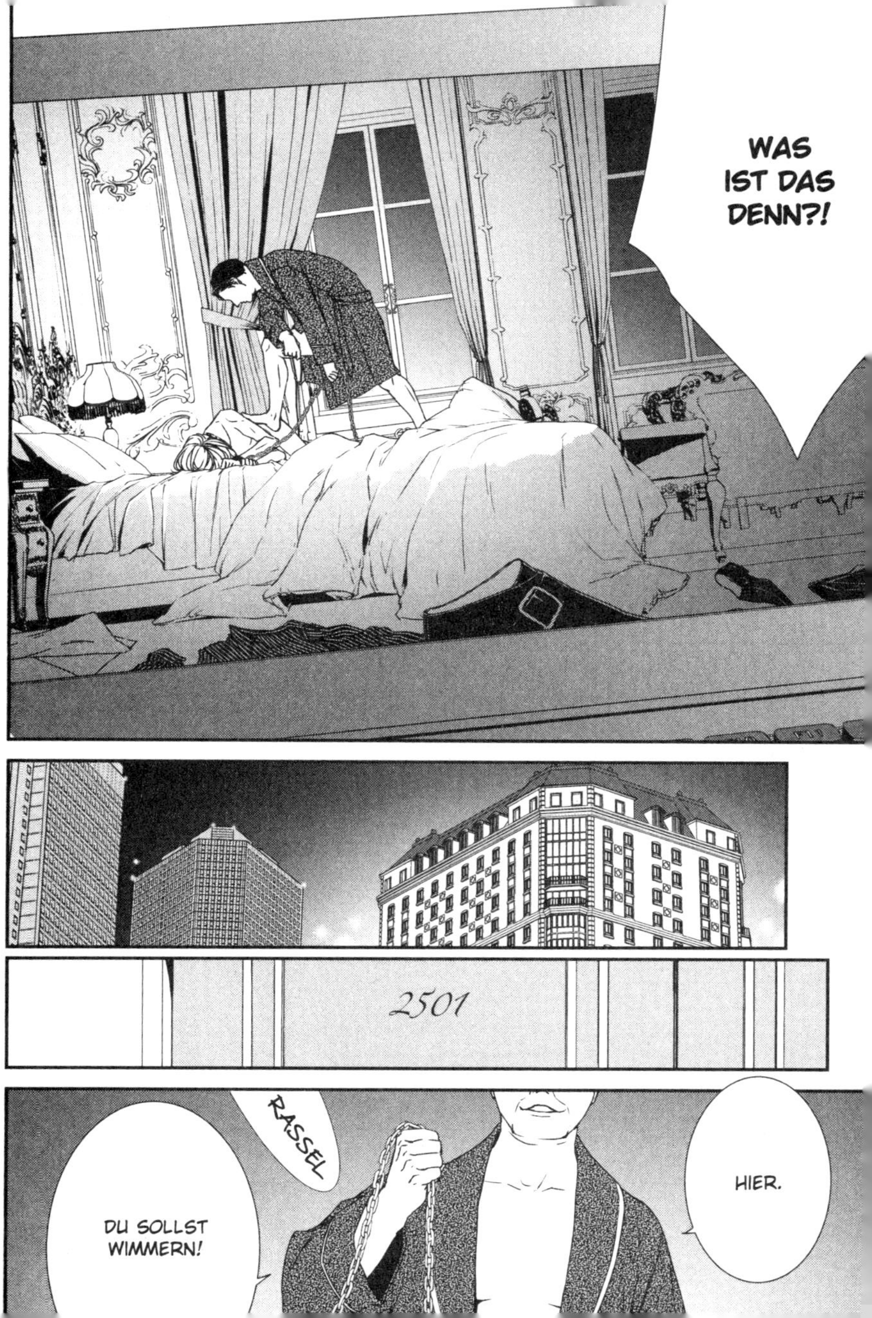

WAS IST DAS DENN?!

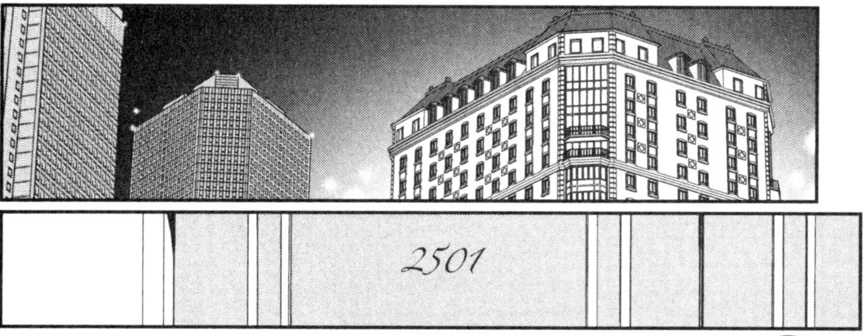

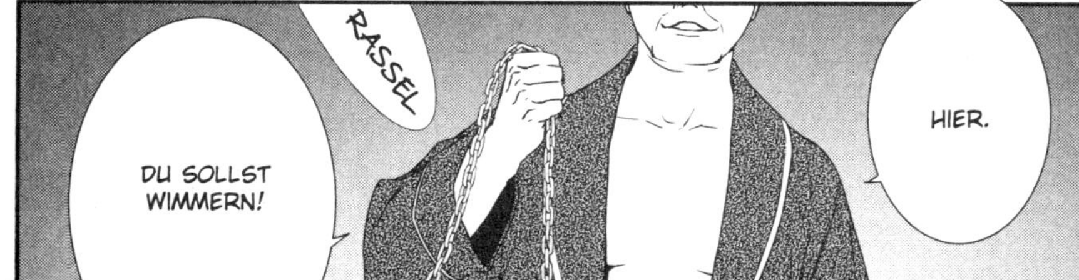

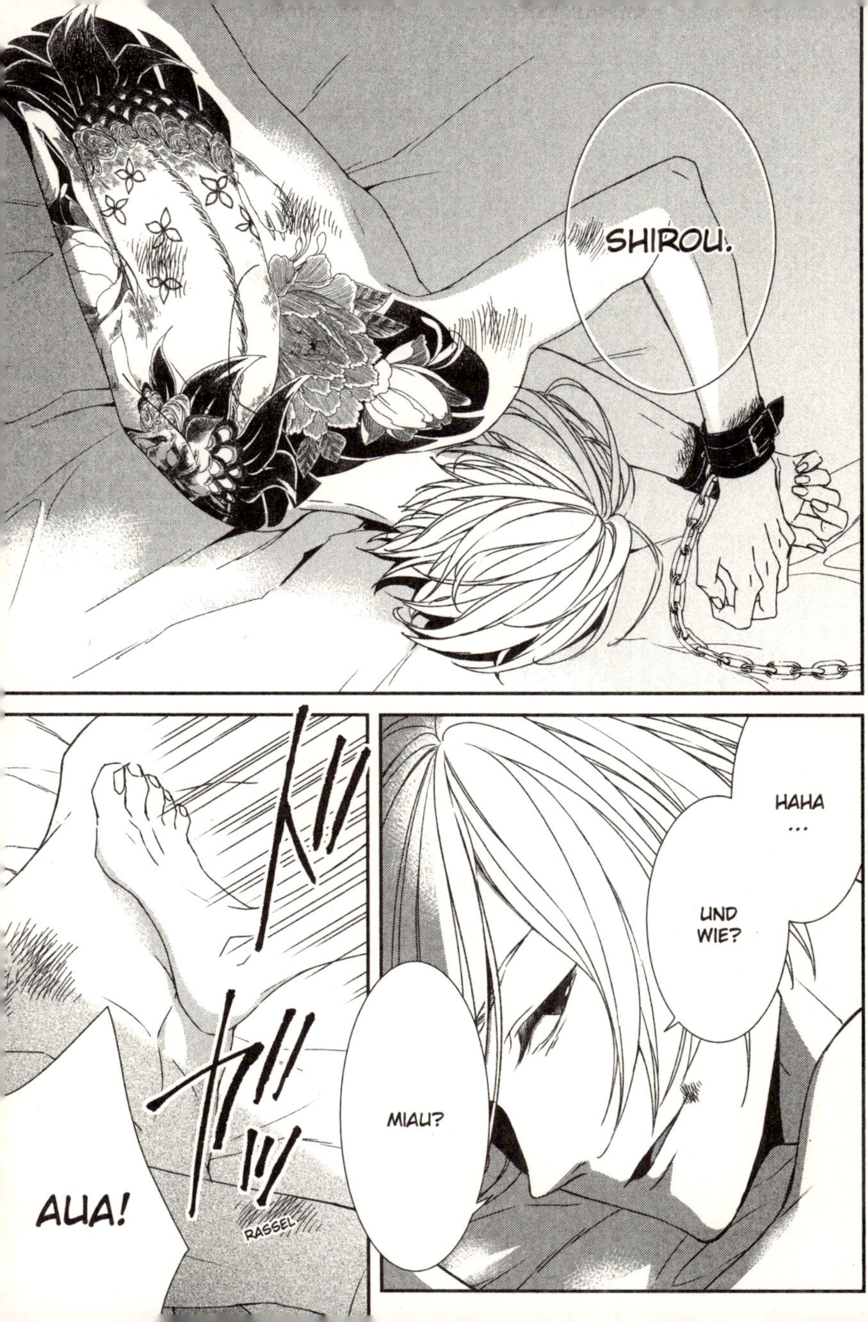

SHIROU.

HAHA ...

UND WIE?

MIAU?

AUA!

RASSEL

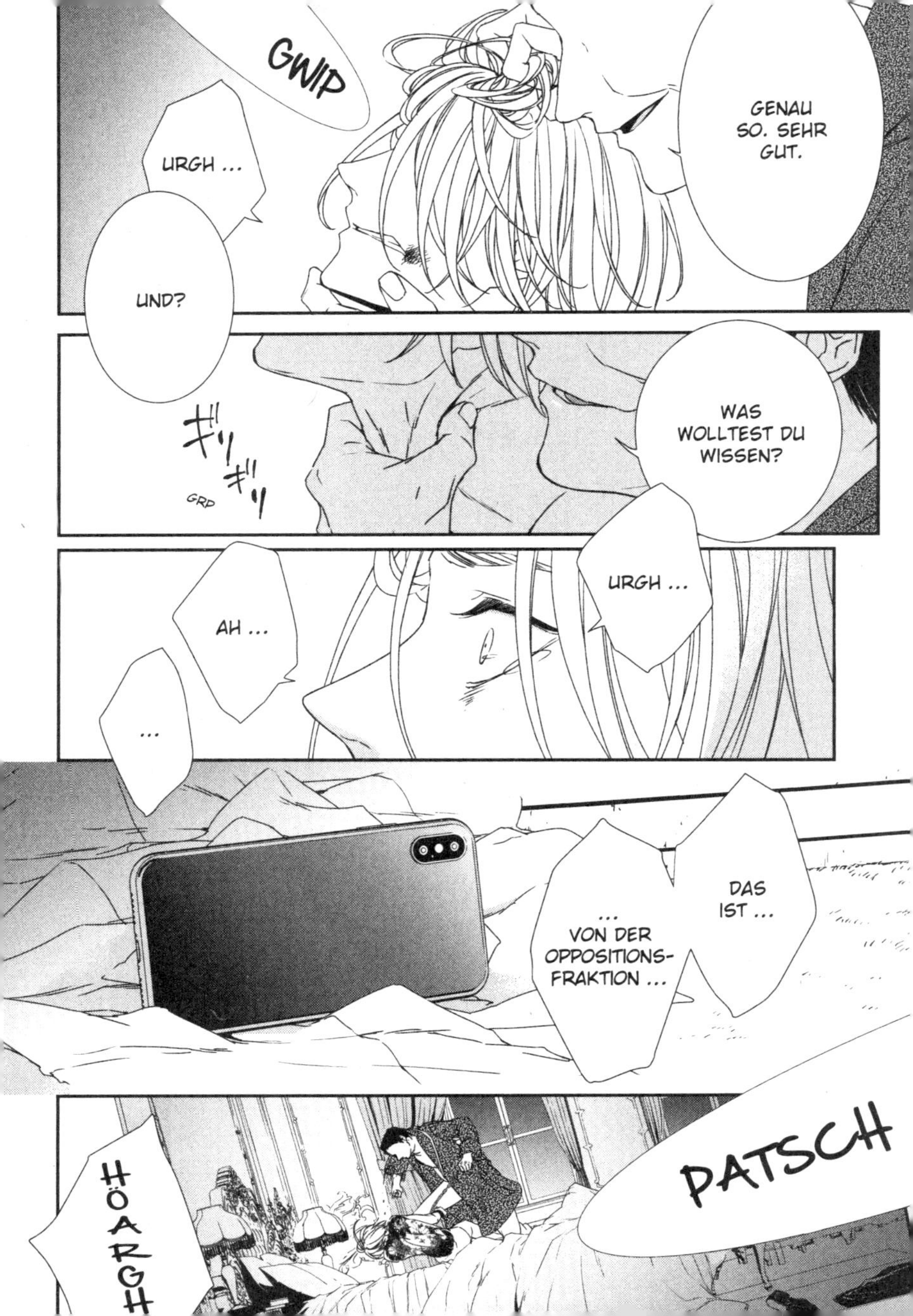
GENAU SO. SEHR GUT.
GWIP
URGH …
UND?
WAS WOLLTEST DU WISSEN?
ギリギリ
GRP
URGH …
AH …
…
DAS IST …
… VON DER OPPOSITIONS-FRAKTION …
PATSCH
HÖARGH

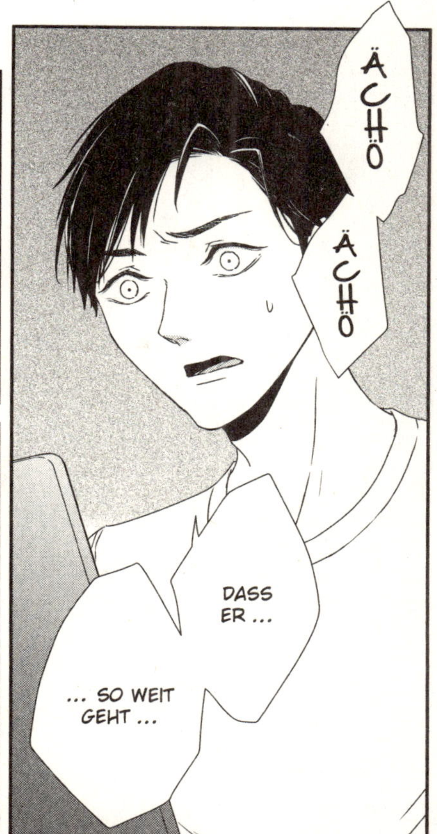
ÄCHÖ
ÄCHÖ
DASS ER …
… SO WEIT GEHT …

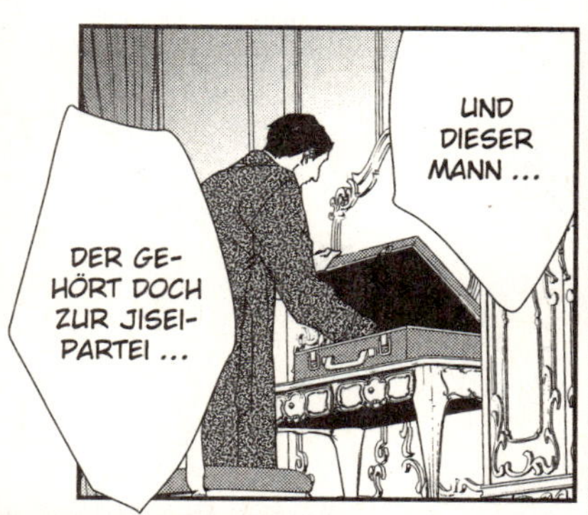
UND DIESER MANN …
DER GEHÖRT DOCH ZUR JISEI-PARTEI …

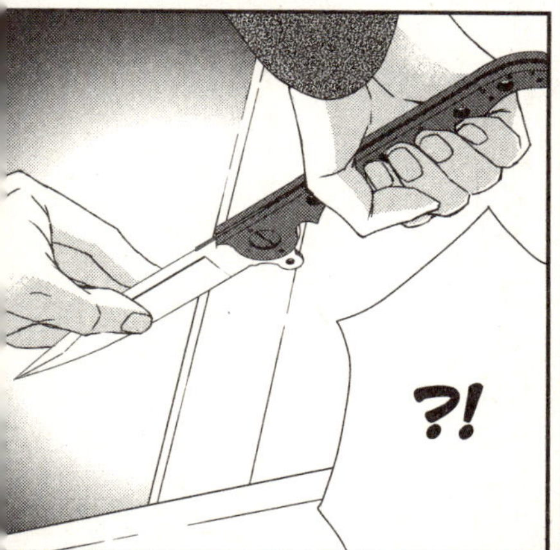
?!

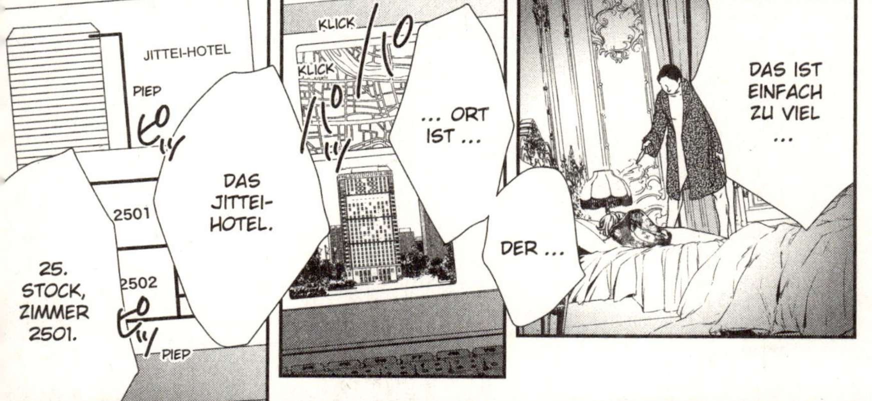
DAS IST EINFACH ZU VIEL …
DER …
… ORT IST …
KLICK
KLICK
DAS JITTEI-HOTEL.
JITTEI-HOTEL
PIEP
2501
2502
25. STOCK, ZIMMER 2501.
PIEP

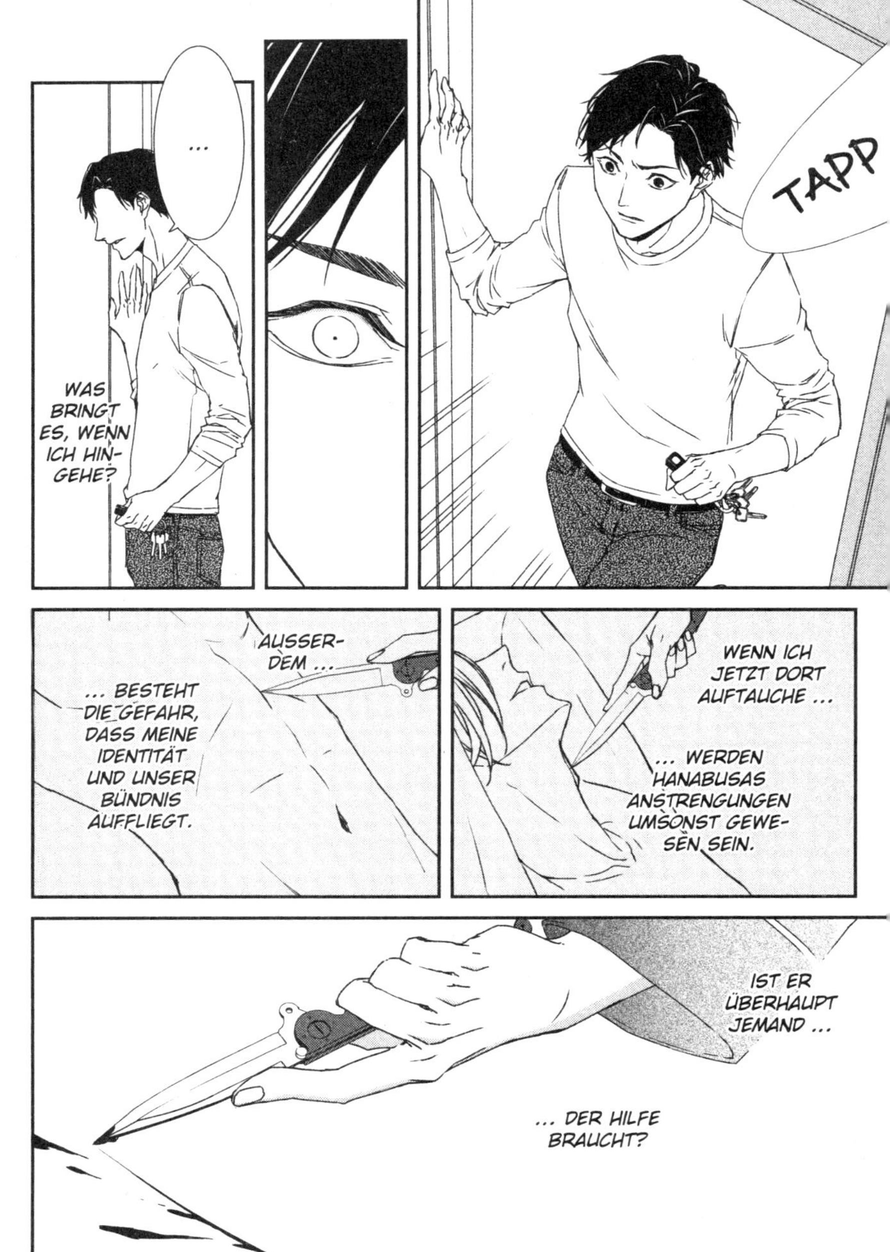
TAPP
...
WAS BRINGT ES, WENN ICH HINGEHE?
WENN ICH JETZT DORT AUFTAUCHE ...
... WERDEN HANABUSAS ANSTRENGUNGEN UMSONST GEWESEN SEIN.
AUSSERDEM ...
... BESTEHT DIE GEFAHR, DASS MEINE IDENTITÄT UND UNSER BÜNDNIS AUFFLIEGT.
IST ER ÜBERHAUPT JEMAND ...
... DER HILFE BRAUCHT?

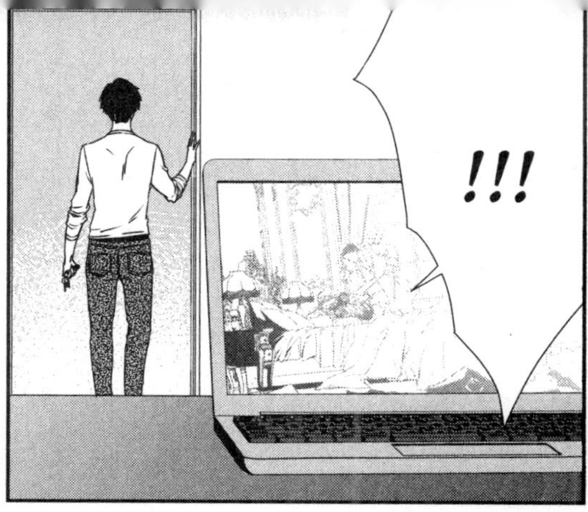
!!!

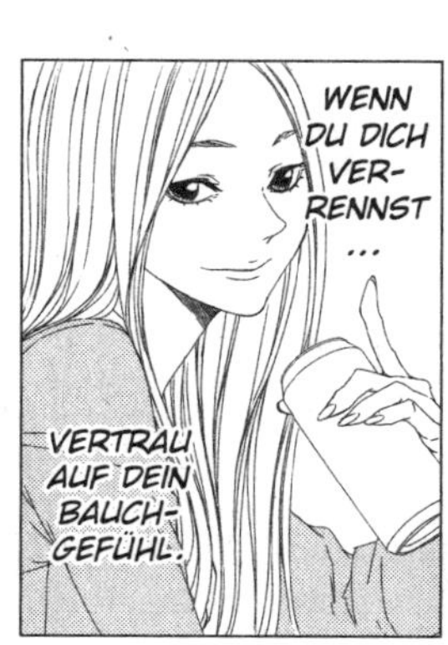
WENN DU DICH VER-RENNST ...
VERTRAU AUF DEIN BAUCH-GEFÜHL.

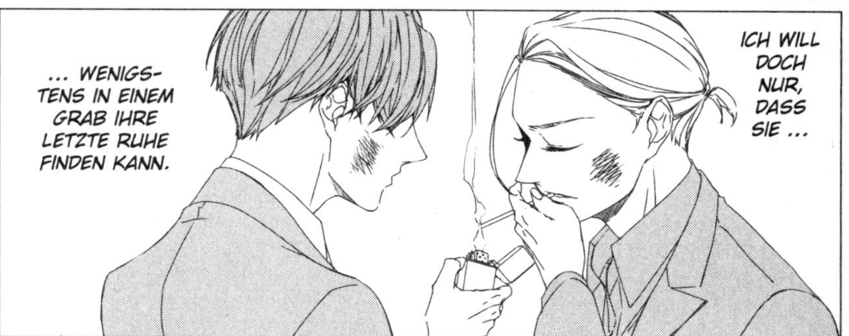
ICH WILL DOCH NUR, DASS SIE ...
... WENIGS-TENS IN EINEM GRAB IHRE LETZTE RUHE FINDEN KANN.

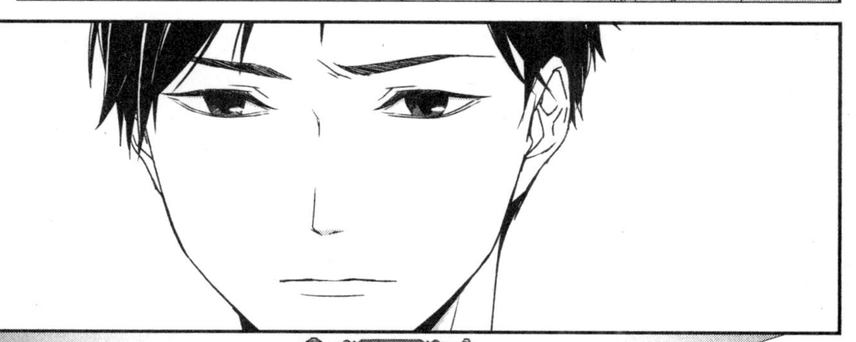

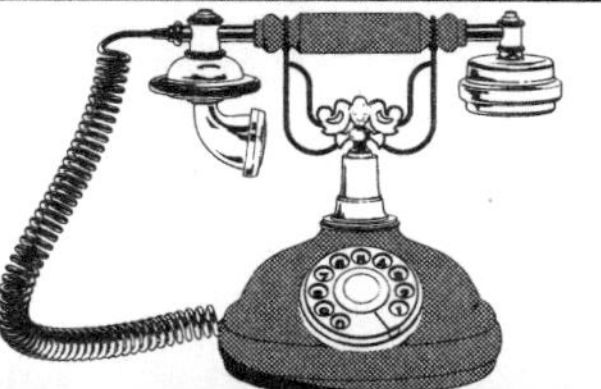
KLINGELINGELING

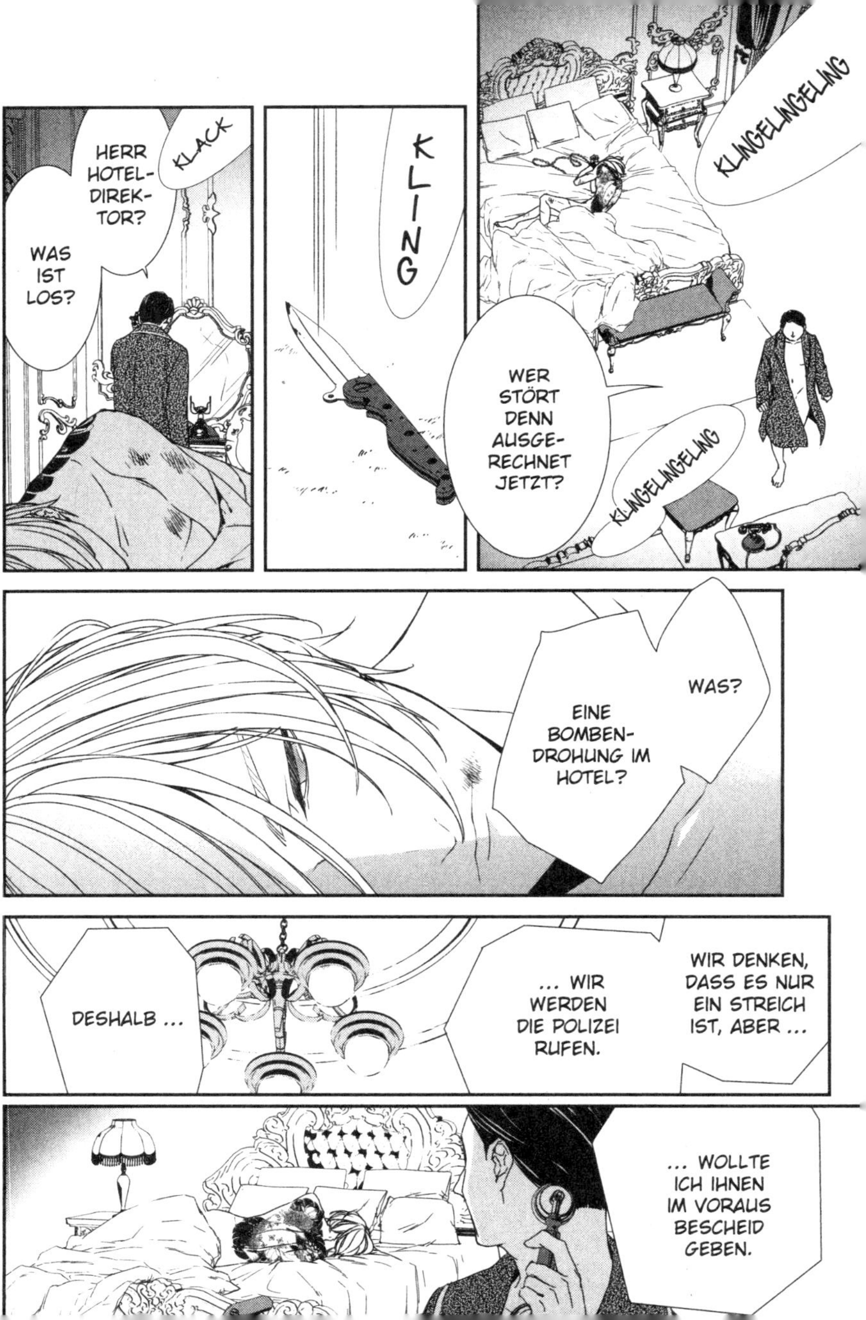

KLINGELINGELING

WER STÖRT DENN AUSGERECHNET JETZT?

KLINGELINGELING

KLING

KLACK

HERR HOTELDIREKTOR?

WAS IST LOS?

WAS?

EINE BOMBENDROHUNG IM HOTEL?

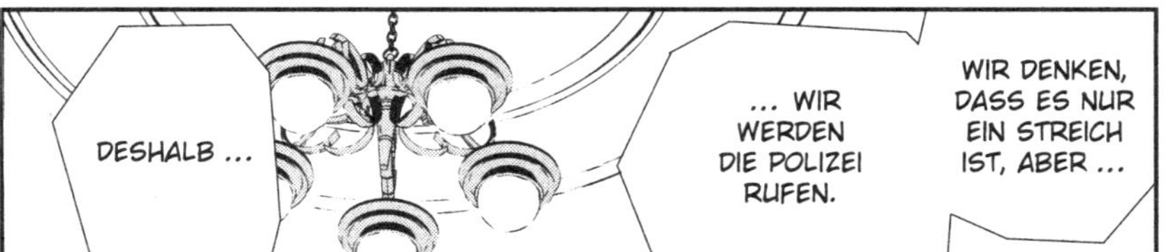

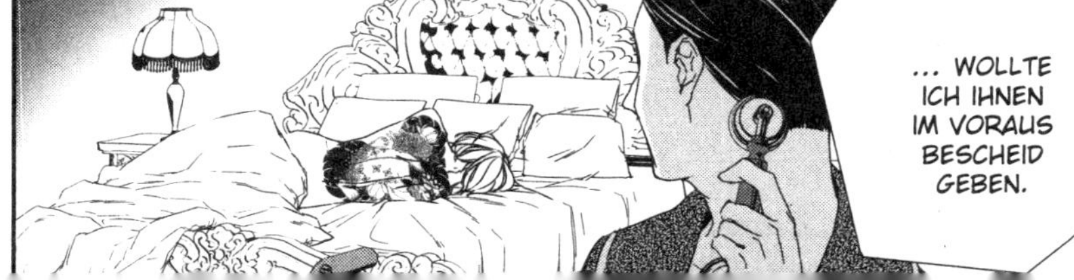

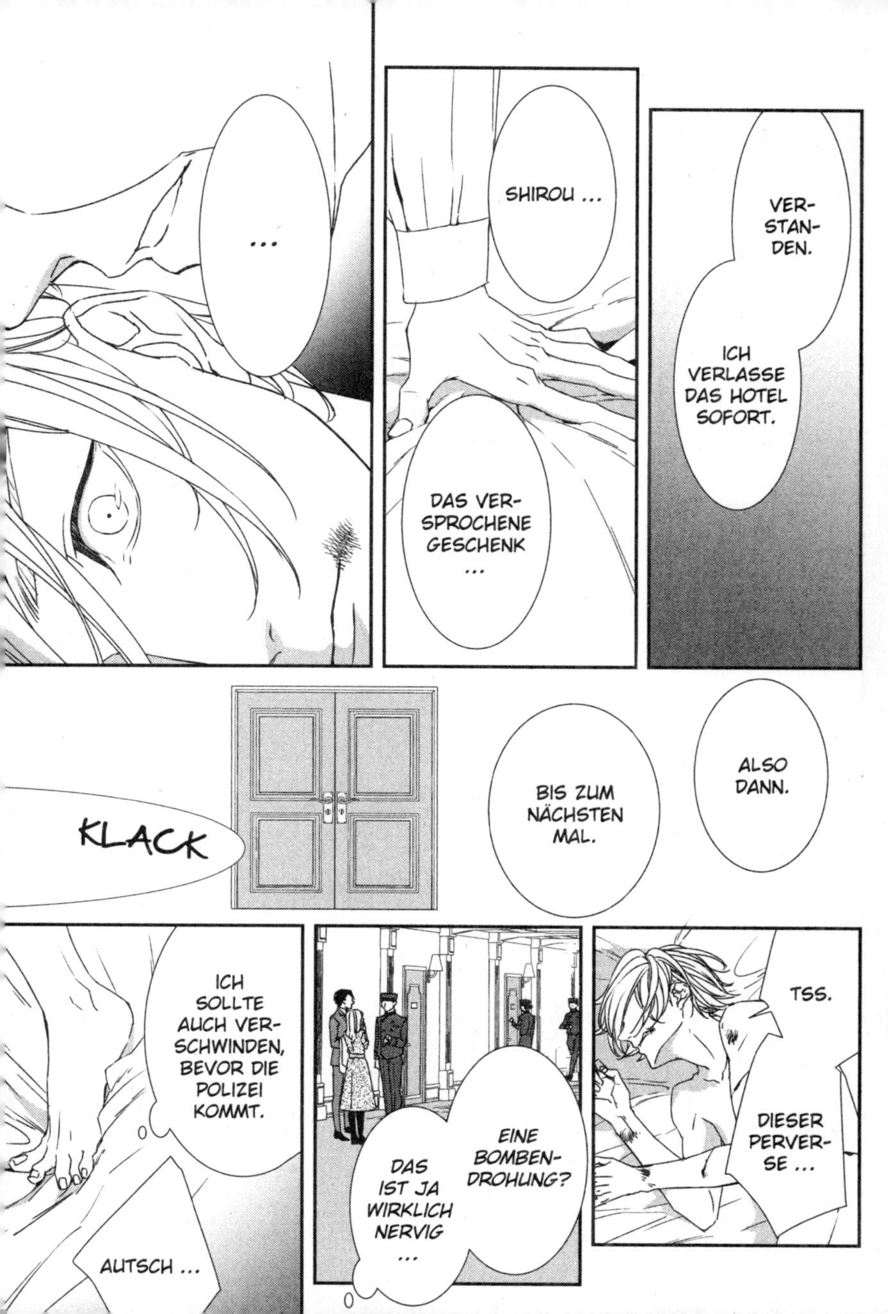
VER-
STAN-
DEN.
ICH
VERLASSE
DAS HOTEL
SOFORT.
SHIROU ...
DAS VER-
SPROCHENE
GESCHENK
...
...
ALSO
DANN.
BIS ZUM
NÄCHSTEN
MAL.
KLACK
TSS.
DIESER
PERVER-
SE ...
EINE
BOMBEN-
DROHUNG?
DAS
IST JA
WIRKLICH
NERVIG
...
ICH
SOLLTE
AUCH VER-
SCHWINDEN,
BEVOR DIE
POLIZEI
KOMMT.
AUTSCH ...

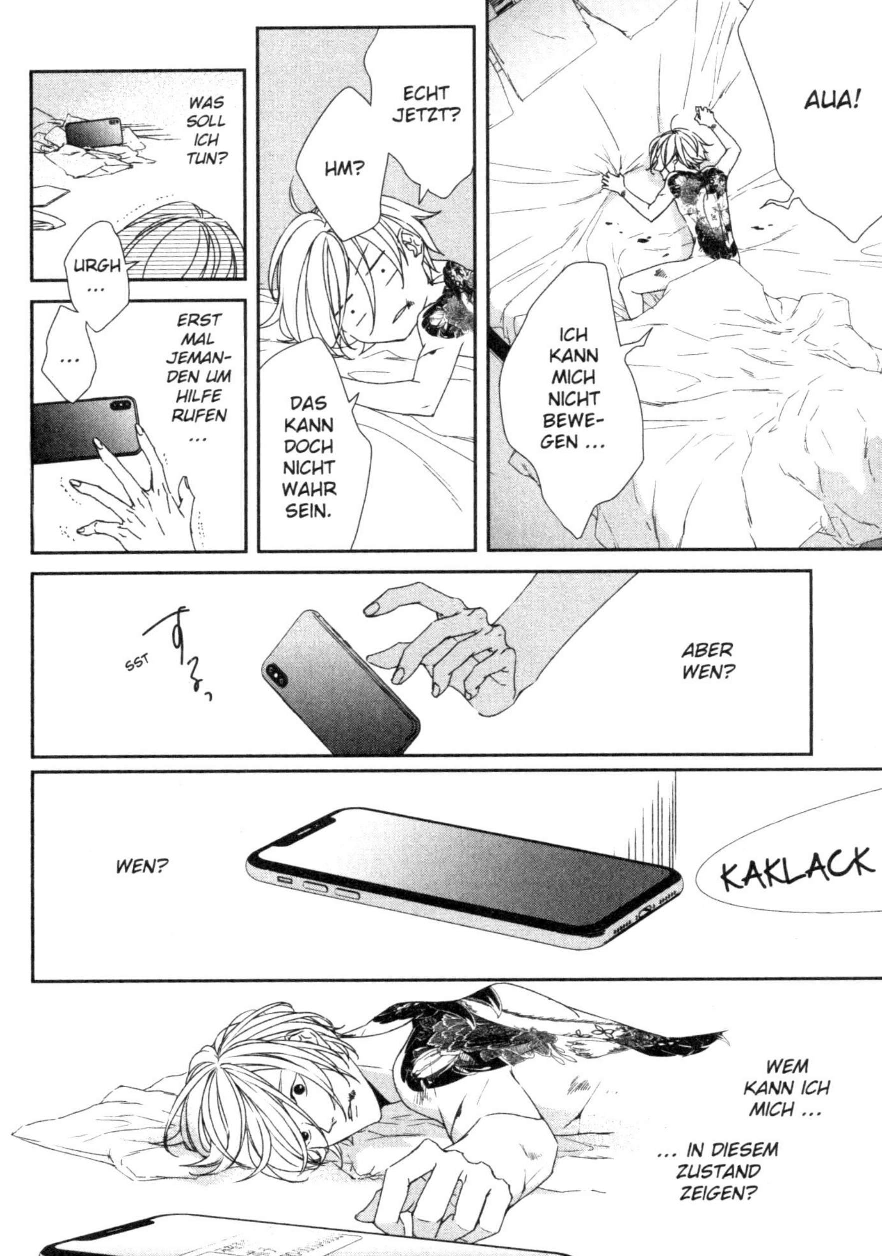
AUA!
ICH KANN MICH NICHT BEWE-GEN ...
HM?
ECHT JETZT?
DAS KANN DOCH NICHT WAHR SEIN.
WAS SOLL ICH TUN?
URGH ...
ERST MAL JEMANDEN UM HILFE RUFEN ...
...
ABER WEN?
SST
KAKLACK
WEN?
WEM KANN ICH MICH ...
... IN DIESEM ZUSTAND ZEIGEN?

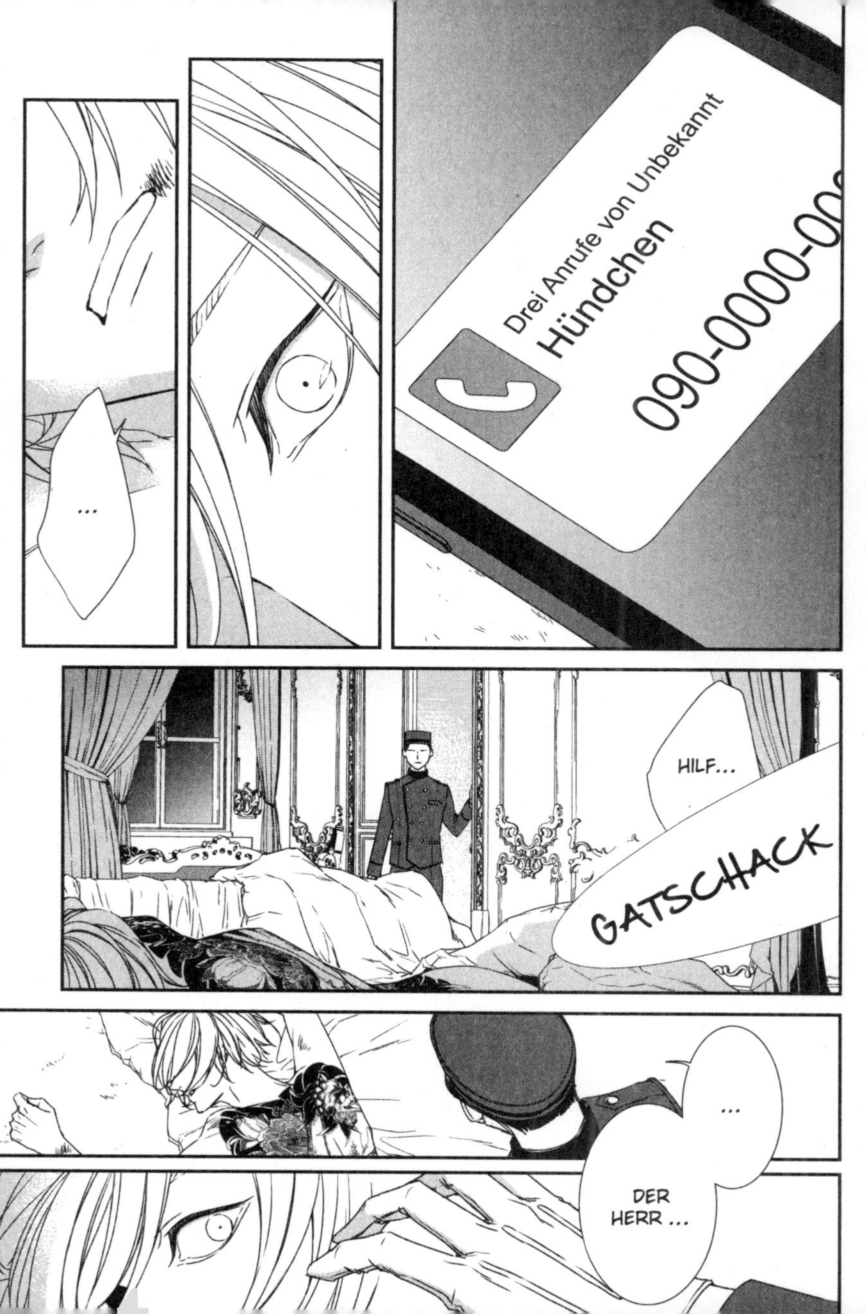
Drei Anrufe von Unbekannt
Hündchen
090-0000-00
...
HILF...
GATSCHACK
...
DER HERR ...

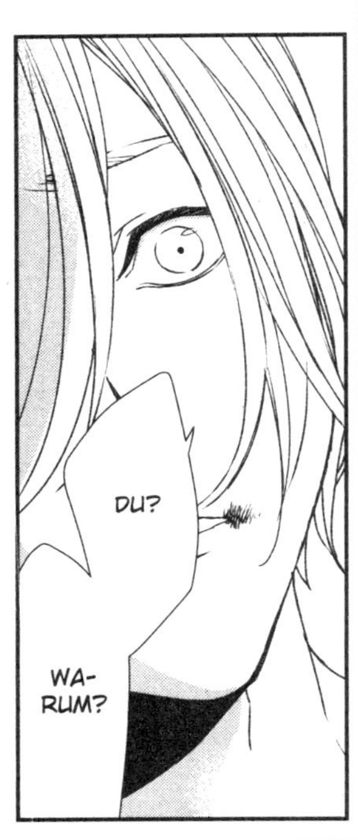
DU?
WA-RUM?

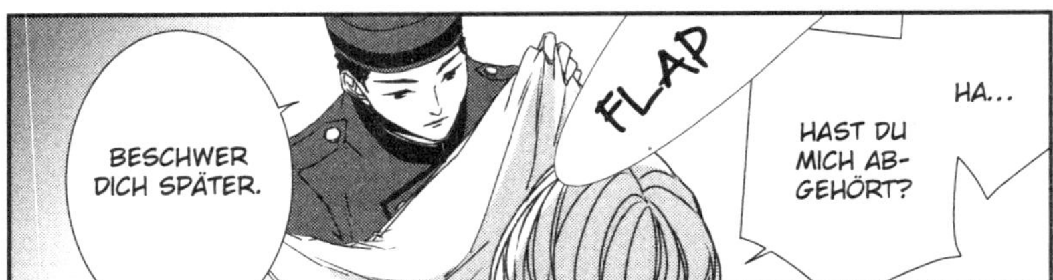
HA…
HAST DU MICH AB-GEHÖRT?
FLAP
BESCHWER DICH SPÄTER.

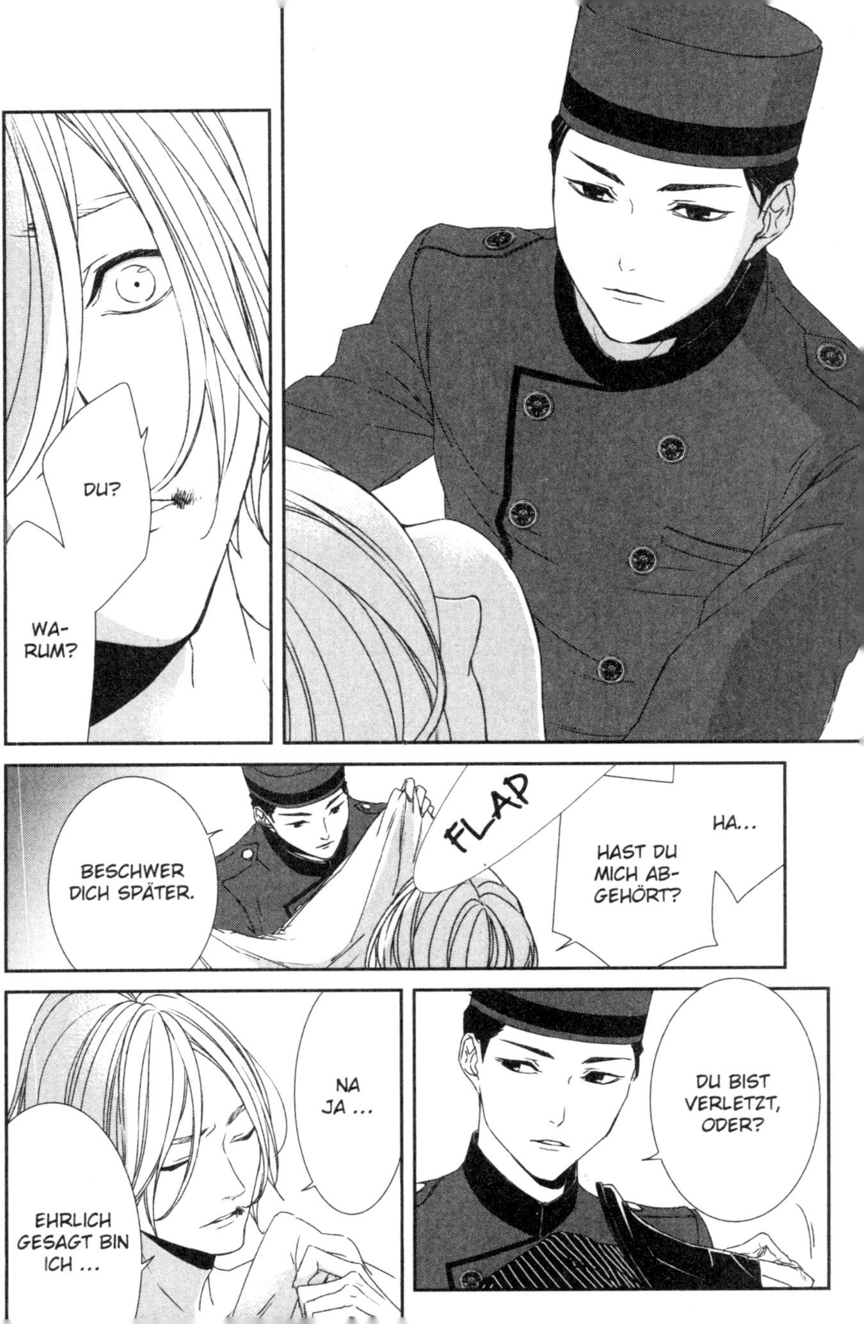

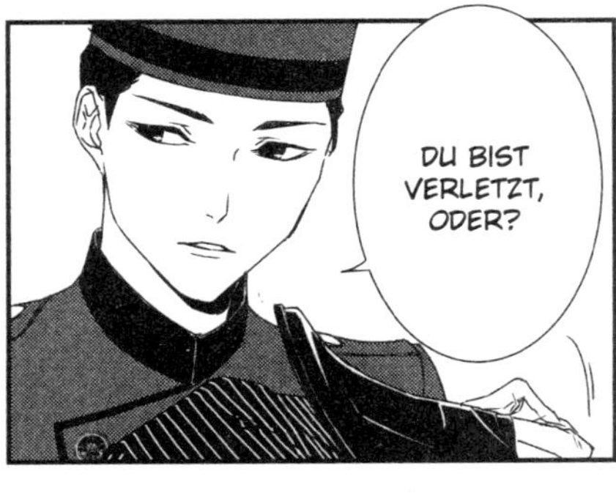
DU BIST VERLETZT, ODER?

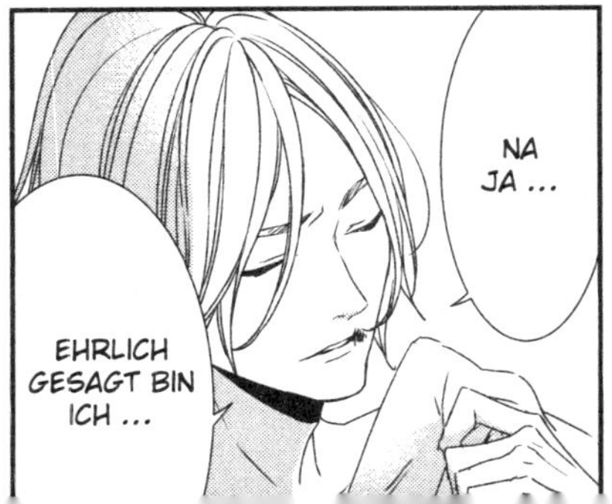
NA JA …
EHRLICH GESAGT BIN ICH …

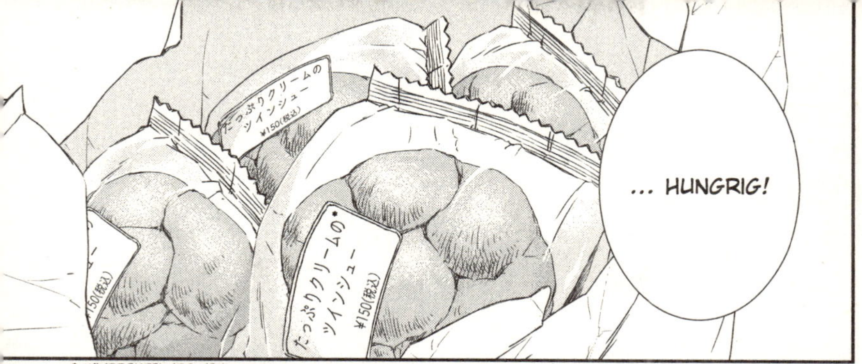

* WINDBEUTEL 150 YEN

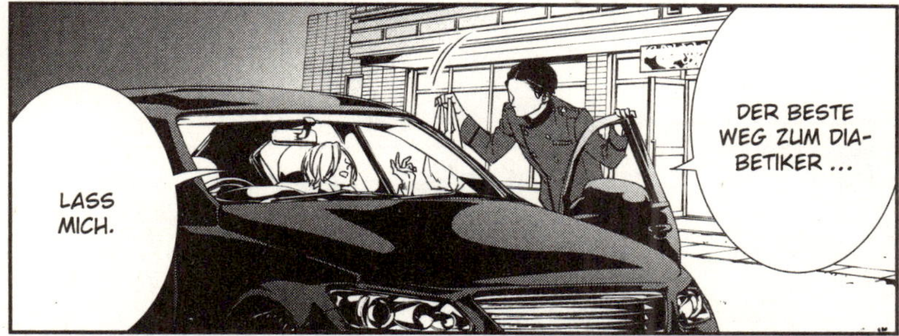

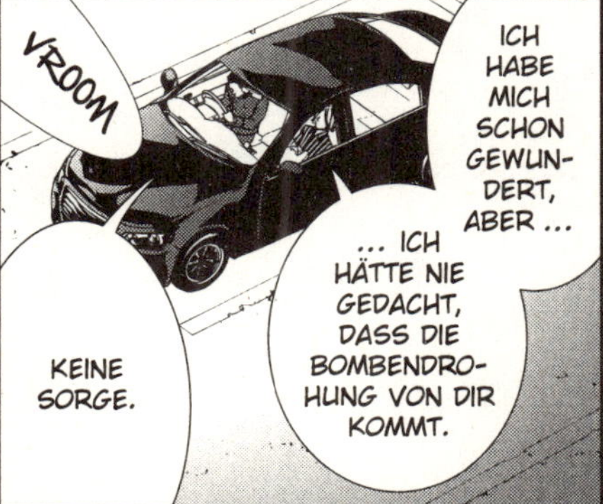

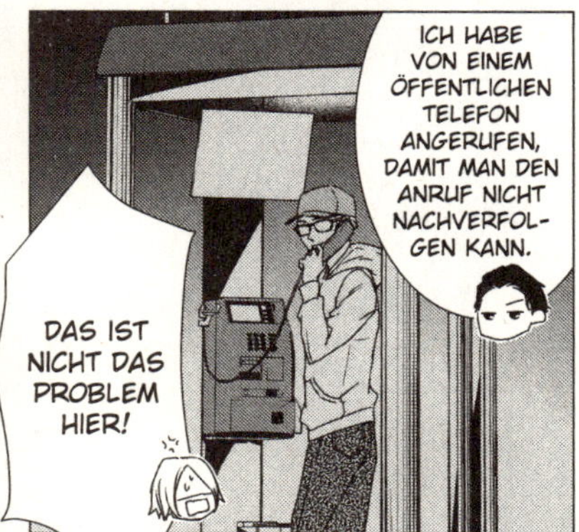

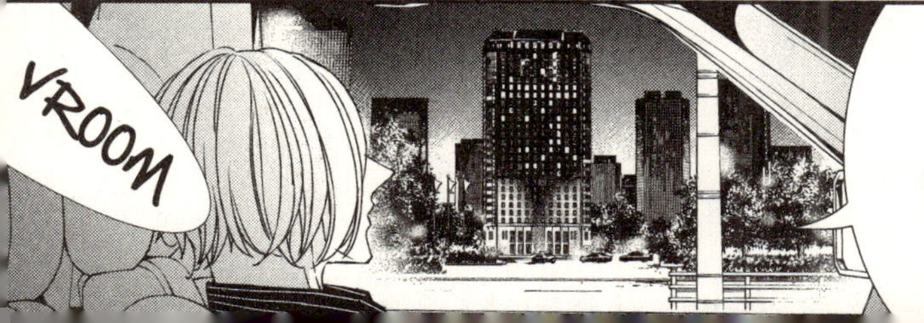

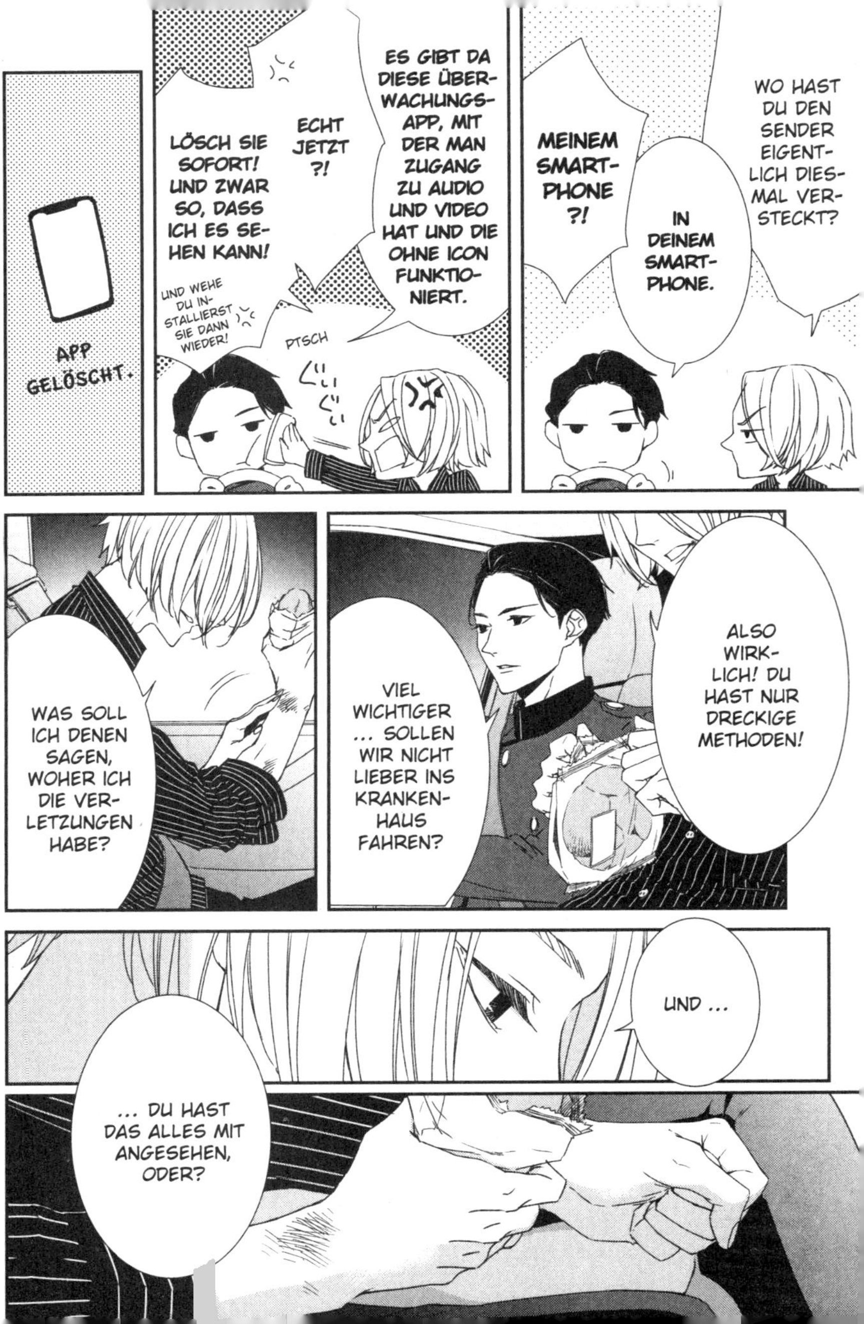

WO HAST DU DEN SENDER EIGENTLICH DIESMAL VERSTECKT?

IN DEINEM SMARTPHONE.

MEINEM SMARTPHONE ?!

ES GIBT DA DIESE ÜBERWACHUNGSAPP, MIT DER MAN ZUGANG ZU AUDIO UND VIDEO HAT UND DIE OHNE ICON FUNKTIONIERT.

ECHT JETZT ?!

LÖSCH SIE SOFORT! UND ZWAR SO, DASS ICH ES SEHEN KANN!

PTSCH

UND WEHE DU INSTALLIERST SIE DANN WIEDER!

APP GELÖSCHT.

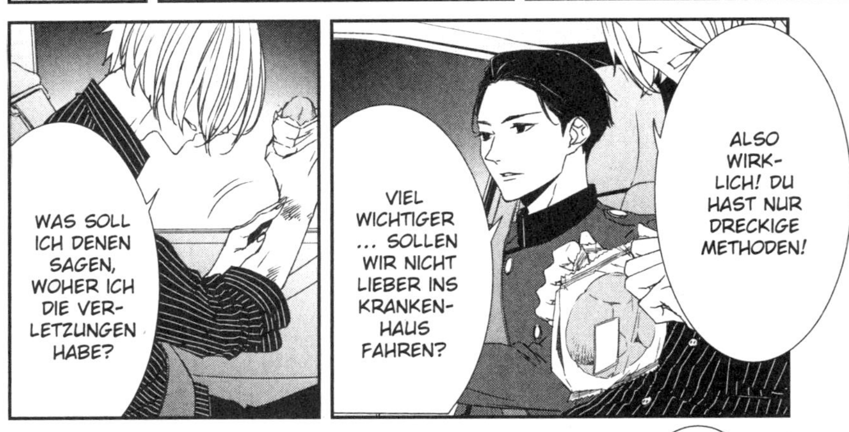

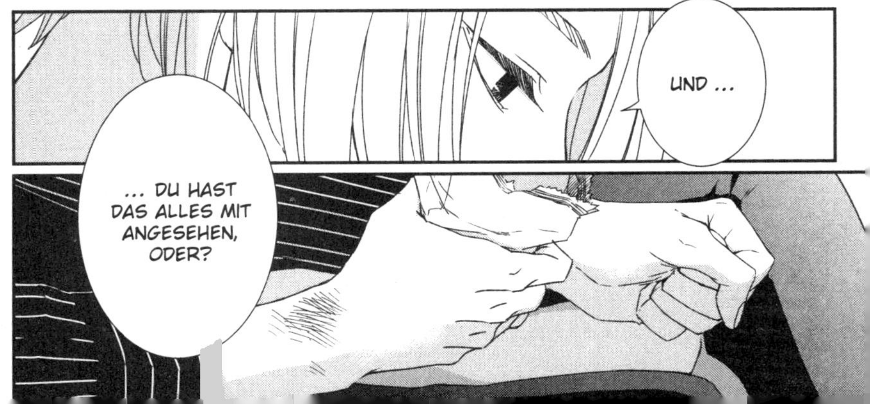

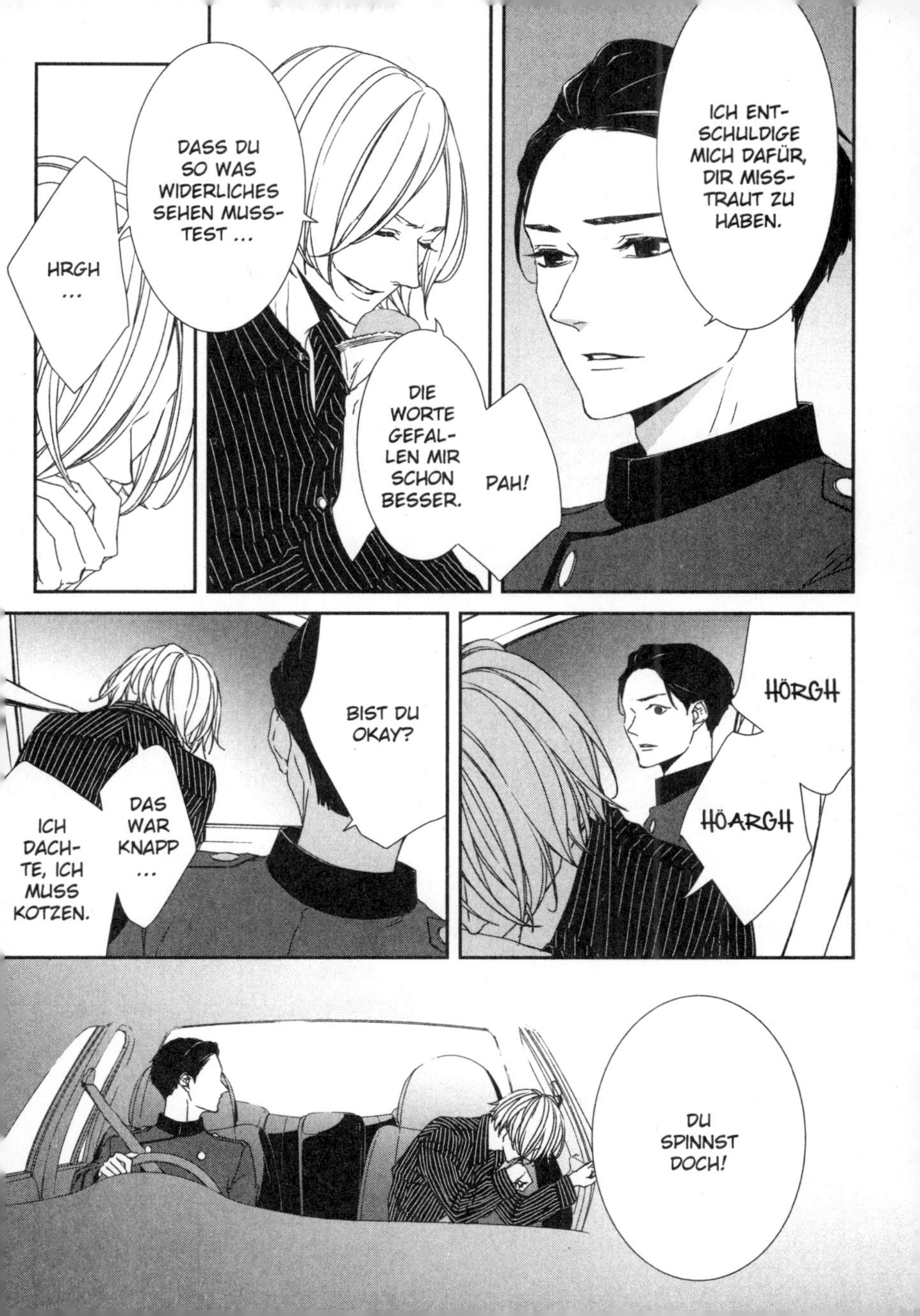

ICH ENTSCHULDIGE MICH DAFÜR, DIR MISSTRAUT ZU HABEN.
PAH!
DIE WORTE GEFALLEN MIR SCHON BESSER.
DASS DU SO WAS WIDERLICHES SEHEN MUSSTEST …
HRGH …

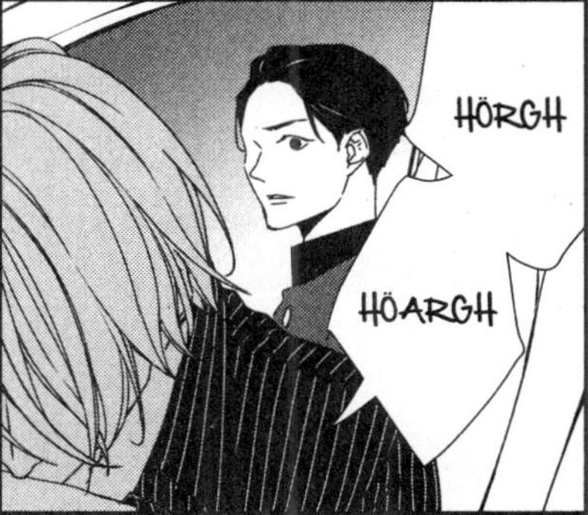

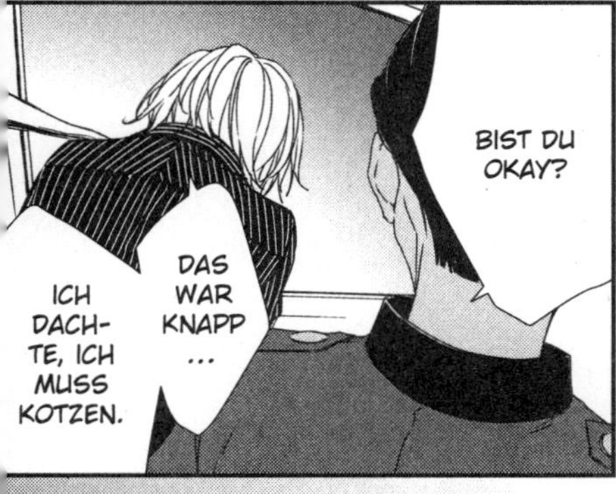

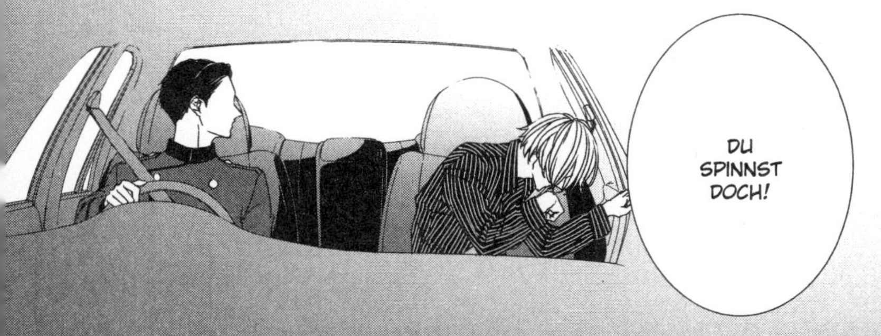

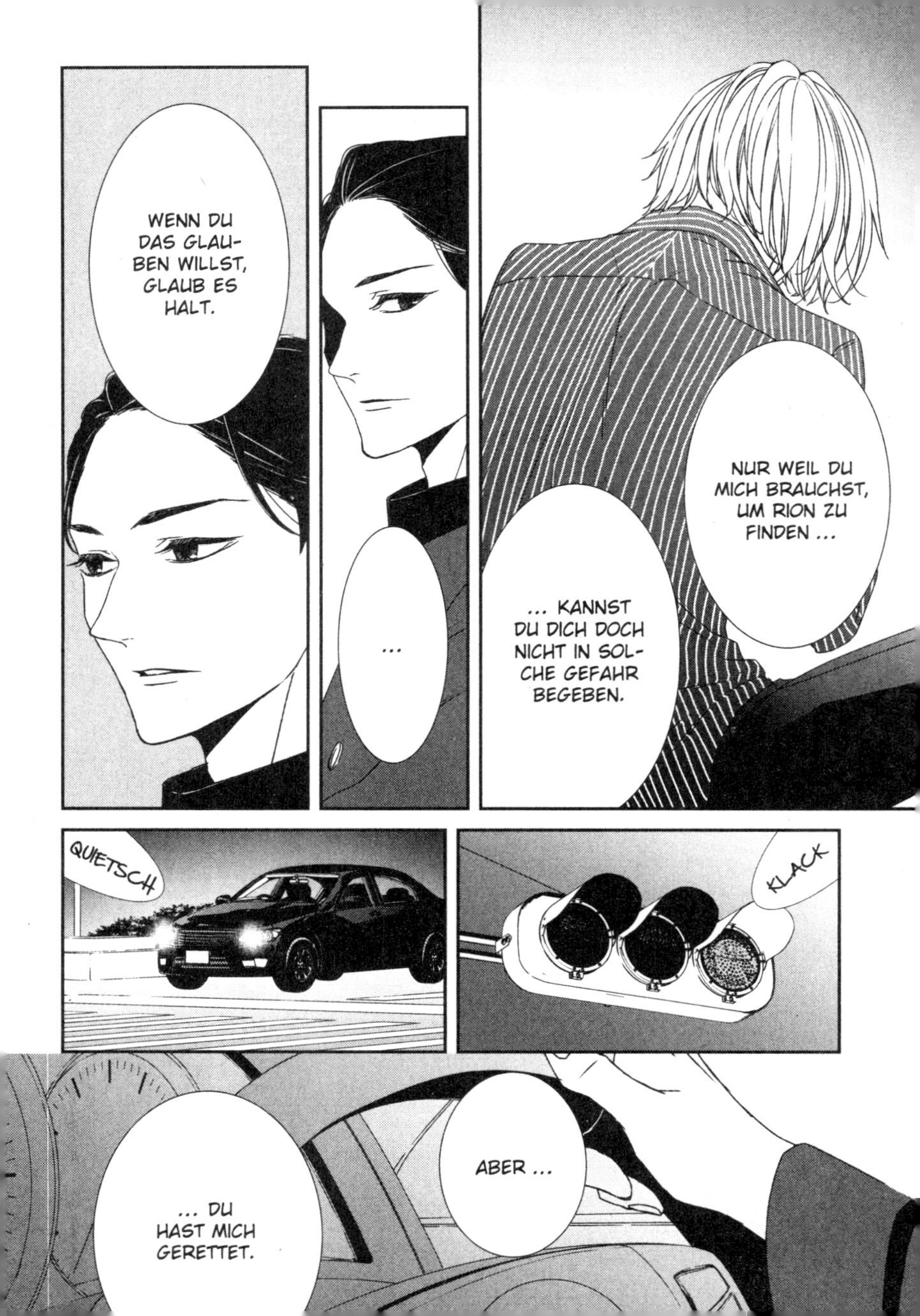

NUR WEIL DU MICH BRAUCHST, UM RION ZU FINDEN ...

... KANNST DU DICH DOCH NICHT IN SOLCHE GEFAHR BEGEBEN.

...

WENN DU DAS GLAUBEN WILLST, GLAUB ES HALT.

KLACK

QUIETSCH

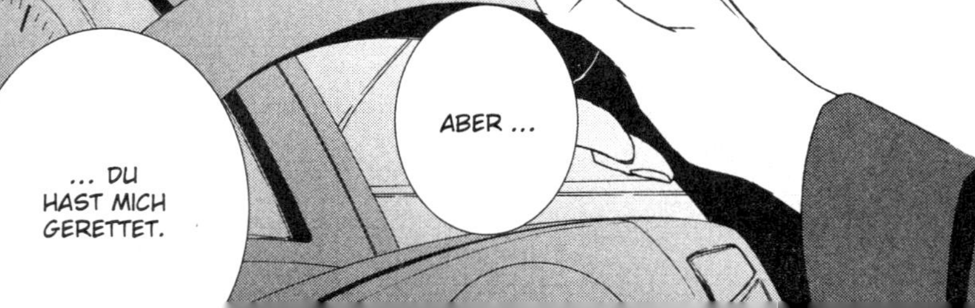

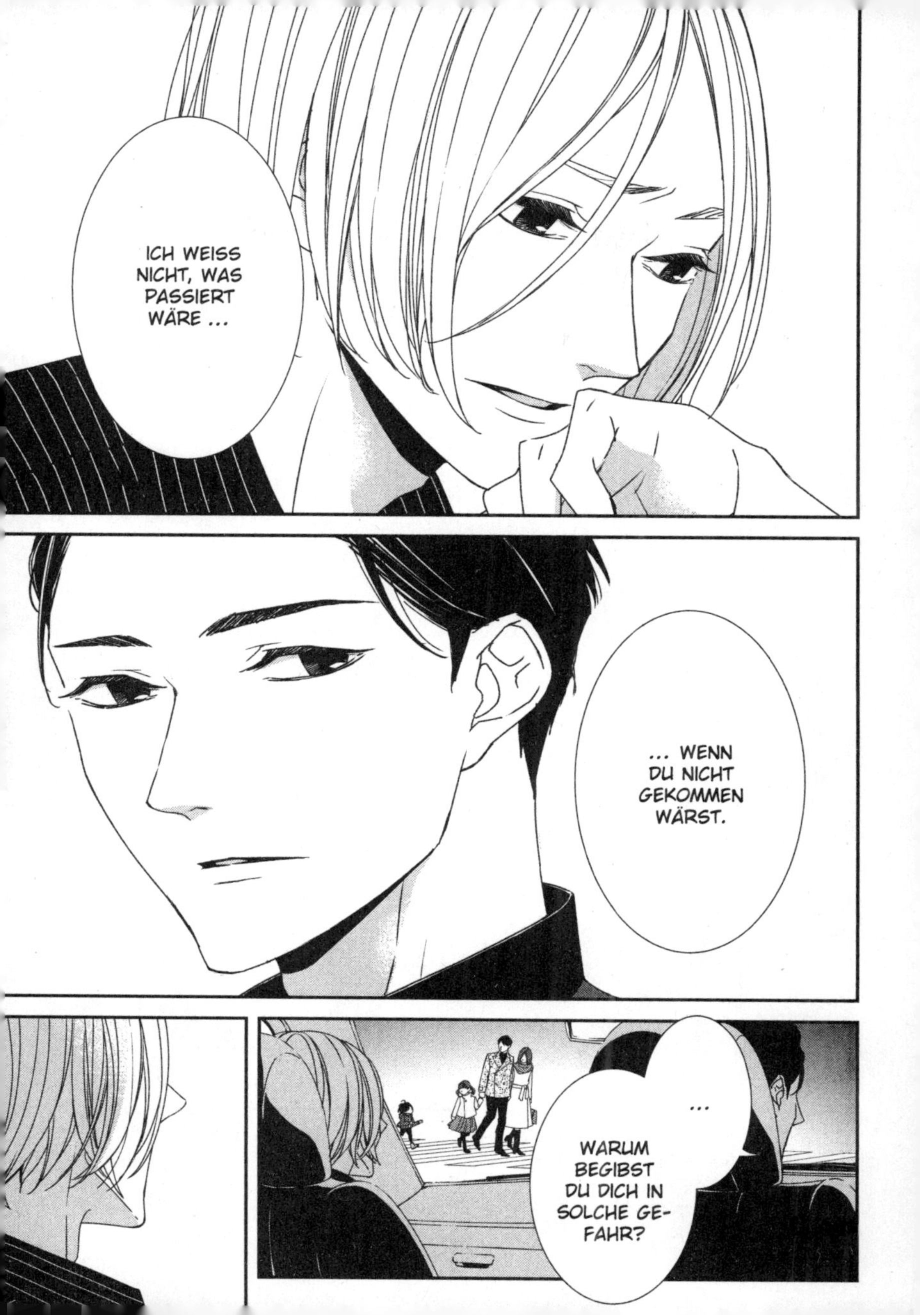

ICH WEISS NICHT, WAS PASSIERT WÄRE ...

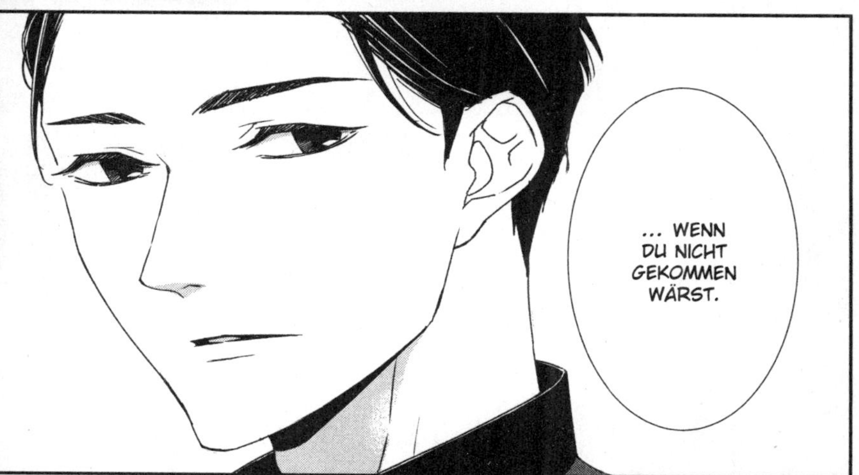

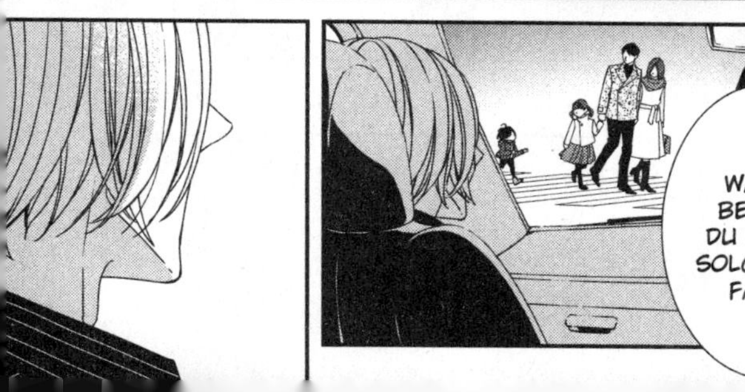

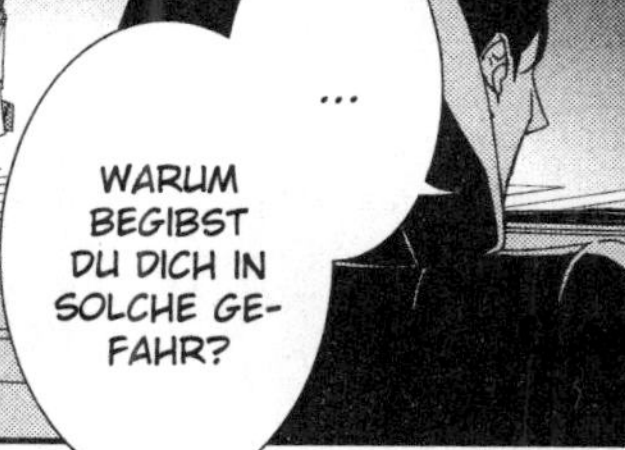

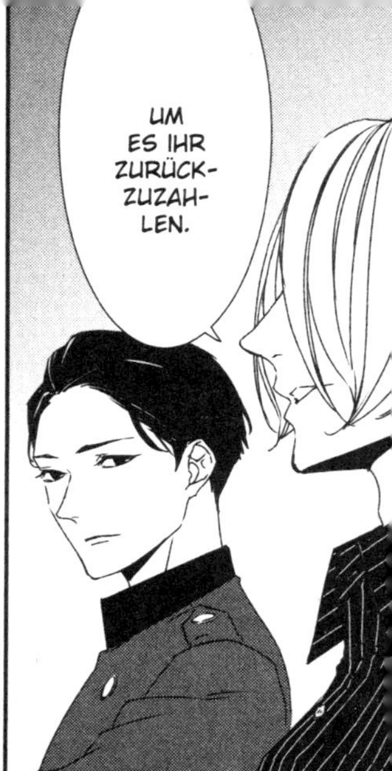

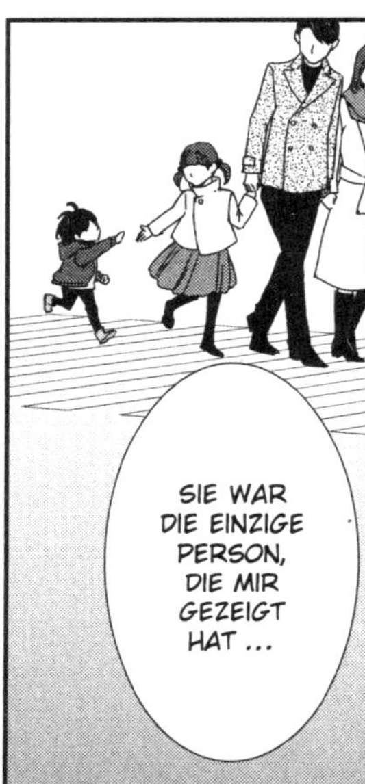

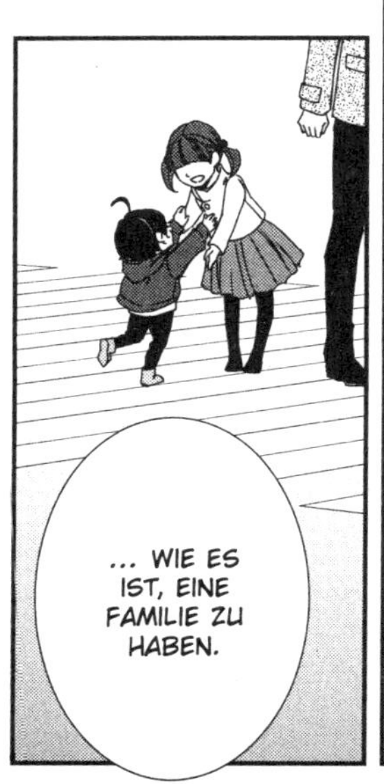

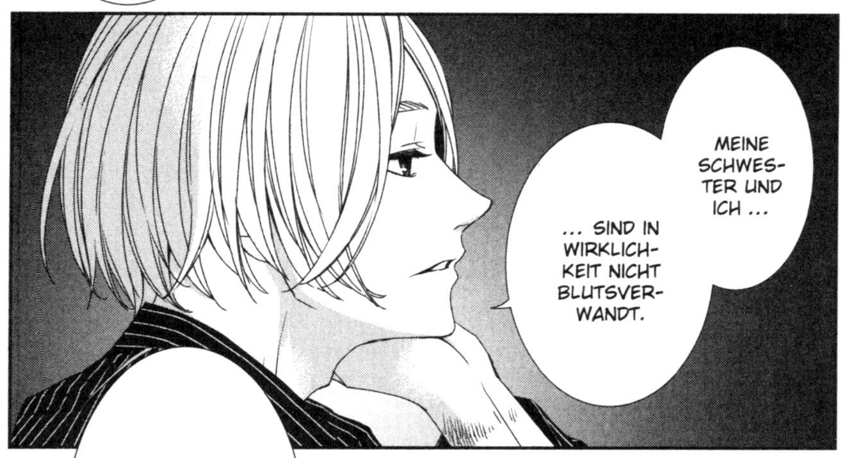

WIR SIND IM GLEICHEN KINDERHEIM AUFGEWACH-SEN.

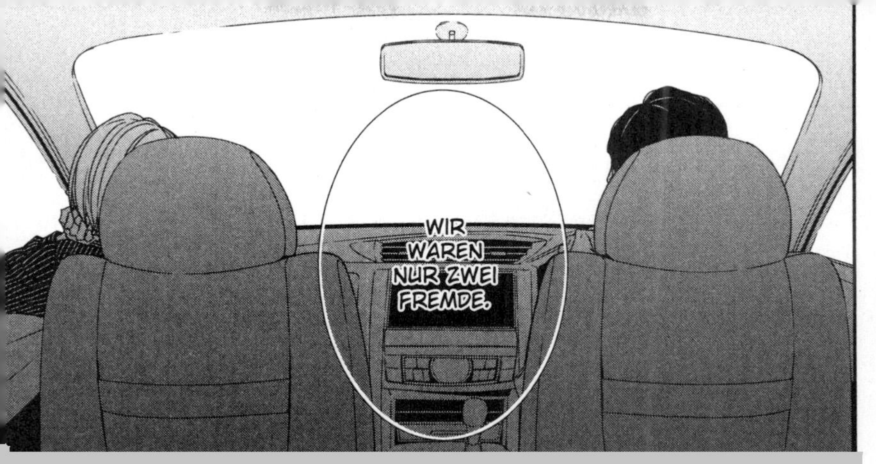
WIR WAREN NUR ZWEI FREMDE.

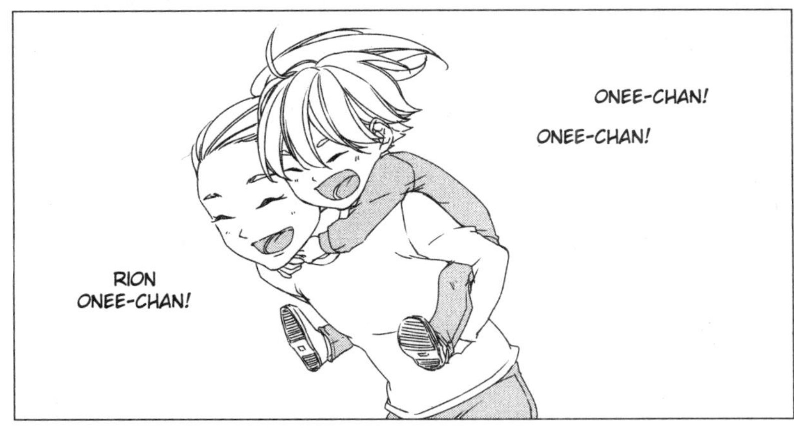
ONEE-CHAN!
ONEE-CHAN!
RION ONEE-CHAN!

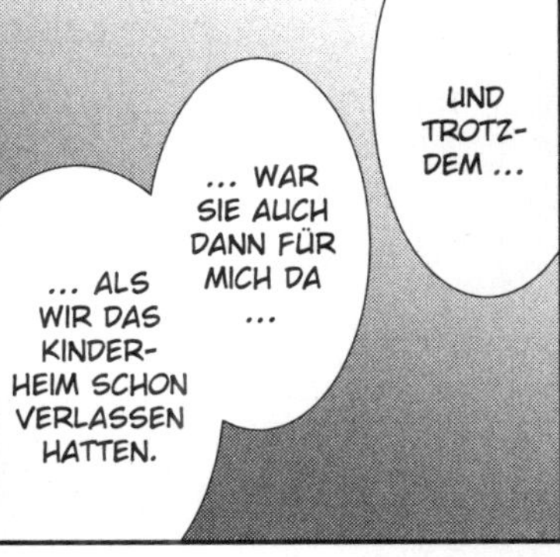
UND TROTZ-DEM ...
... WAR SIE AUCH DANN FÜR MICH DA ...
... ALS WIR DAS KINDER-HEIM SCHON VERLASSEN HATTEN.

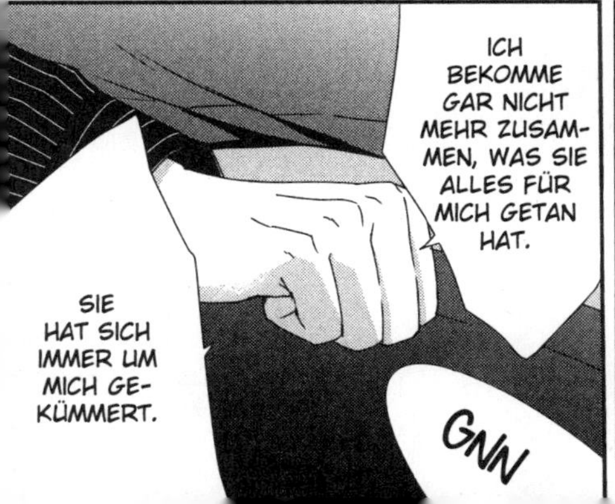
ICH BEKOMME GAR NICHT MEHR ZUSAM-MEN, WAS SIE ALLES FÜR MICH GETAN HAT.
SIE HAT SICH IMMER UM MICH GE-KÜMMERT.
GNN

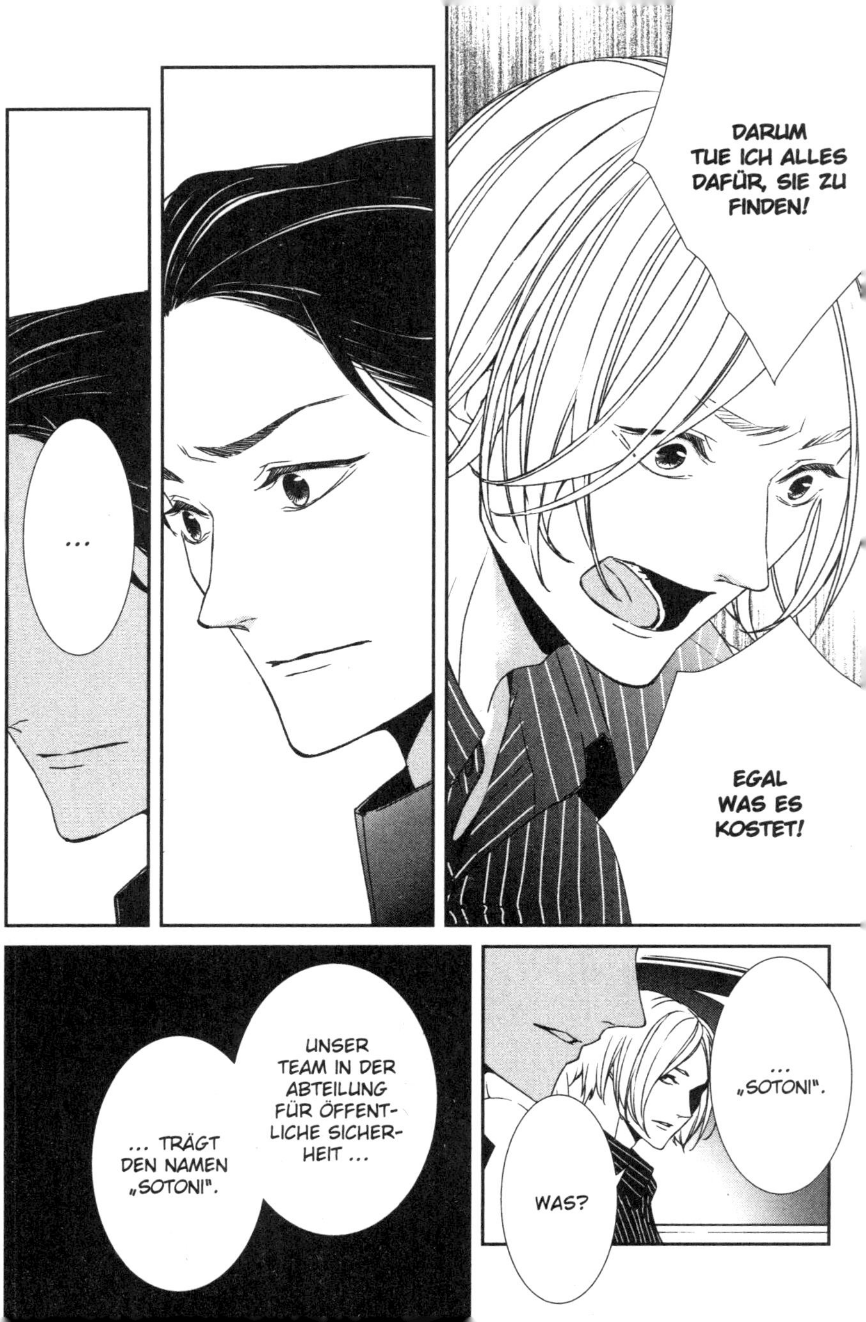

DARUM TUE ICH ALLES DAFÜR, SIE ZU FINDEN!

EGAL WAS ES KOSTET!

...

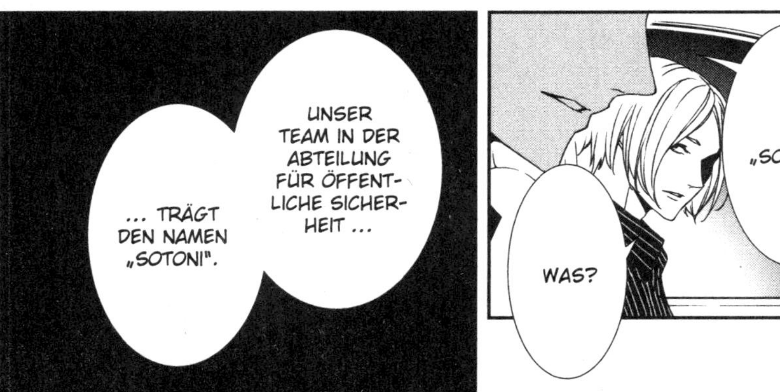

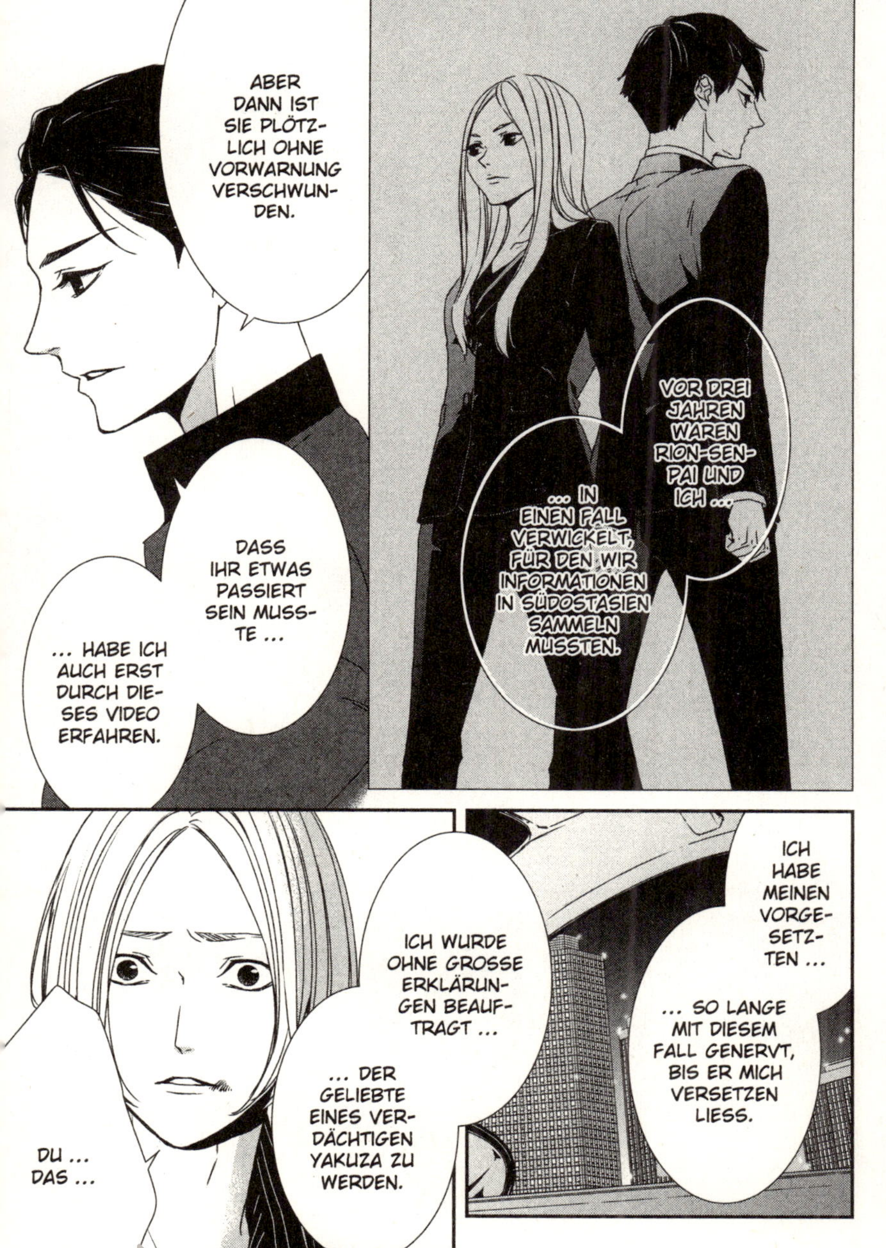
VOR DREI JAHREN WAREN RION-SENPAI UND ICH ...
... IN EINEN FALL VERWICKELT, FÜR DEN WIR INFORMATIONEN IN SÜDOSTASIEN SAMMELN MUSSTEN.
ABER DANN IST SIE PLÖTZLICH OHNE VORWARNUNG VERSCHWUNDEN.
DASS IHR ETWAS PASSIERT SEIN MUSSTE ...
... HABE ICH AUCH ERST DURCH DIESES VIDEO ERFAHREN.
ICH HABE MEINEN VORGESETZTEN ...
... SO LANGE MIT DIESEM FALL GENERVT, BIS ER MICH VERSETZEN LIESS.
ICH WURDE OHNE GROSSE ERKLÄRUNGEN BEAUFTRAGT ...
... DER GELIEBTE EINES VERDÄCHTIGEN YAKUZA ZU WERDEN.
DU ... DAS ...

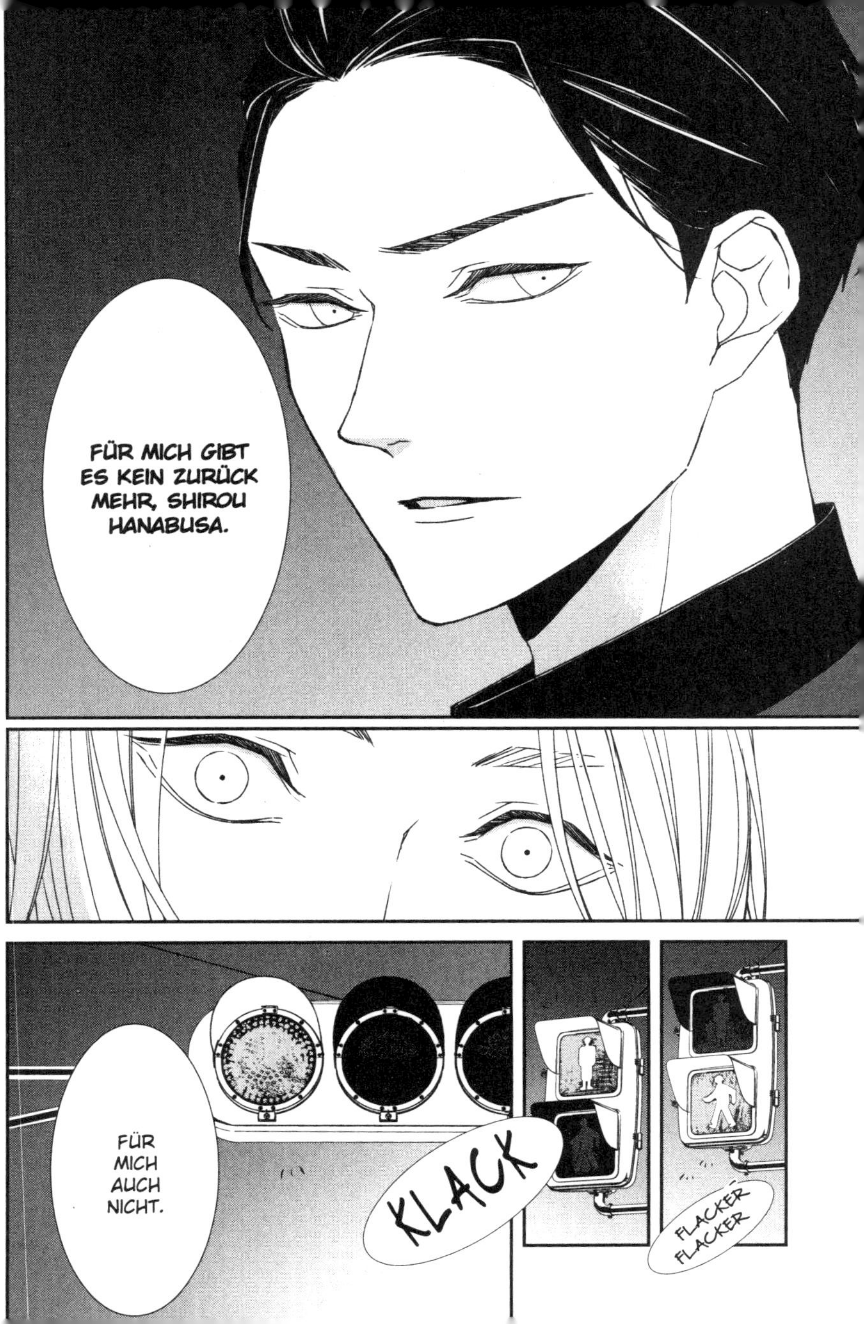

FÜR MICH GIBT ES KEIN ZURÜCK MEHR, SHIROU HANABUSA.

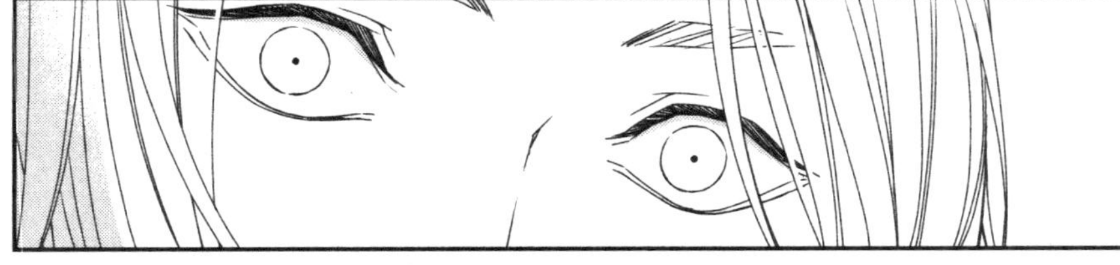

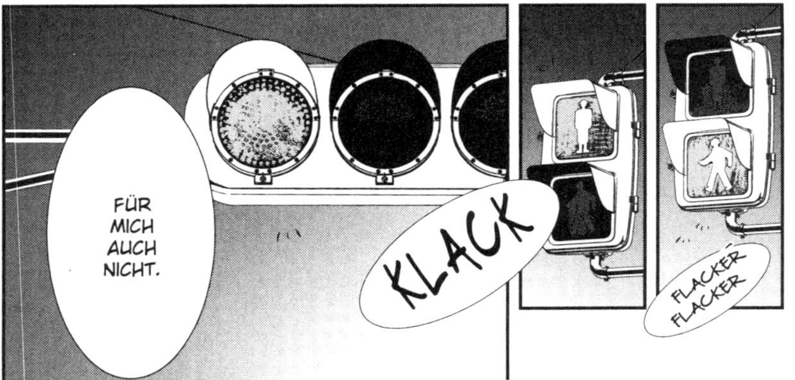

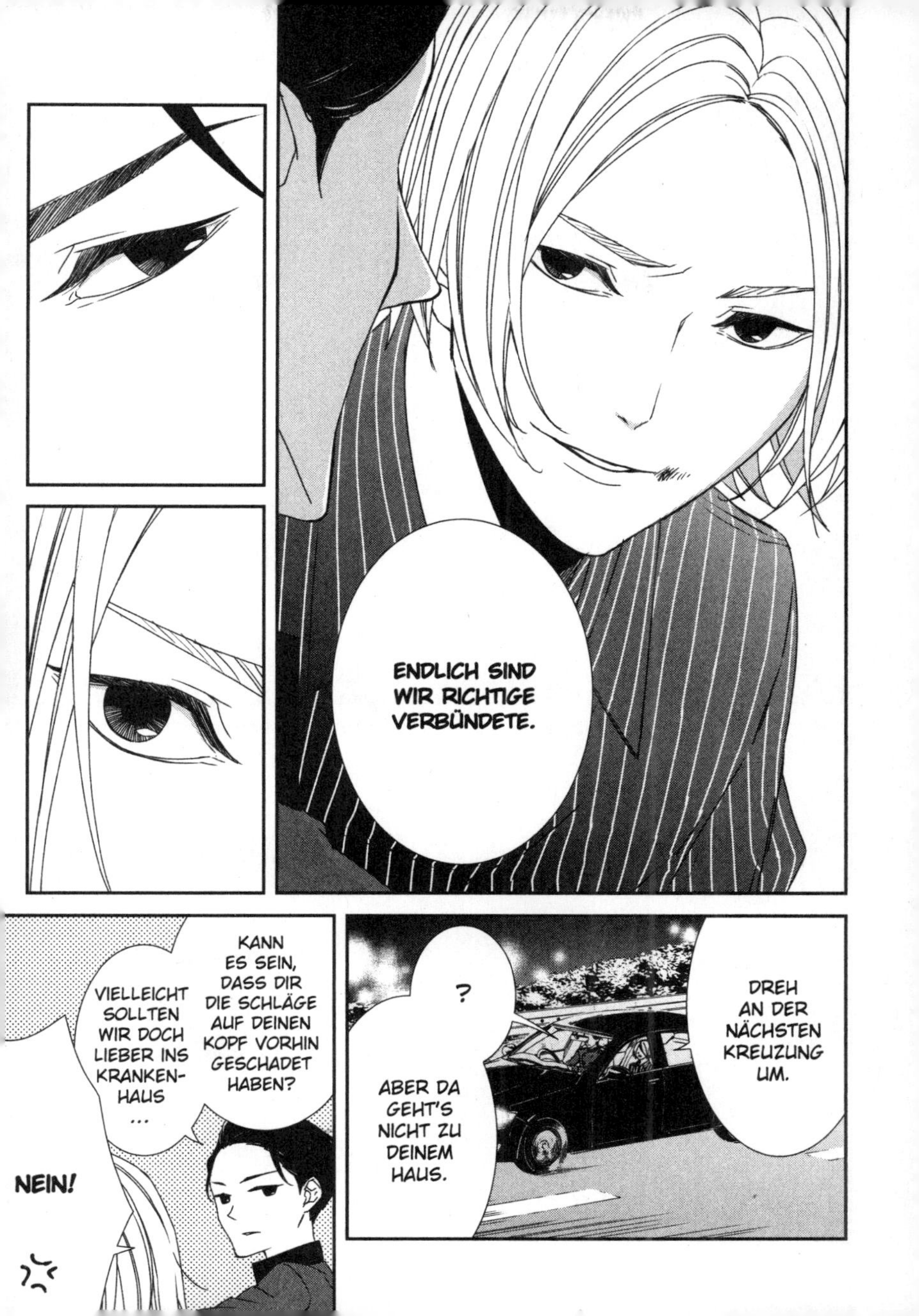

ENDLICH SIND WIR RICHTIGE VERBÜNDETE.

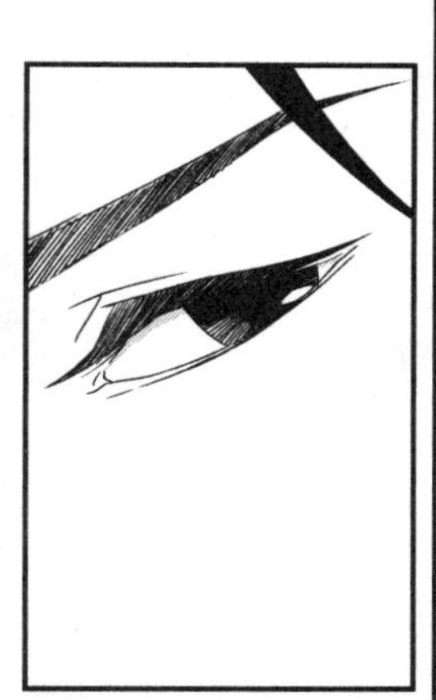

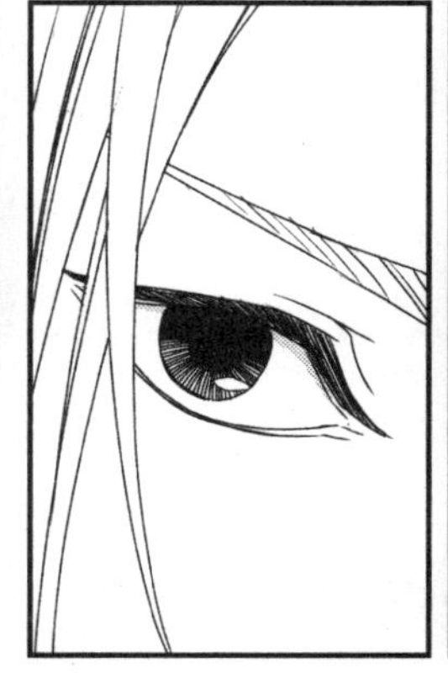

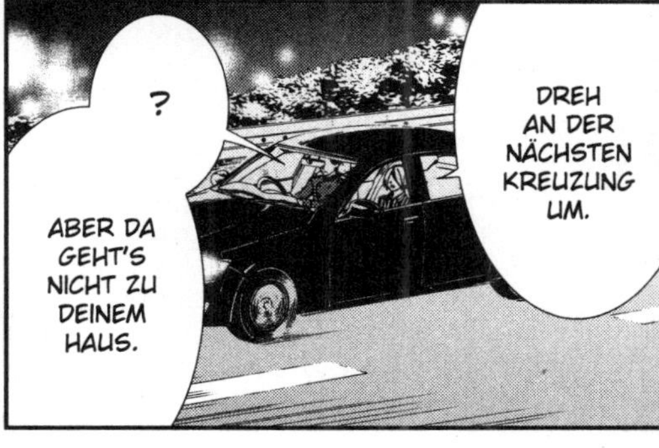

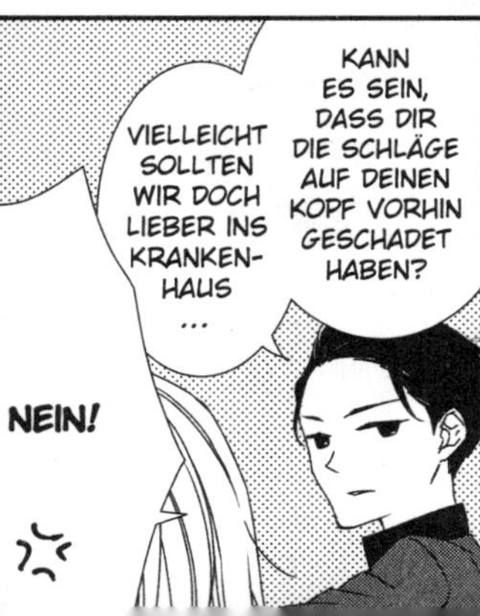

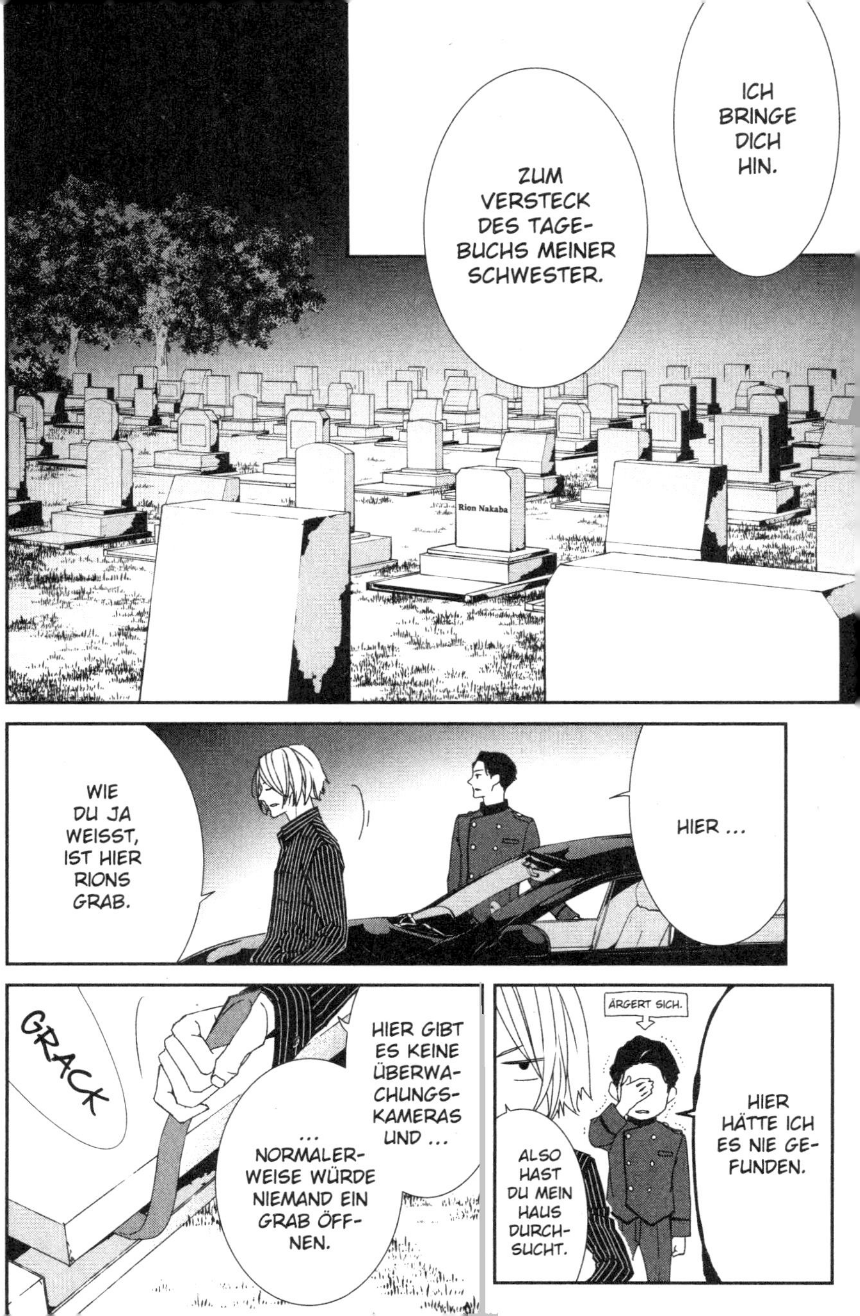

ICH BRINGE DICH HIN.

ZUM VERSTECK DES TAGEBUCHS MEINER SCHWESTER.

Rion Nakaba

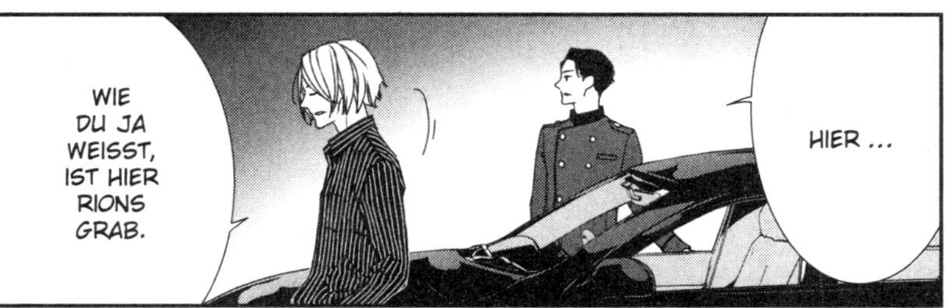

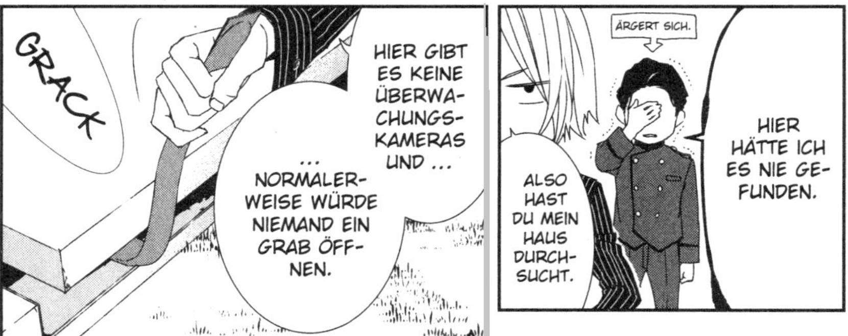

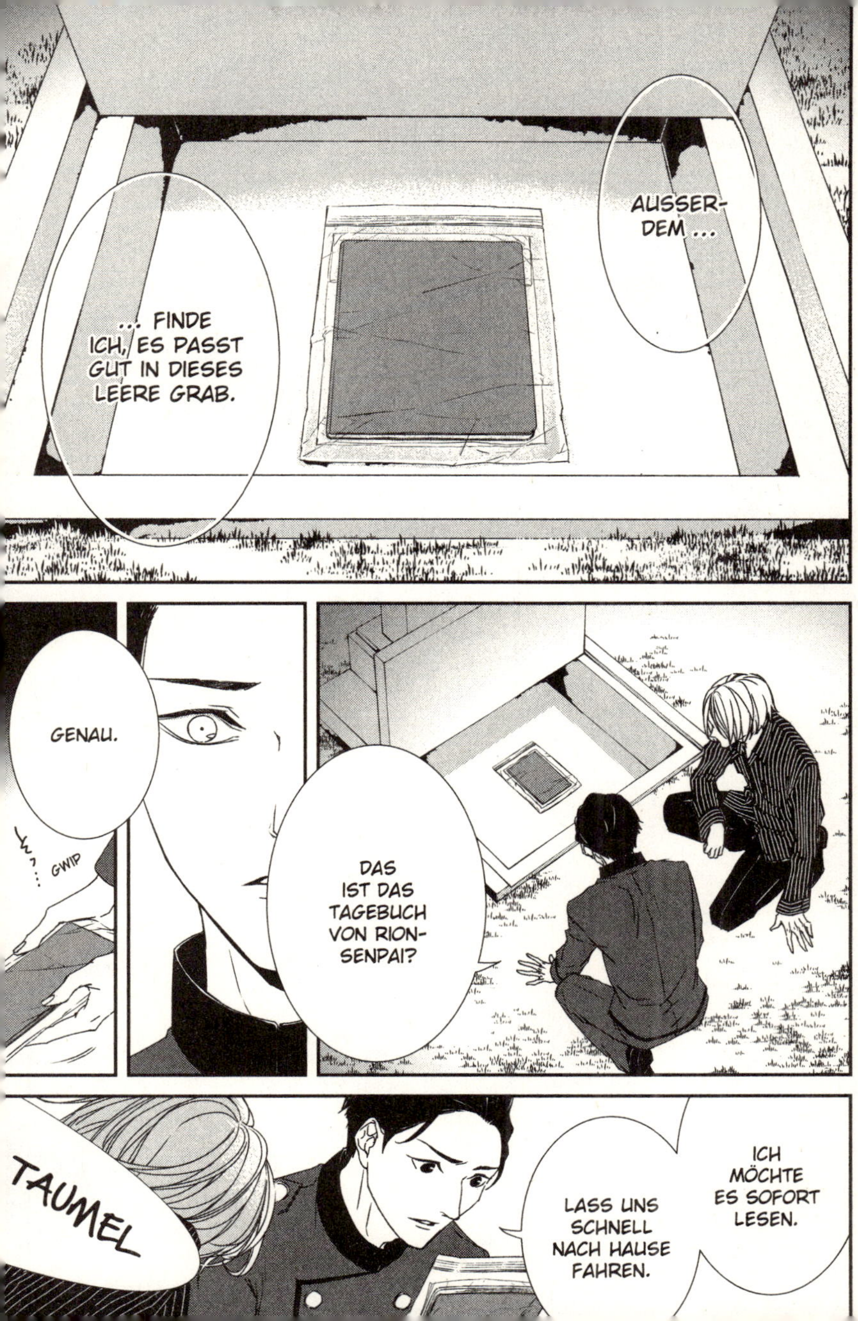

AUSSER-DEM ...

... FINDE ICH, ES PASST GUT IN DIESES LEERE GRAB.

DAS IST DAS TAGEBUCH VON RION-SENPAI?

GENAU.

GWIP

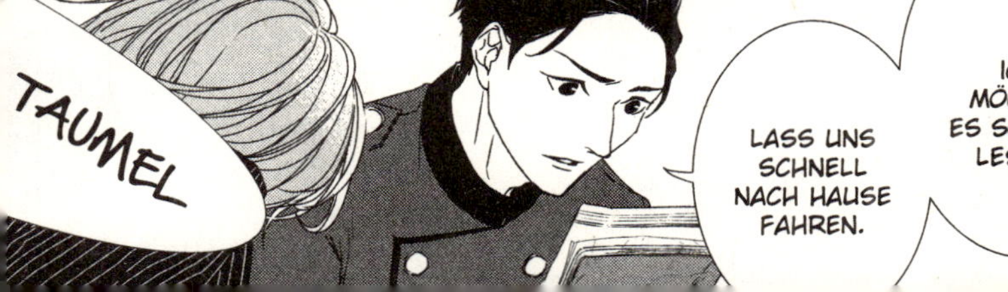

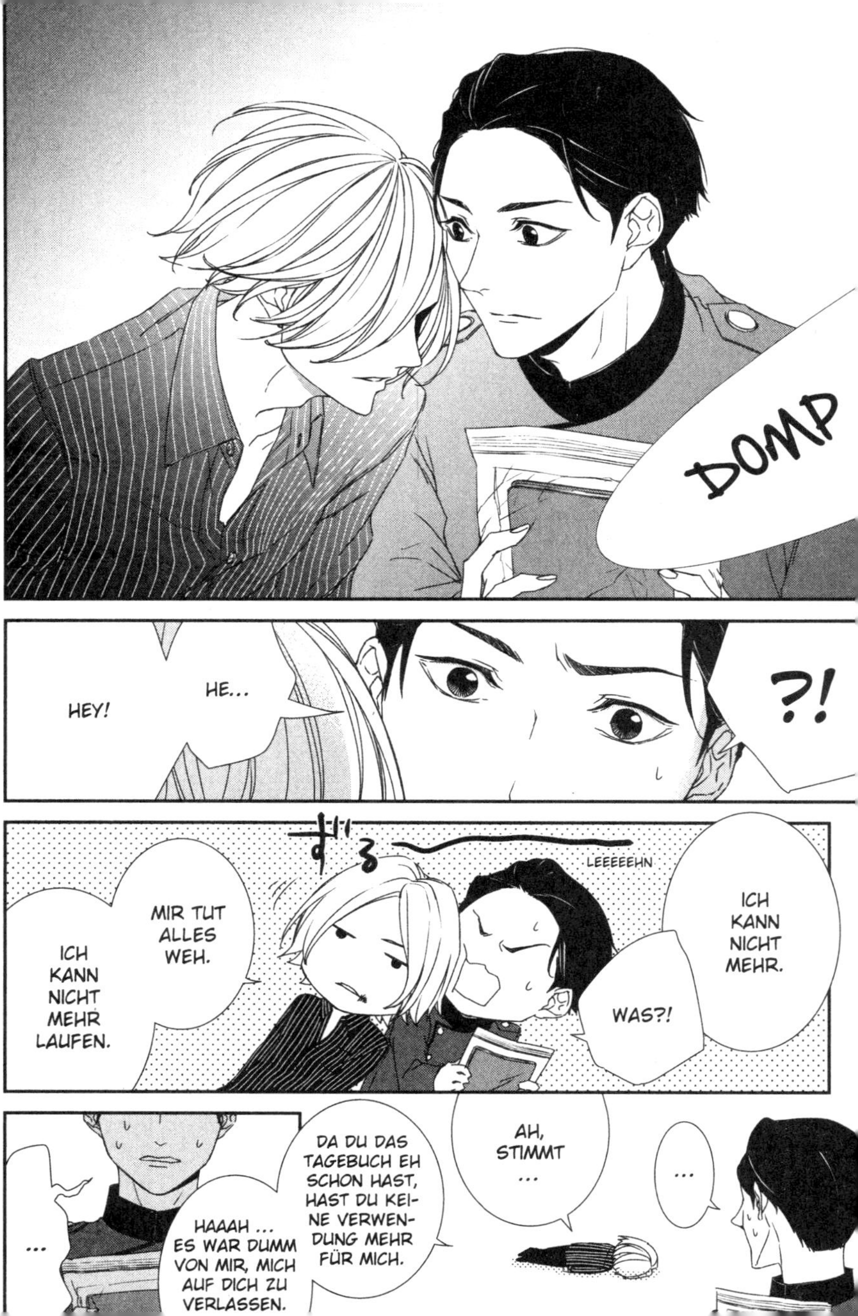

DOMP

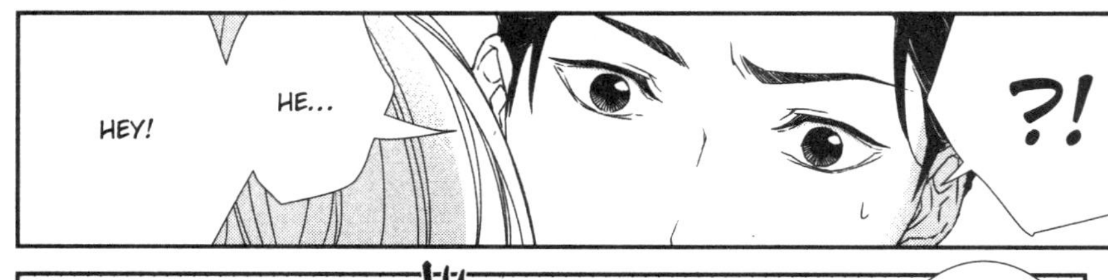

?!
HE...
HEY!

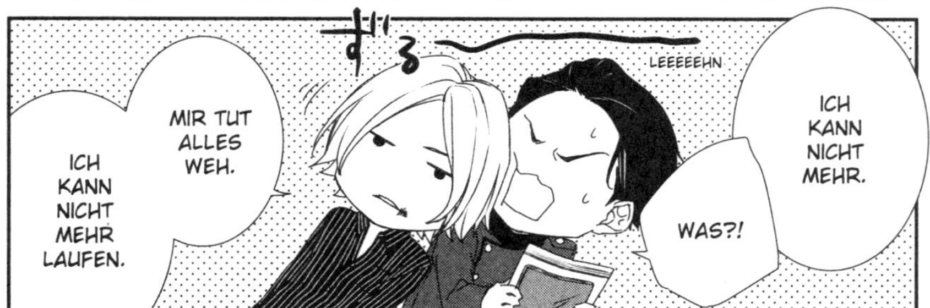

ずる
LEEEEEHN
ICH KANN NICHT MEHR.
WAS?!
MIR TUT ALLES WEH.
ICH KANN NICHT MEHR LAUFEN.

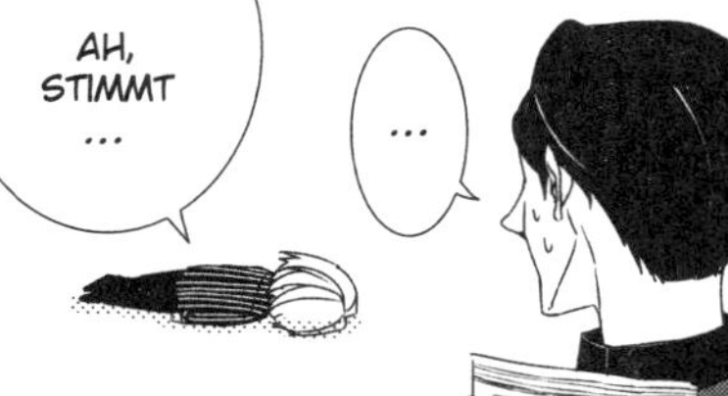

...
AH, STIMMT ...

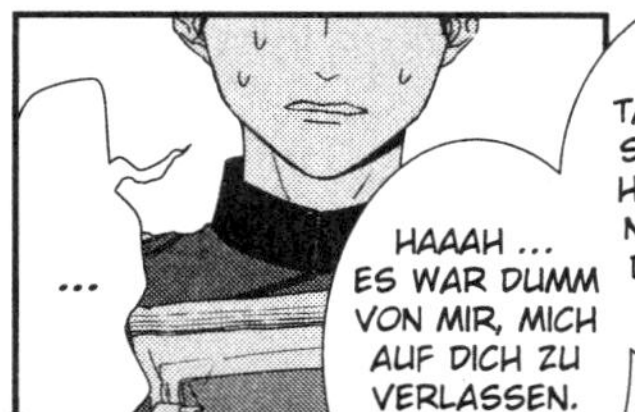

DA DU DAS TAGEBUCH EH SCHON HAST, HAST DU KEINE VERWENDUNG MEHR FÜR MICH.
HAAAH ... ES WAR DUMM VON MIR, MICH AUF DICH ZU VERLASSEN.
...

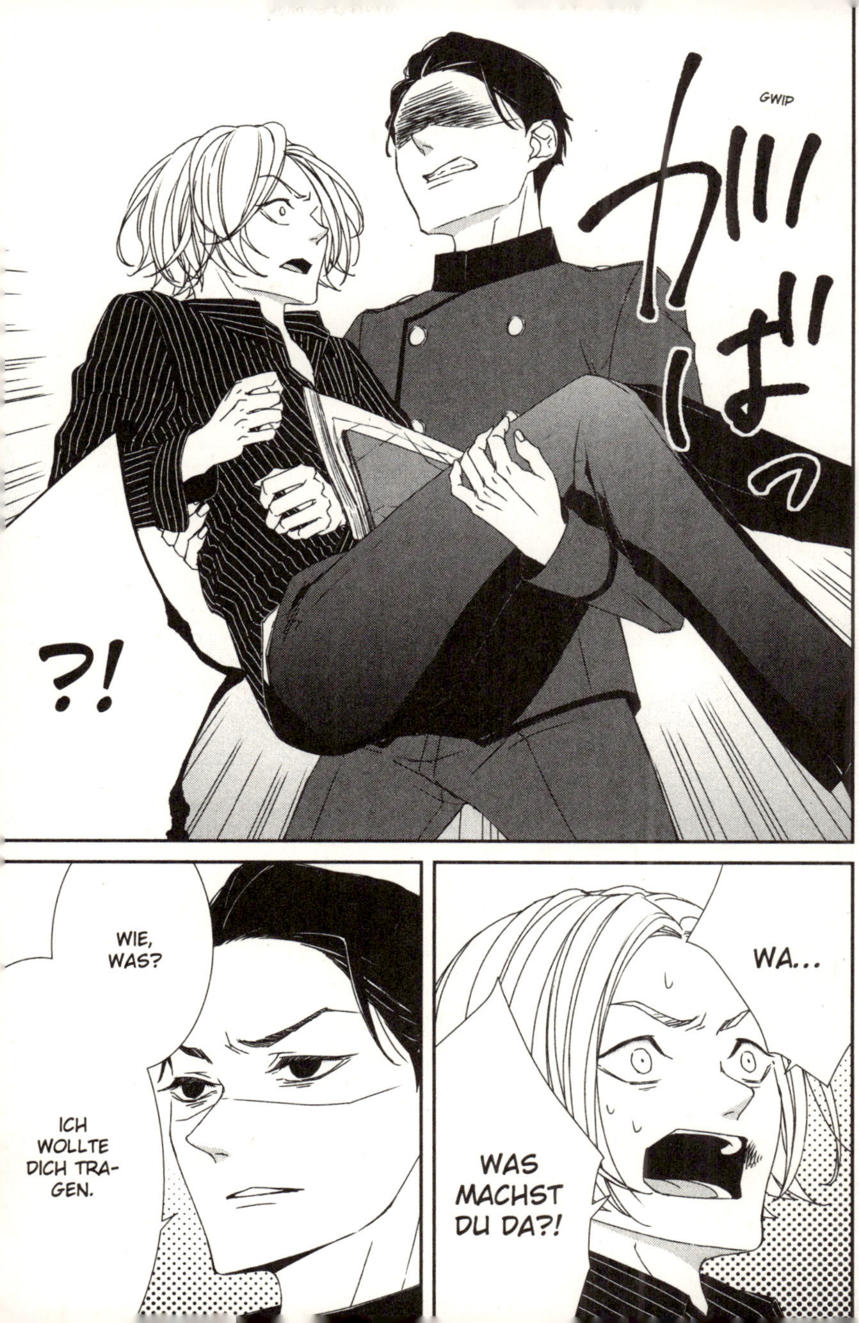

GWIP

ガばっ

?!

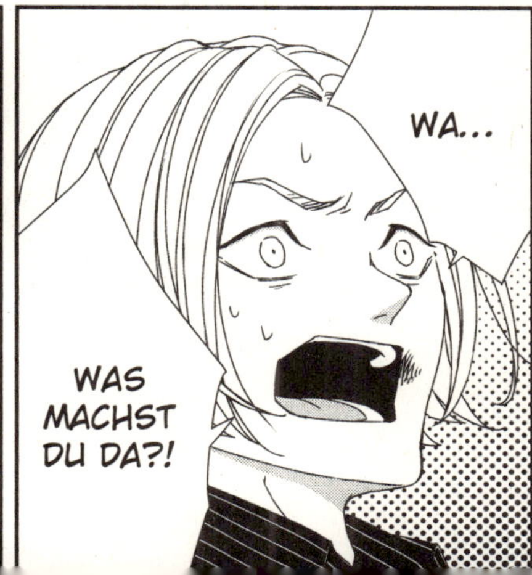

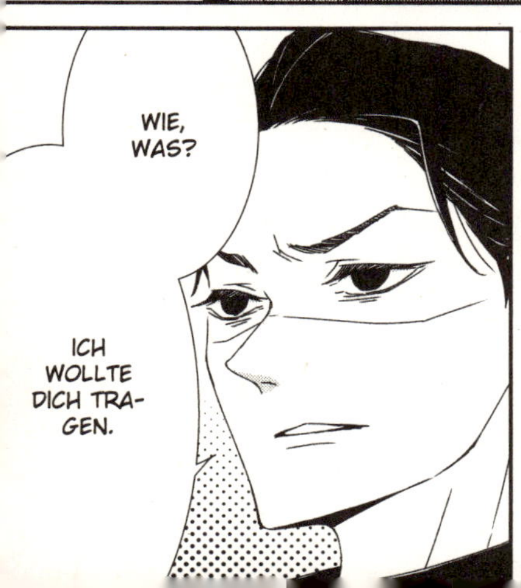

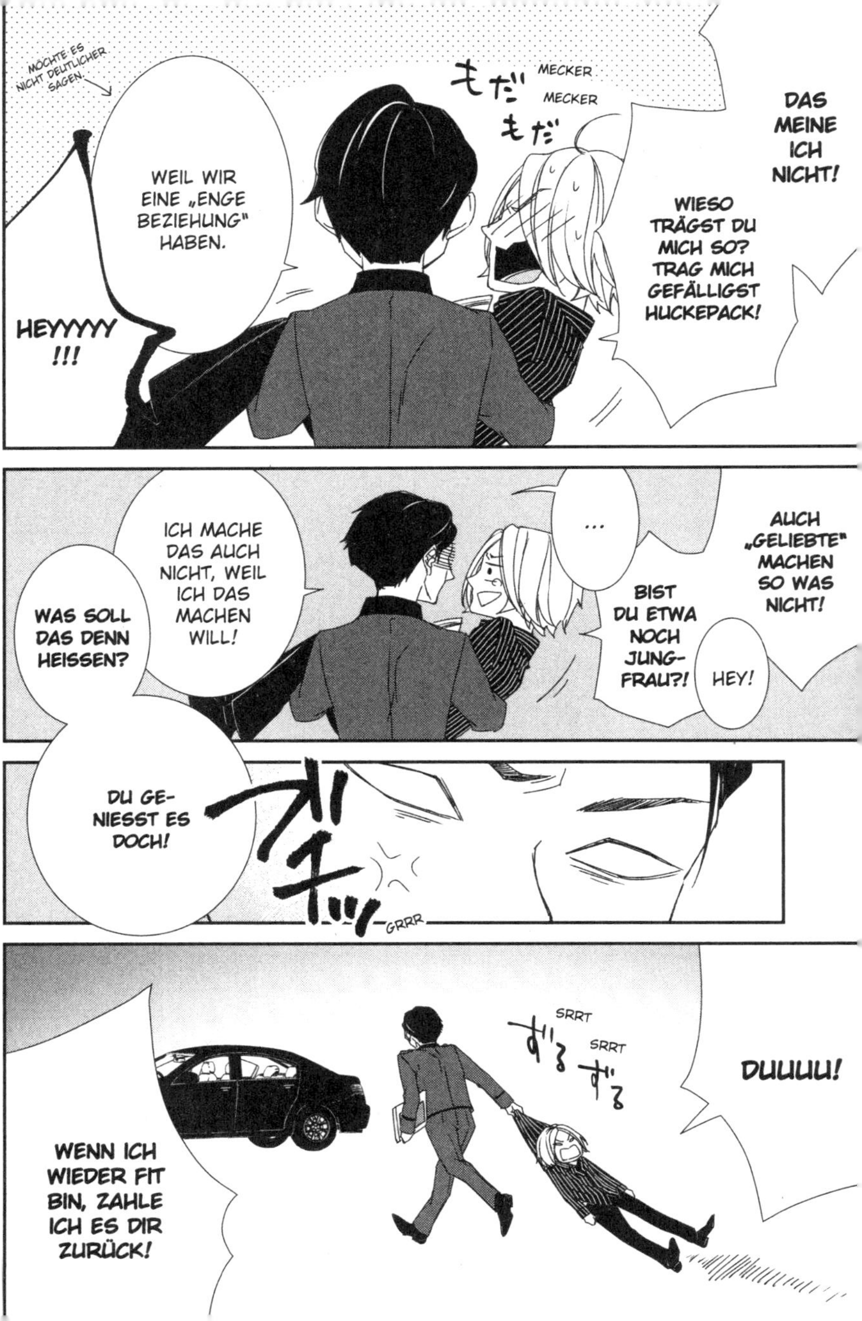

DAS MEINE ICH NICHT!
WIESO TRÄGST DU MICH SO? TRAG MICH GEFÄLLIGST HUCKEPACK!
もだ MECKER
もだ MECKER
WEIL WIR EINE „ENGE BEZIEHUNG" HABEN.
MÖCHTE ES NICHT DEUTLICHER SAGEN.
HEYYYYY !!!

AUCH „GELIEBTE" MACHEN SO WAS NICHT!
...
BIST DU ETWA NOCH JUNG-FRAU?!
HEY!
ICH MACHE DAS AUCH NICHT, WEIL ICH DAS MACHEN WILL!
WAS SOLL DAS DENN HEISSEN?

DU GE-NIESST ES DOCH!
ブチッ GRRR

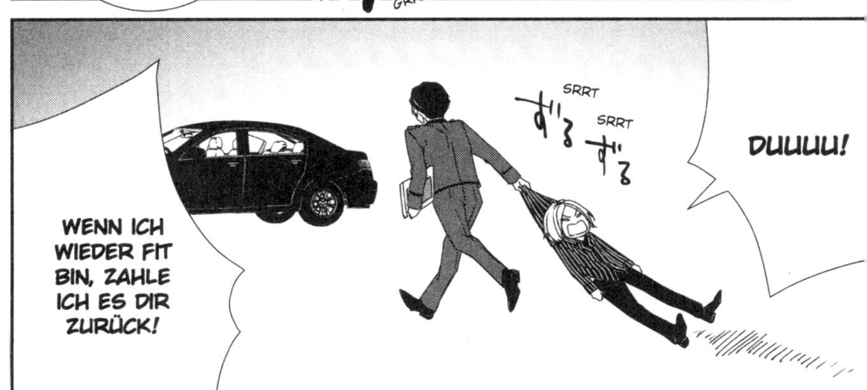

EXTRA ②

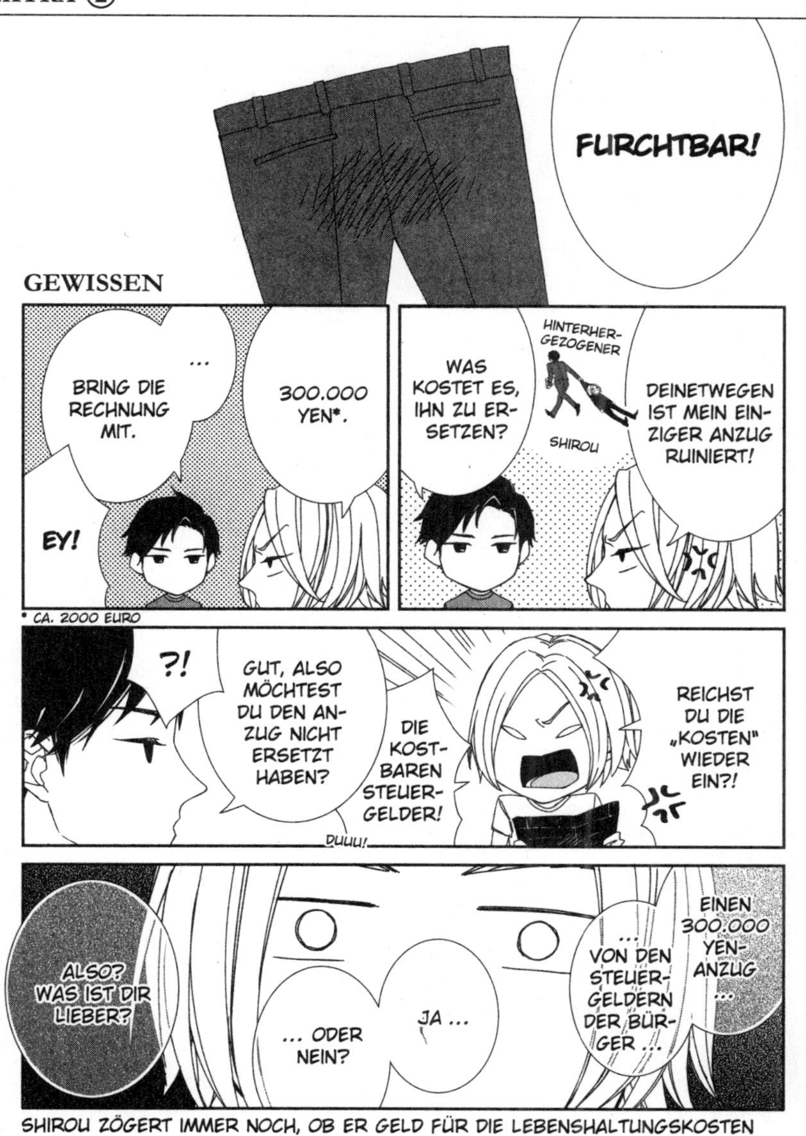

SHIROU ZÖGERT IMMER NOCH, OB ER GELD FÜR DIE LEBENSHALTUNGSKOSTEN NEHMEN SOLL.

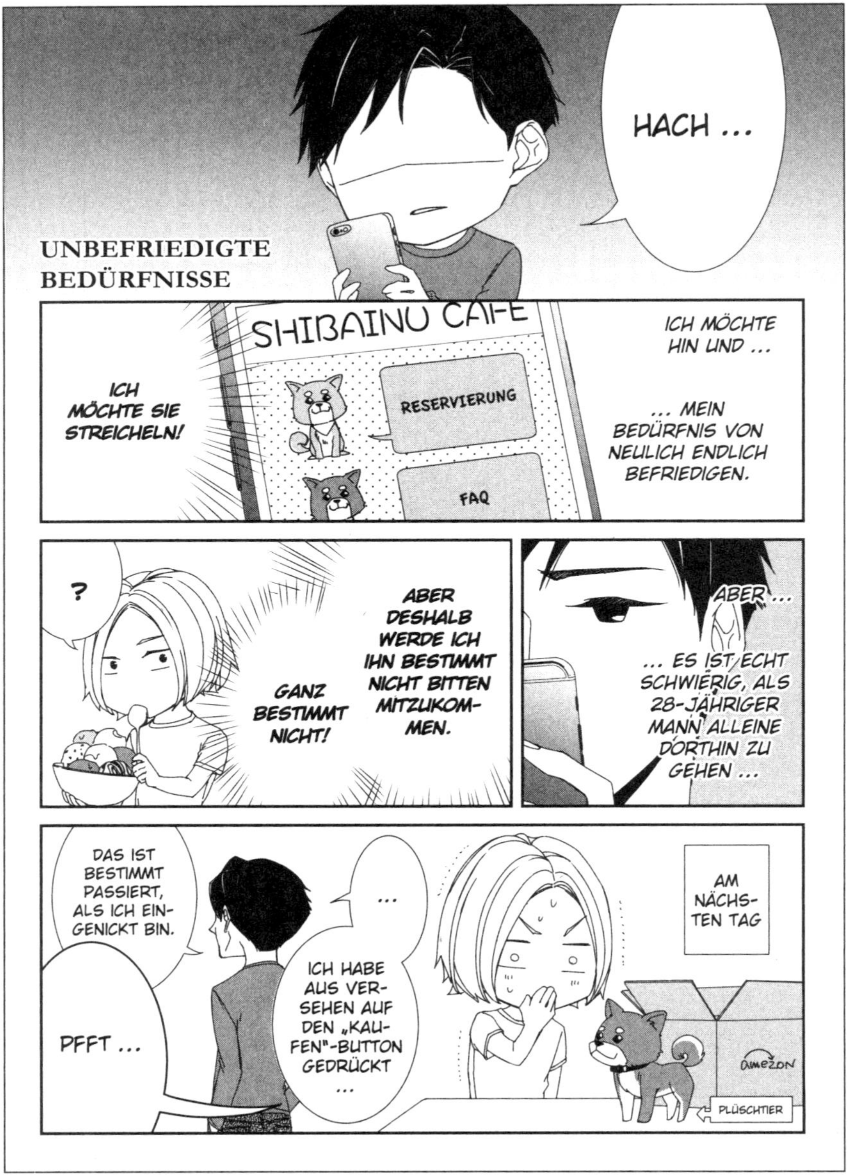

HACH ...

UNBEFRIEDIGTE BEDÜRFNISSE

ICH MÖCHTE HIN UND ...

... MEIN BEDÜRFNIS VON NEULICH ENDLICH BEFRIEDIGEN.

SHIBAINU CAFE

RESERVIERUNG

FAQ

ICH MÖCHTE SIE STREICHELN!

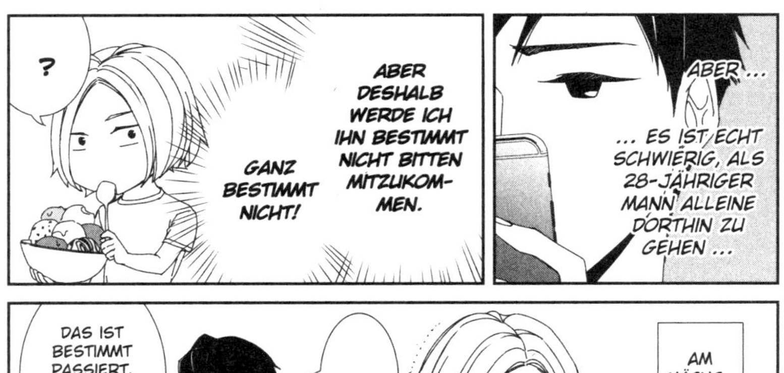

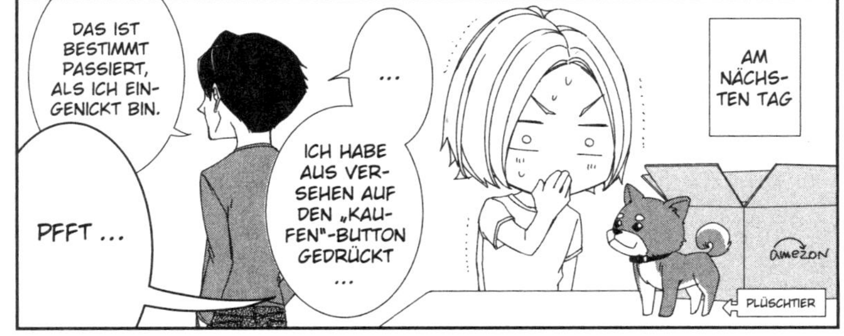

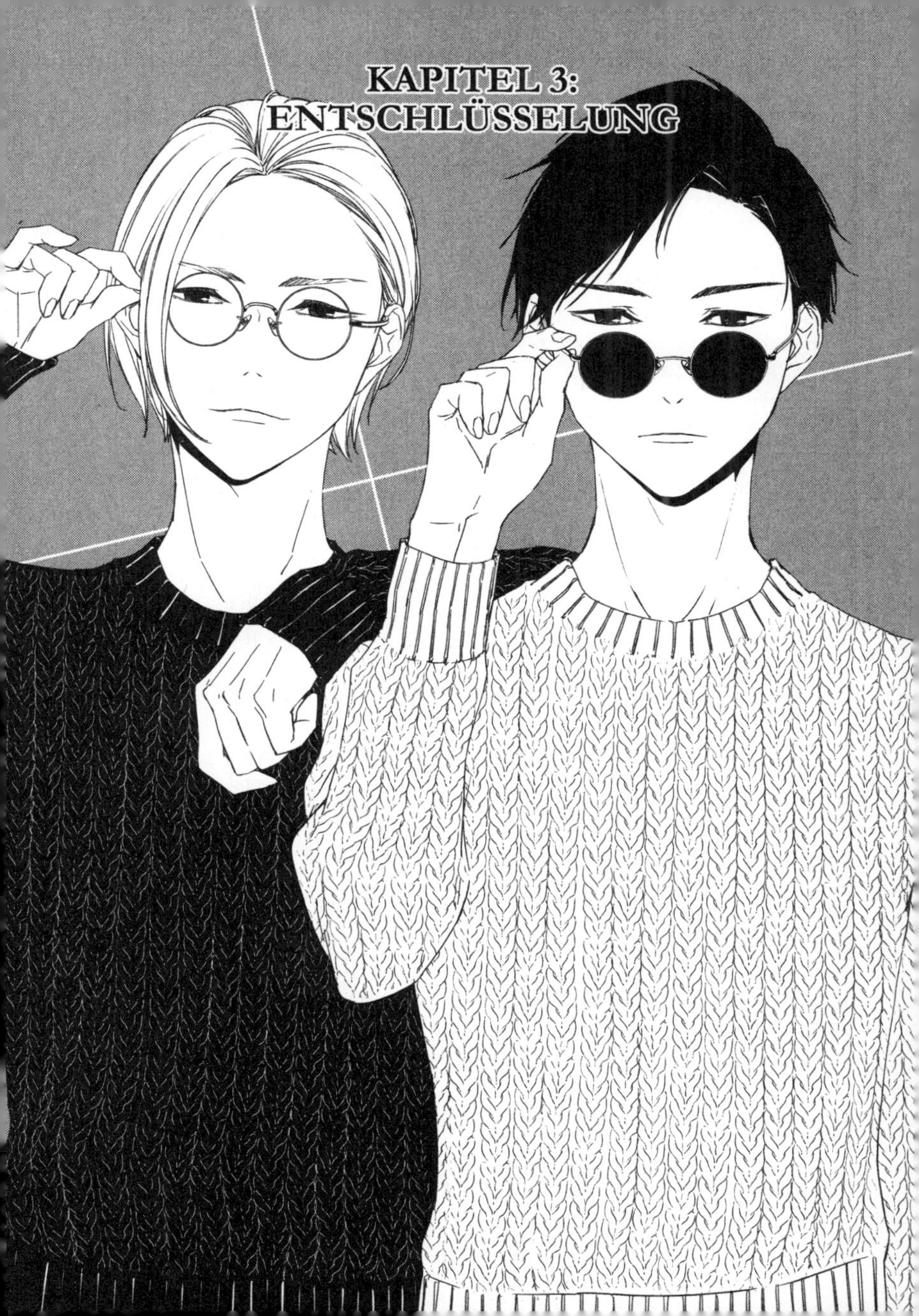
KAPITEL 3:
ENTSCHLÜSSELUNG

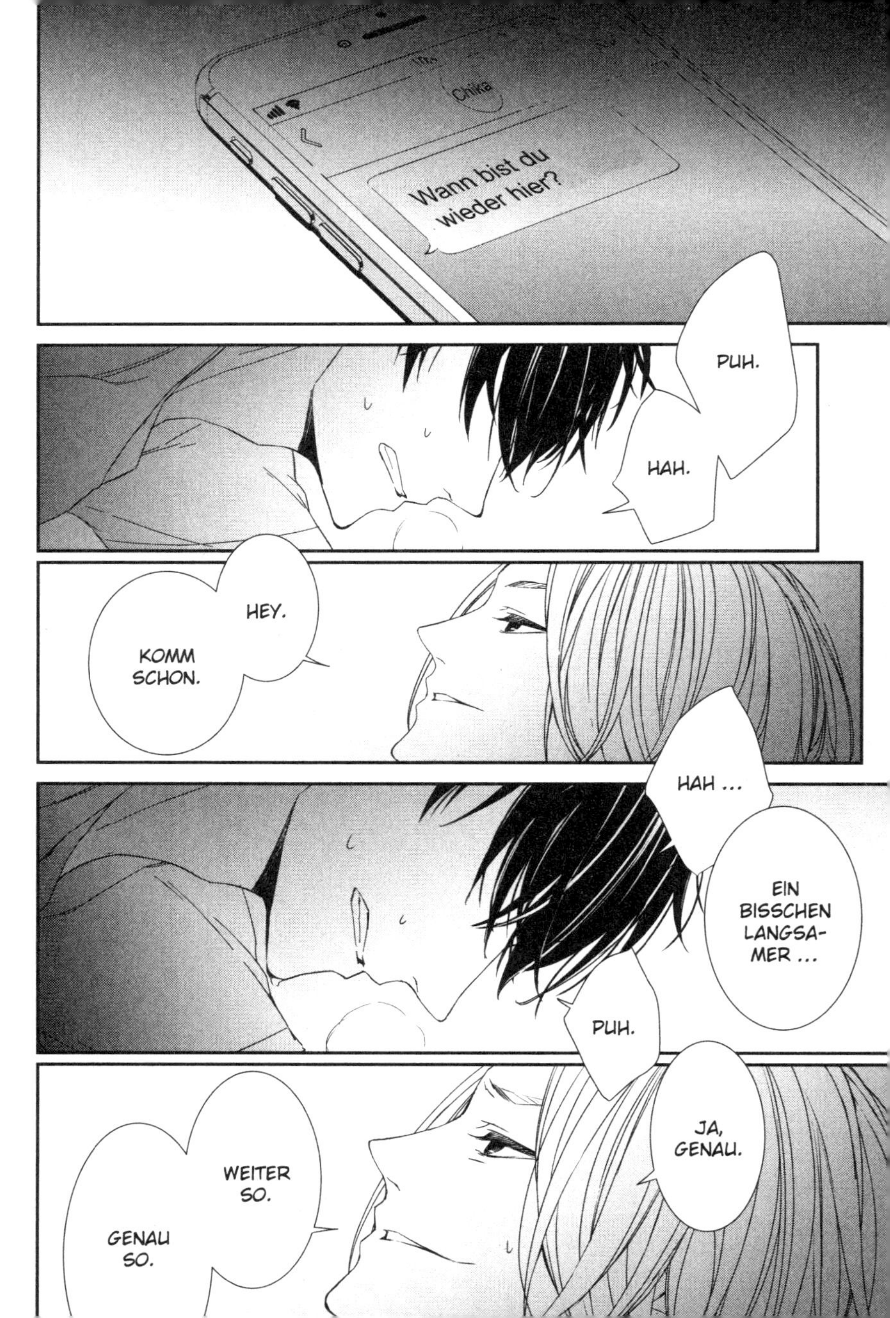
Chika
Wann bist du wieder hier?
PUH.
HAH.
HEY.
KOMM SCHON.
HAH ...
EIN BISSCHEN LANGSA-MER ...
PUH.
JA, GENAU.
WEITER SO.
GENAU SO.

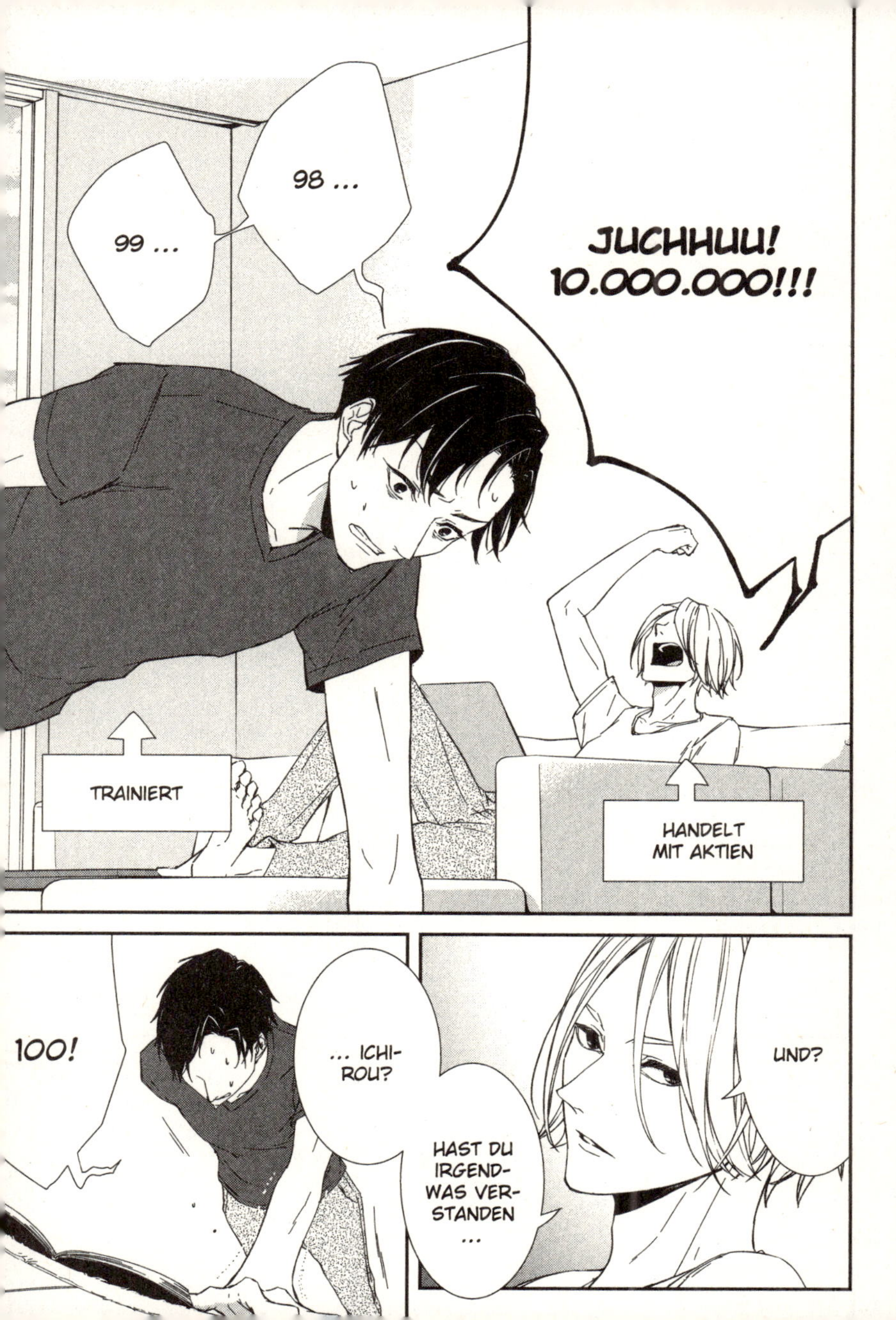
JUCHHUU! 10.000.000!!!
98 ...
99 ...
HANDELT MIT AKTIEN
TRAINIERT
UND?
... ICHI-ROU?
HAST DU IRGEND-WAS VER-STANDEN ...
100!

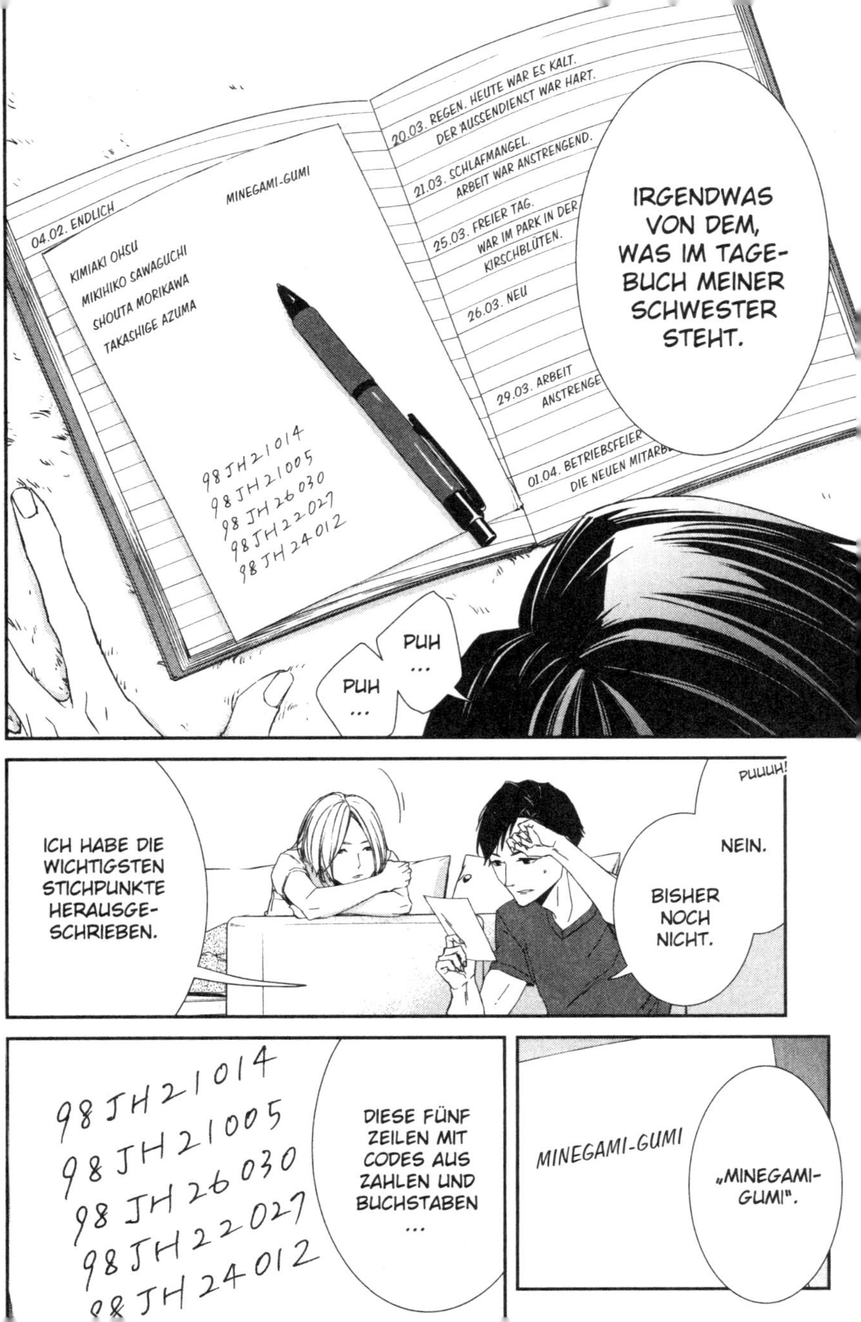

IRGENDWAS VON DEM, WAS IM TAGEBUCH MEINER SCHWESTER STEHT.

20.03. REGEN. HEUTE WAR ES KALT. DER AUSSENDIENST WAR HART.
21.03. SCHLAFMANGEL. ARBEIT WAR ANSTRENGEND.
25.03. FREIER TAG. WAR IM PARK IN DER KIRSCHBLÜTEN.
26.03. NEU
29.03. ARBEIT ANSTRENGE
01.04. BETRIEBSFEIER DIE NEUEN MITARB

04.02. ENDLICH
MINEGAMI-GUMI
KIMIAKI OHSU
MIKIHIKO SAWAGUCHI
SHOUTA MORIKAWA
TAKASHIGE AZUMA
98JH21014
98JH21005
98JH26030
98JH22027
98JH24012

PUH ...
PUH ...

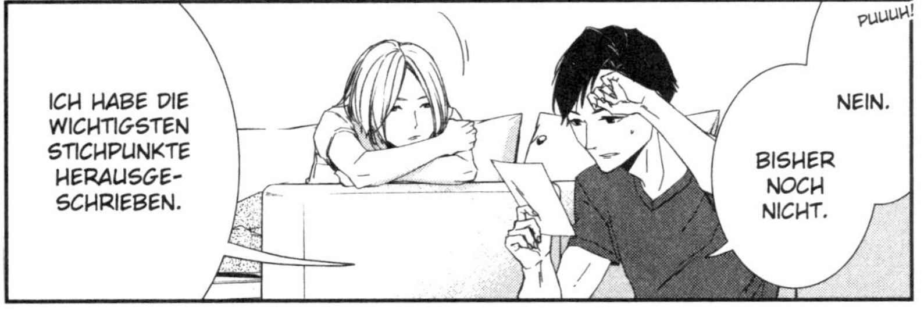

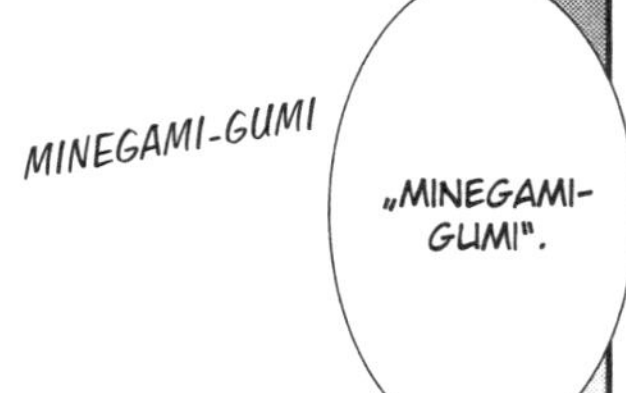

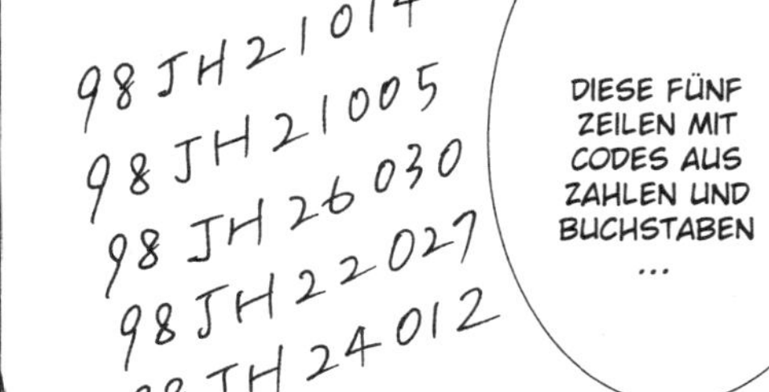

MINEGAMI-GU

DIE NAMEN VON VIER POLITIKERN.

KIMIAKI OHSU

MIKIHIKO SAWAGUCHI

SHOUTA MORIKAWA

TAKASHIGE AZUMA

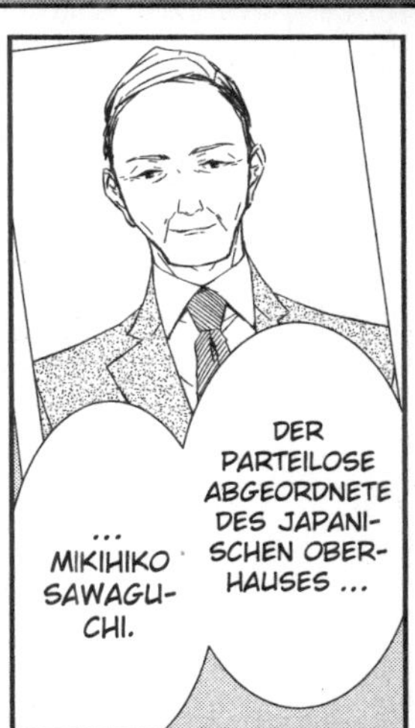

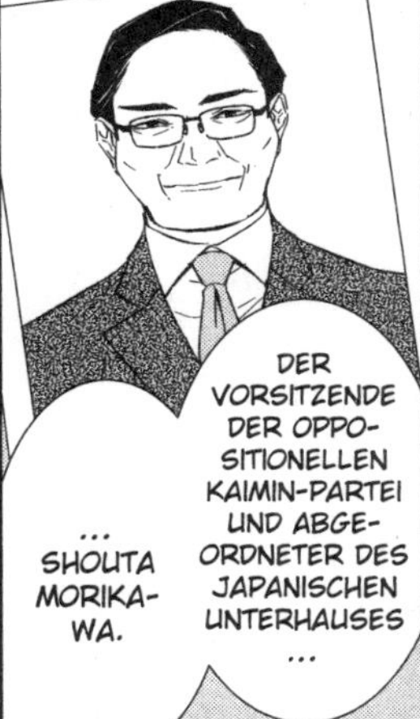

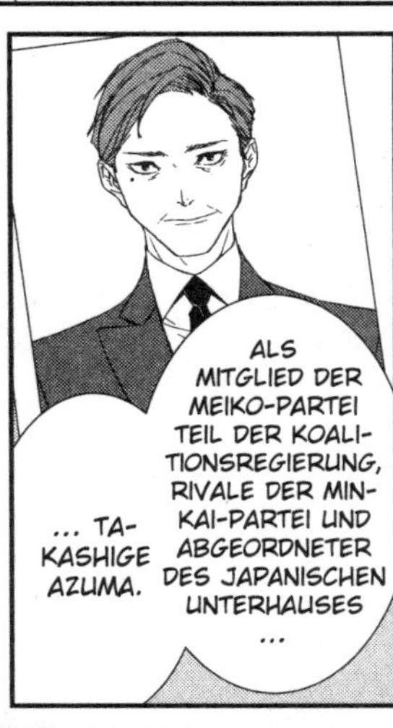

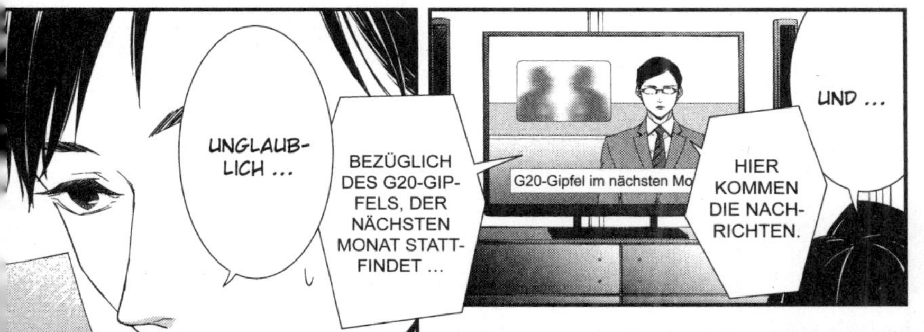

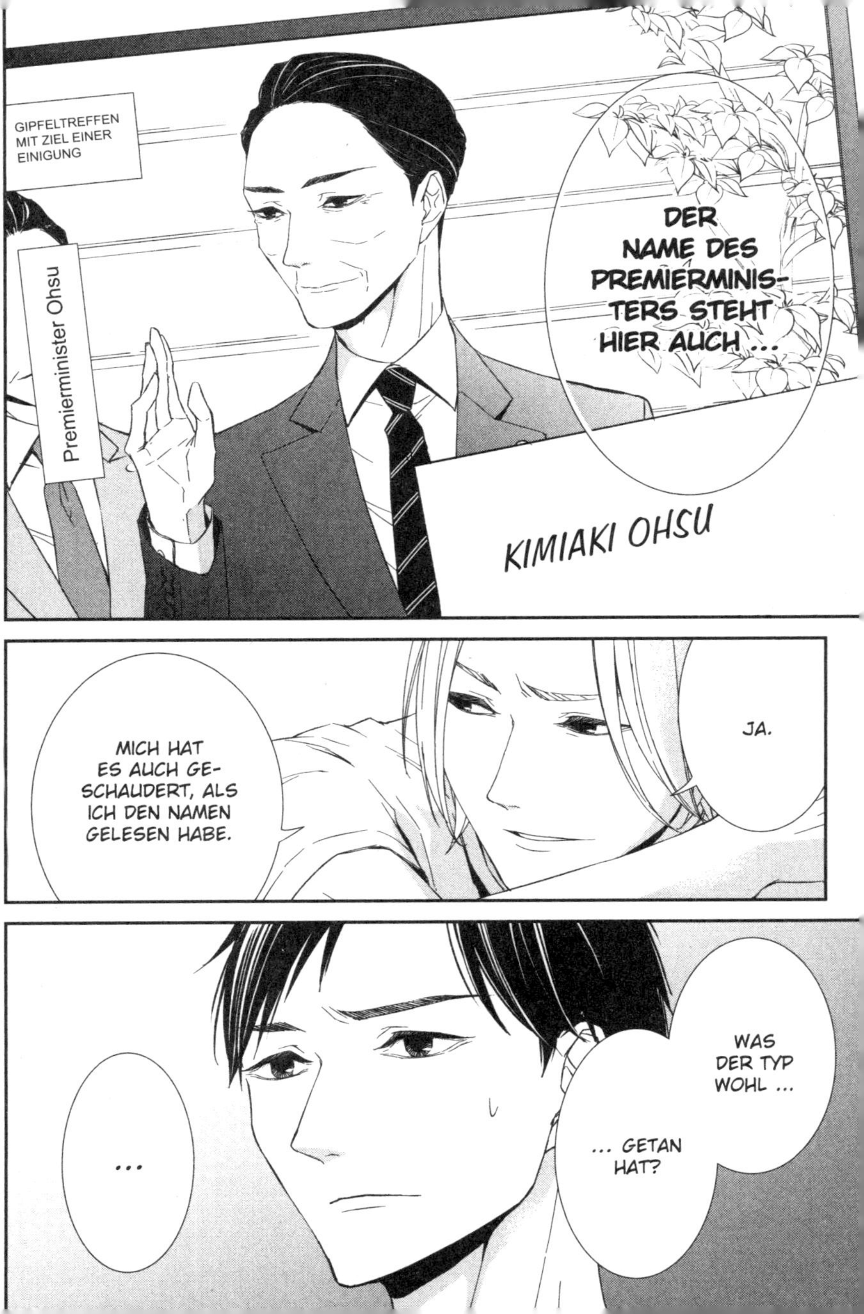

DER NAME DES PREMIERMINISTERS STEHT HIER AUCH ...
GIPFELTREFFEN MIT ZIEL EINER EINIGUNG
Premierminister Ohsu
KIMIAKI OHSU

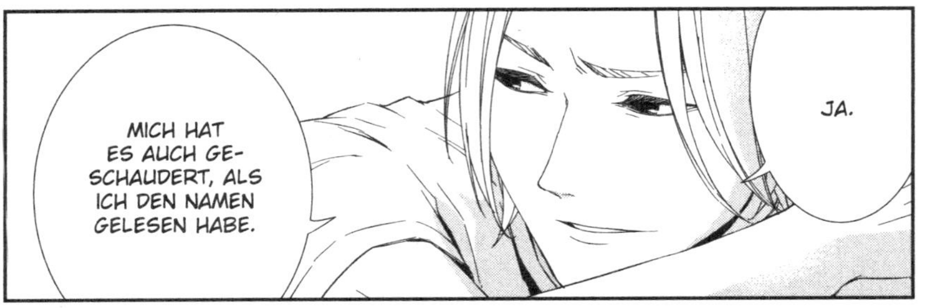

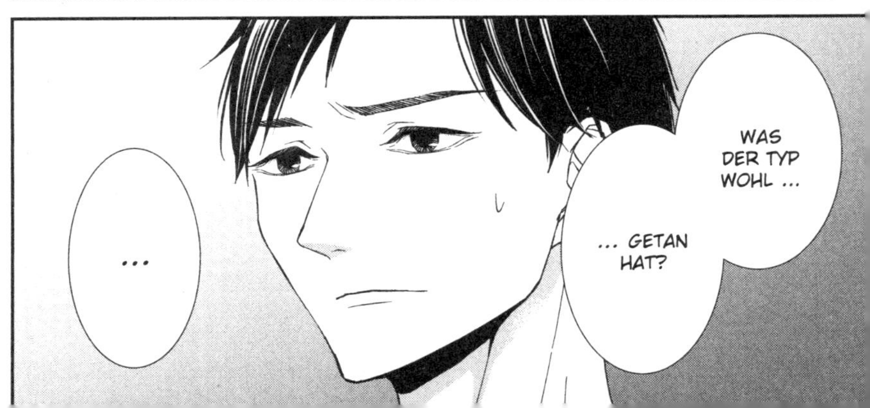

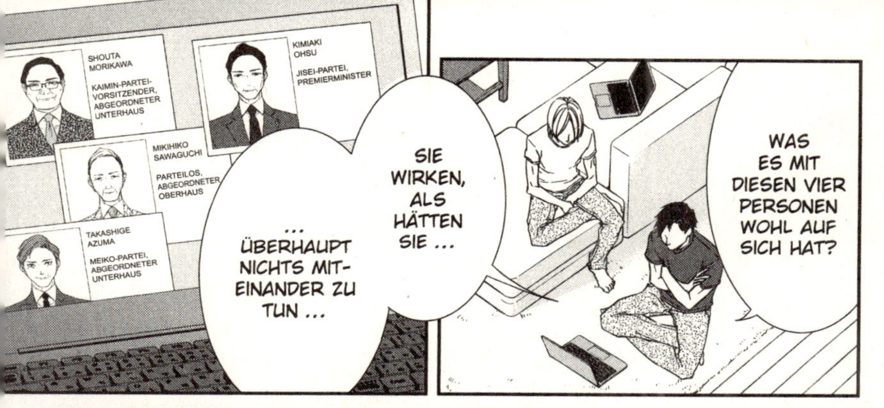

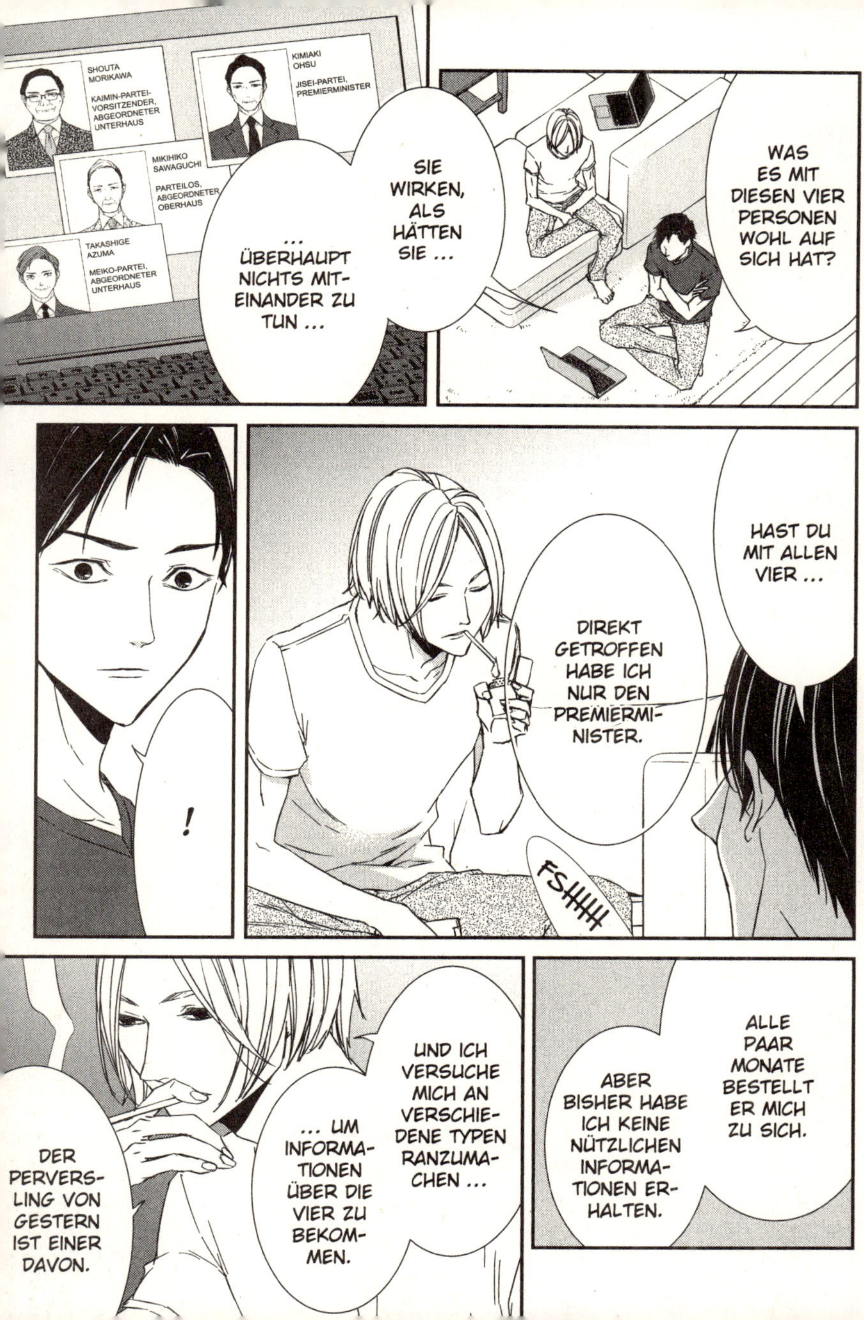

HAST DU MIT ALLEN VIER …

DIREKT GETROFFEN HABE ICH NUR DEN PREMIERMINISTER.

FSHHHH

!

ALLE PAAR MONATE BESTELLT ER MICH ZU SICH.

ABER BISHER HABE ICH KEINE NÜTZLICHEN INFORMATIONEN ERHALTEN.

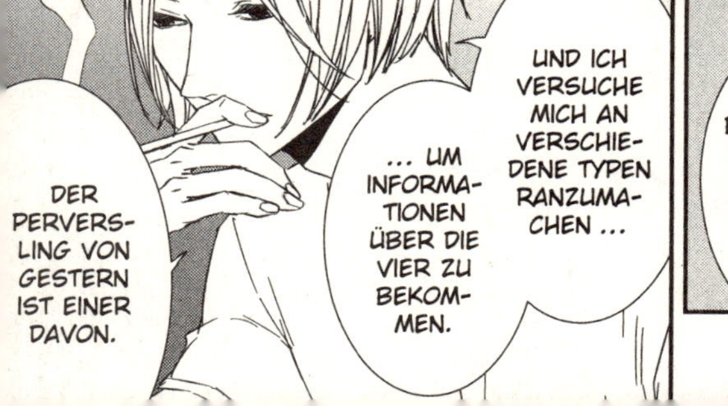

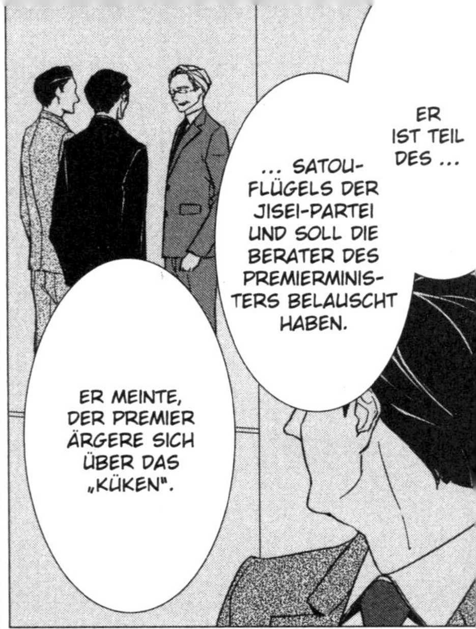
ER IST TEIL DES …
… SATOU-FLÜGELS DER JISEI-PARTEI UND SOLL DIE BERATER DES PREMIERMINISTERS BELAUSCHT HABEN.
ER MEINTE, DER PREMIER ÄRGERE SICH ÜBER DAS „KÜKEN".
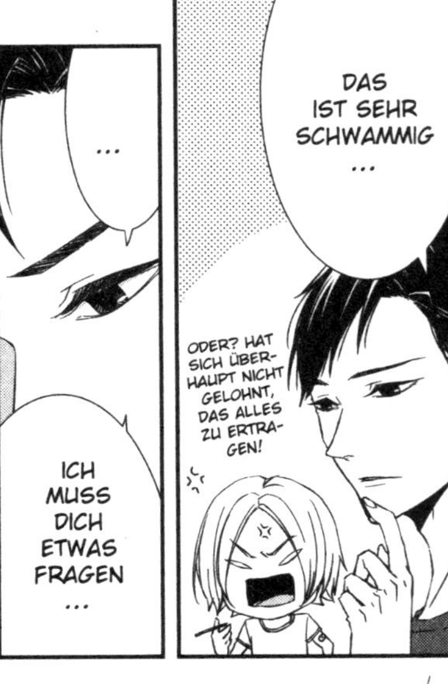
DAS IST SEHR SCHWAMMIG …
ODER? HAT SICH ÜBERHAUPT NICHT GELOHNT, DAS ALLES ZU ERTRAGEN!
…
ICH MUSS DICH ETWAS FRAGEN …
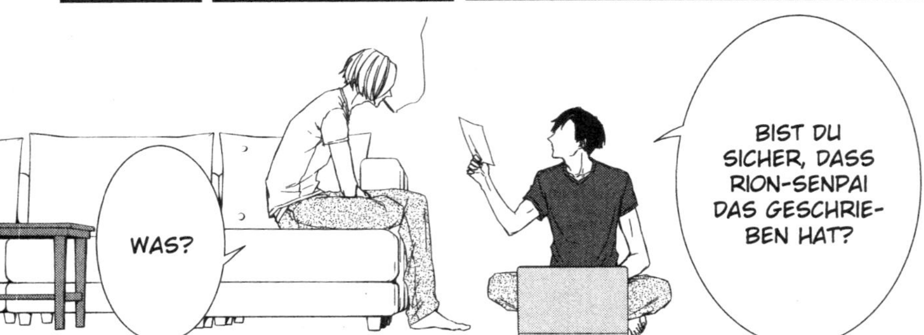
BIST DU SICHER, DASS RION-SENPAI DAS GESCHRIEBEN HAT?
WAS?
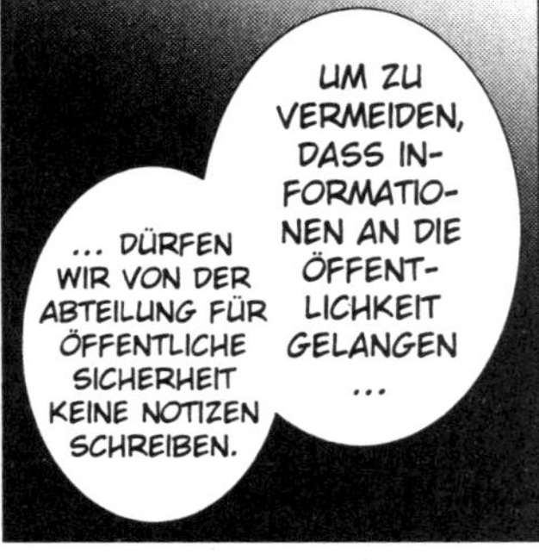
UM ZU VERMEIDEN, DASS INFORMATIONEN AN DIE ÖFFENTLICHKEIT GELANGEN …
… DÜRFEN WIR VON DER ABTEILUNG FÜR ÖFFENTLICHE SICHERHEIT KEINE NOTIZEN SCHREIBEN.
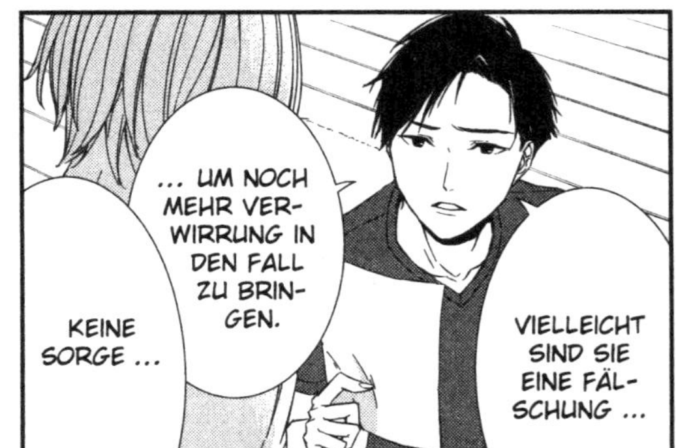
VIELLEICHT SIND SIE EINE FÄLSCHUNG …
… UM NOCH MEHR VERWIRRUNG IN DEN FALL ZU BRINGEN.
KEINE SORGE …

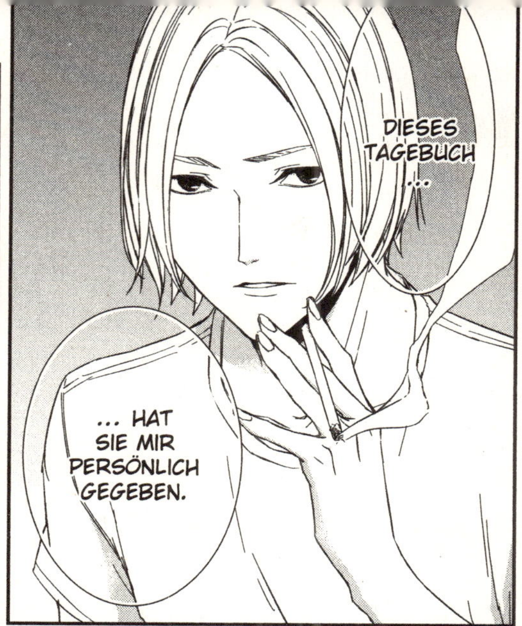
DIESES TAGEBUCH …
… HAT SIE MIR PERSÖNLICH GEGEBEN.

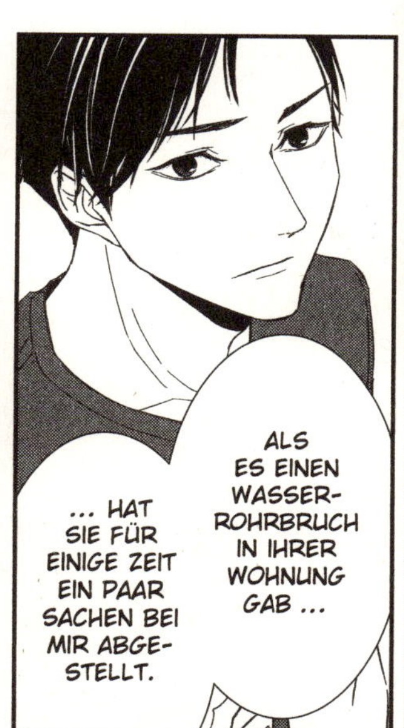
ALS ES EINEN WASSER-ROHRBRUCH IN IHRER WOHNUNG GAB …
… HAT SIE FÜR EINIGE ZEIT EIN PAAR SACHEN BEI MIR ABGE-STELLT.

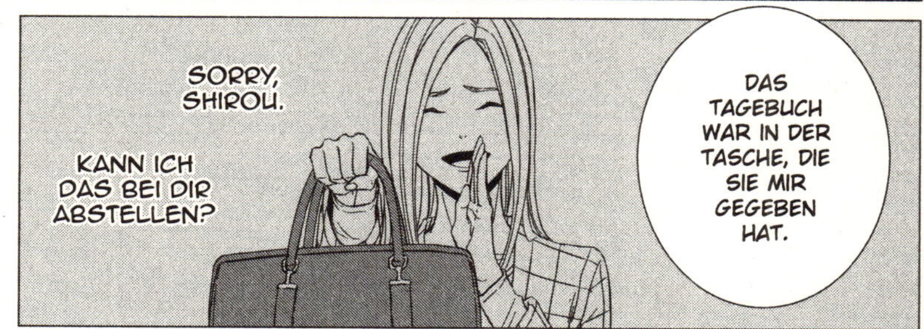
DAS TAGEBUCH WAR IN DER TASCHE, DIE SIE MIR GEGEBEN HAT.
SORRY, SHIROU.
KANN ICH DAS BEI DIR ABSTELLEN?

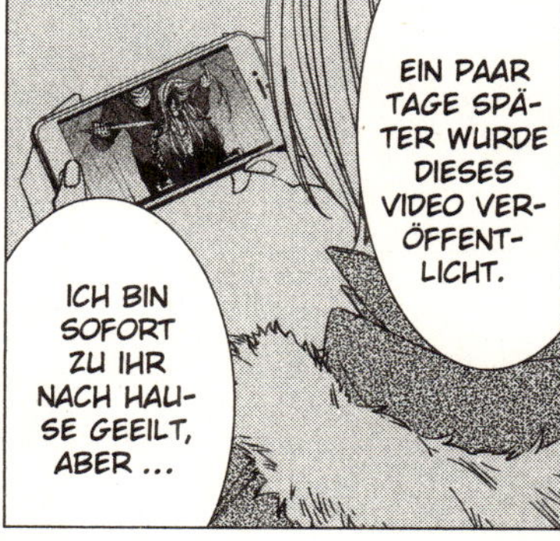
EIN PAAR TAGE SPÄ-TER WURDE DIESES VIDEO VER-ÖFFENT-LICHT.
ICH BIN SOFORT ZU IHR NACH HAU-SE GEEILT, ABER …

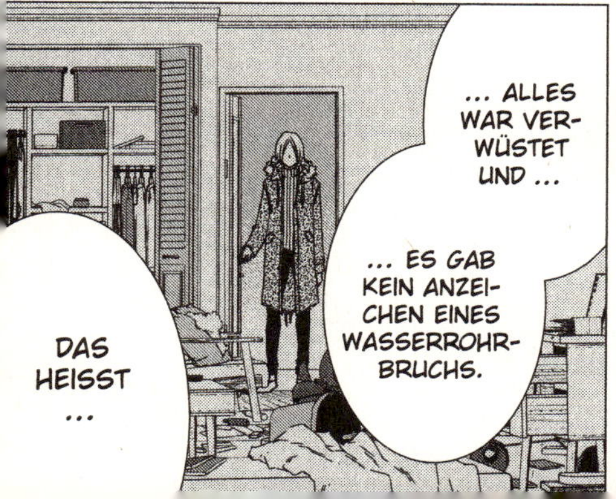
… ALLES WAR VER-WÜSTET UND …
… ES GAB KEIN ANZEI-CHEN EINES WASSERROHR-BRUCHS.
DAS HEISST …

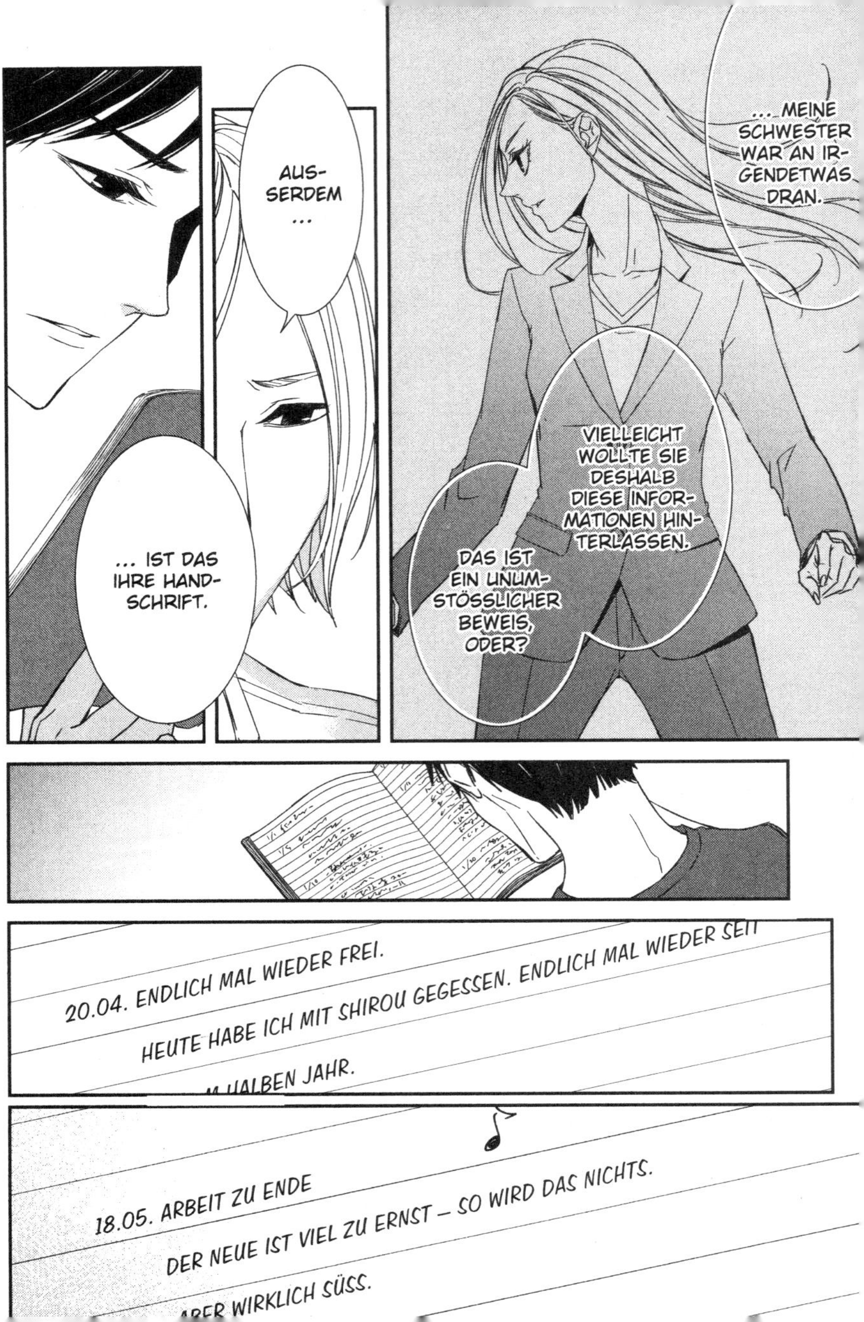

... MEINE SCHWESTER WAR AN IRGENDETWAS DRAN.

VIELLEICHT WOLLTE SIE DESHALB DIESE INFORMATIONEN HINTERLASSEN.

DAS IST EIN UNUMSTÖSSLICHER BEWEIS, ODER?

AUSSERDEM ...

... IST DAS IHRE HANDSCHRIFT.

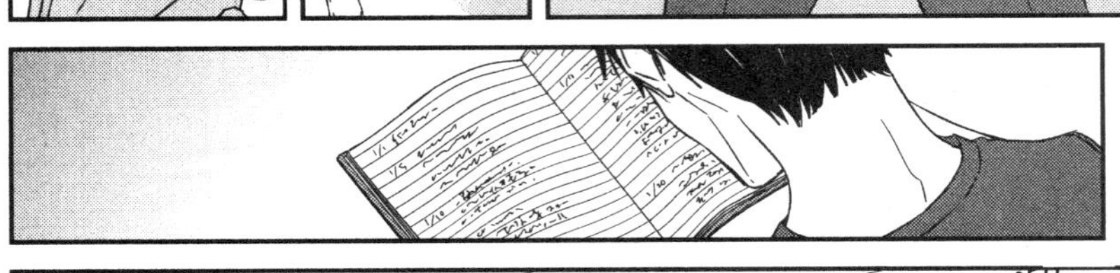

20.04. ENDLICH MAL WIEDER FREI.

HEUTE HABE ICH MIT SHIROU GEGESSEN. ENDLICH MAL WIEDER SEIT

HALBEN JAHR.

18.05. ARBEIT ZU ENDE

DER NEUE IST VIEL ZU ERNST – SO WIRD DAS NICHTS.

WIRKLICH SÜSS.

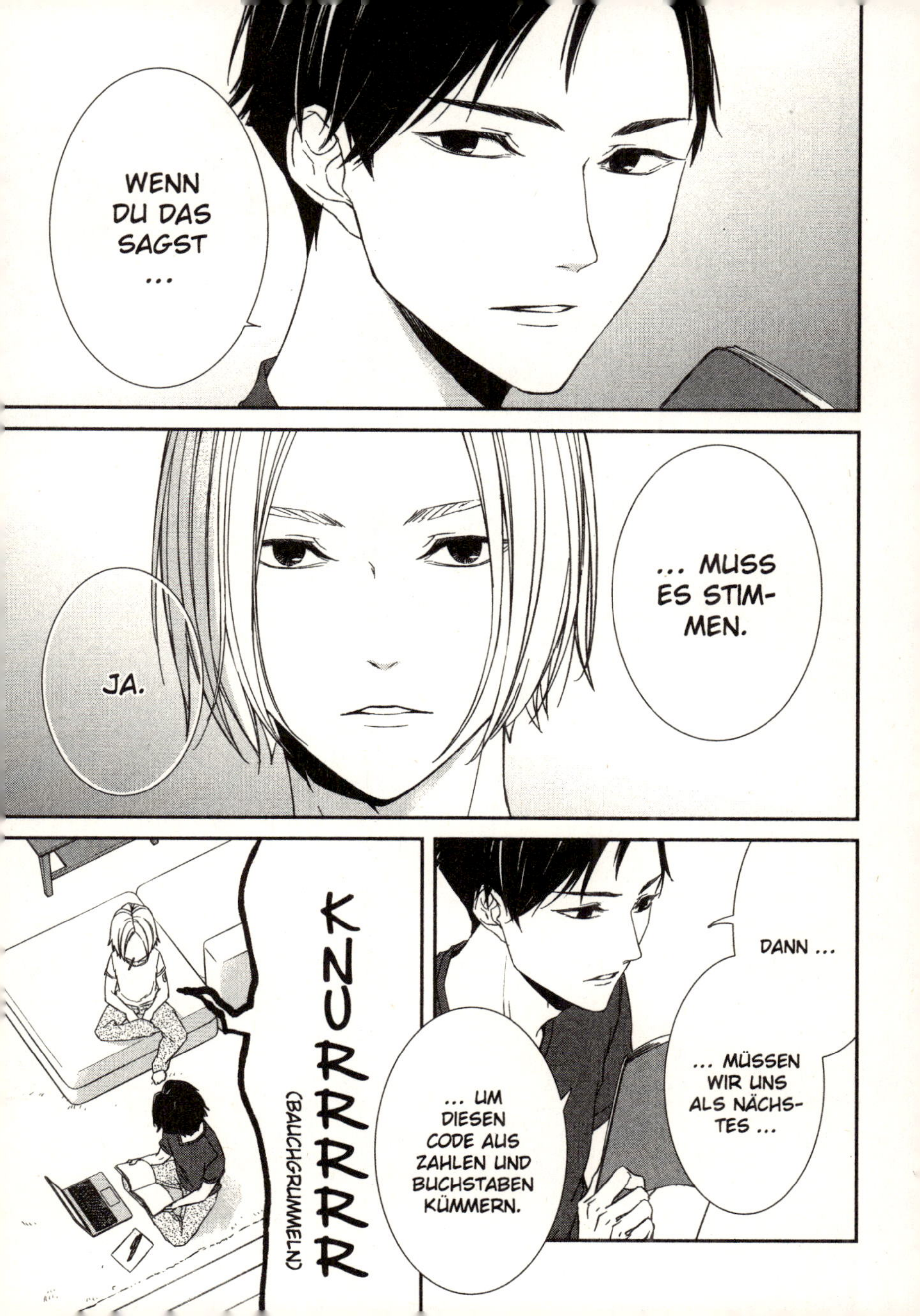

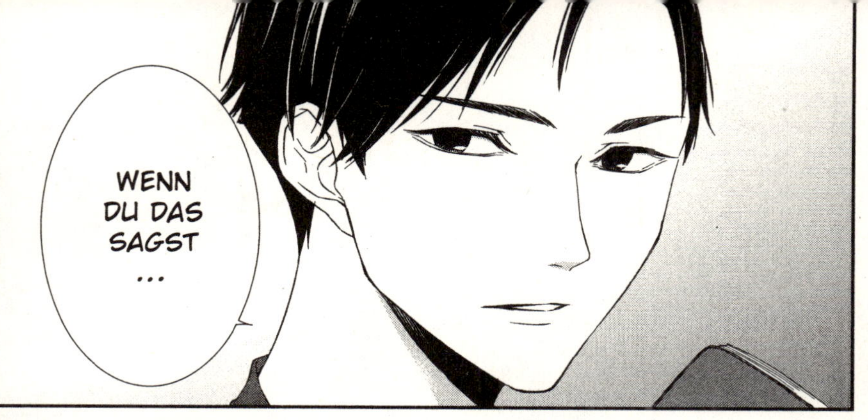

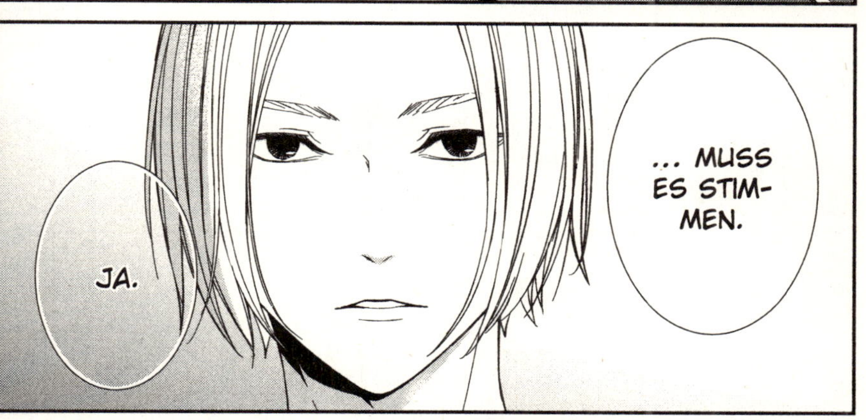

DANN ...

... MÜSSEN WIR UNS ALS NÄCHS-TES ...

... UM DIESEN CODE AUS ZAHLEN UND BUCHSTABEN KÜMMERN.

KNURRRRR

(BAUCHGRUMMELN)

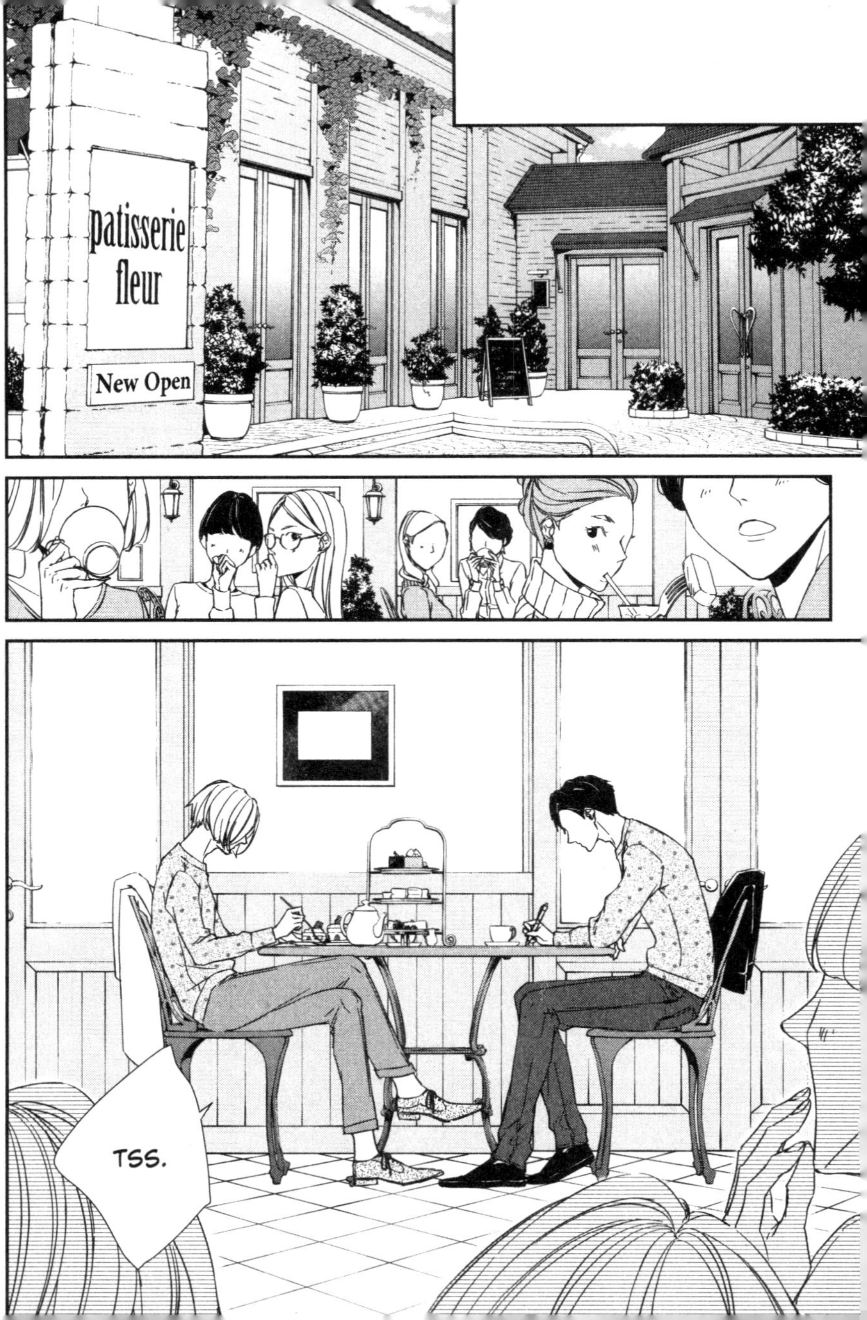

patisserie
fleur
New Open
TSS.

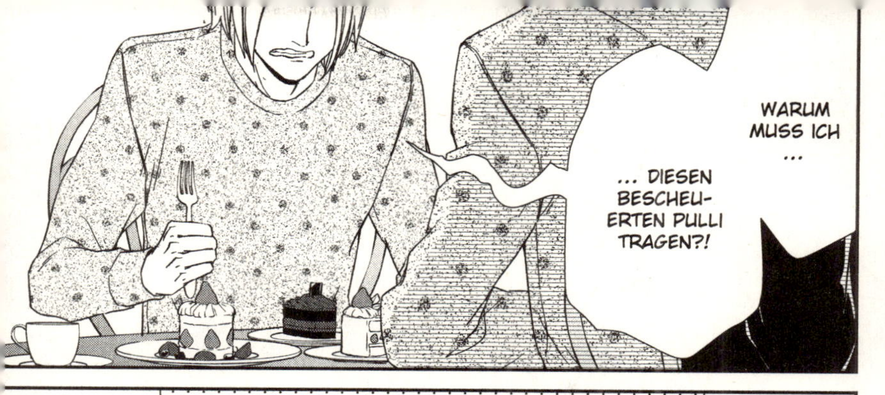
WARUM MUSS ICH …
… DIESEN BESCHEUERTEN PULLI TRAGEN?!

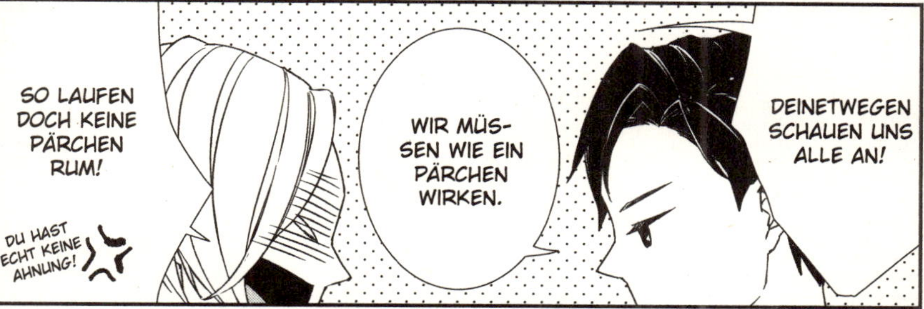
DEINETWEGEN SCHAUEN UNS ALLE AN!
WIR MÜSSEN WIE EIN PÄRCHEN WIRKEN.
SO LAUFEN DOCH KEINE PÄRCHEN RUM!
DU HAST ECHT KEINE AHNUNG!

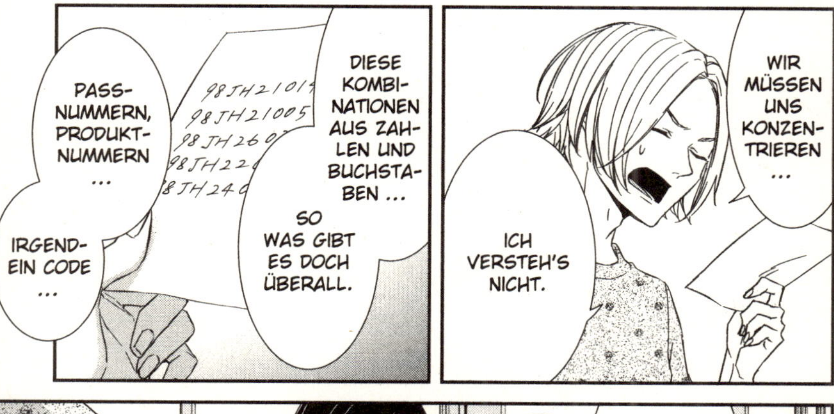
WIR MÜSSEN UNS KONZENTRIEREN …
ICH VERSTEH'S NICHT.
DIESE KOMBINATIONEN AUS ZAHLEN UND BUCHSTABEN …
SO WAS GIBT ES DOCH ÜBERALL.
PASSNUMMERN, PRODUKTNUMMERN …
IRGENDEIN CODE …
98JH21005

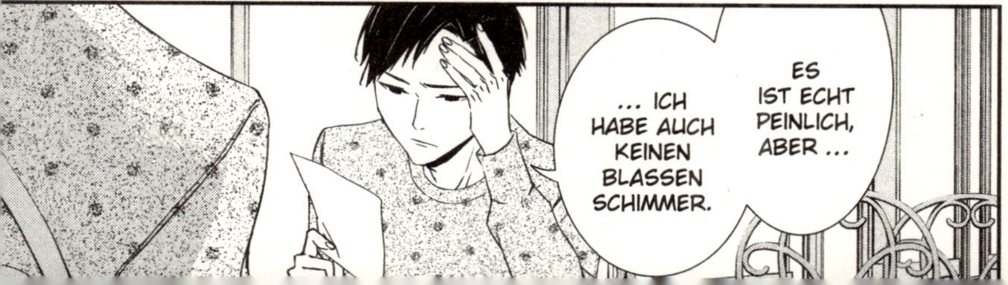
ES IST ECHT PEINLICH, ABER …
… ICH HABE AUCH KEINEN BLASSEN SCHIMMER.

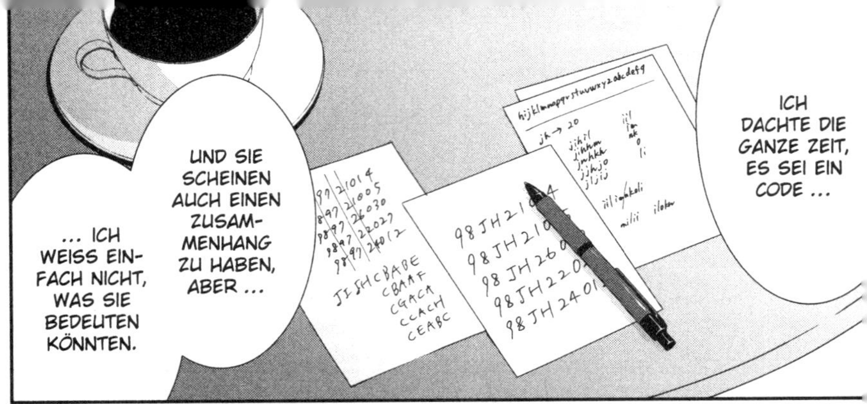
ICH DACHTE DIE GANZE ZEIT, ES SEI EIN CODE ...
UND SIE SCHEINEN AUCH EINEN ZUSAMMENHANG ZU HABEN, ABER ...
... ICH WEISS EINFACH NICHT, WAS SIE BEDEUTEN KÖNNTEN.

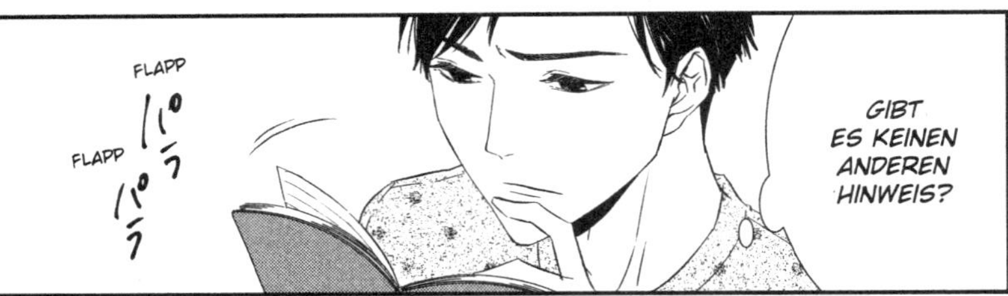
GIBT ES KEINEN ANDEREN HINWEIS?
FLAPP
FLAPP

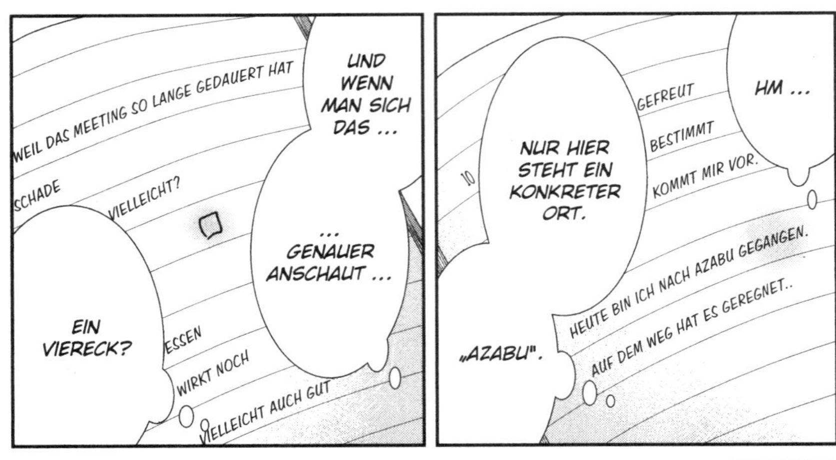
HM ...
GEFREUT
BESTIMMT
KOMMT MIR VOR.
NUR HIER STEHT EIN KONKRETER ORT.
„AZABU".
HEUTE BIN ICH NACH AZABU GEGANGEN.
AUF DEM WEG HAT ES GEREGNET..
UND WENN MAN SICH DAS ...
... GENAUER ANSCHAUT ...
WEIL DAS MEETING SO LANGE GEDAUERT HAT
SCHADE
VIELLEICHT?
EIN VIERECK?
ESSEN
WIRKT NOCH
VIELLEICHT AUCH GUT

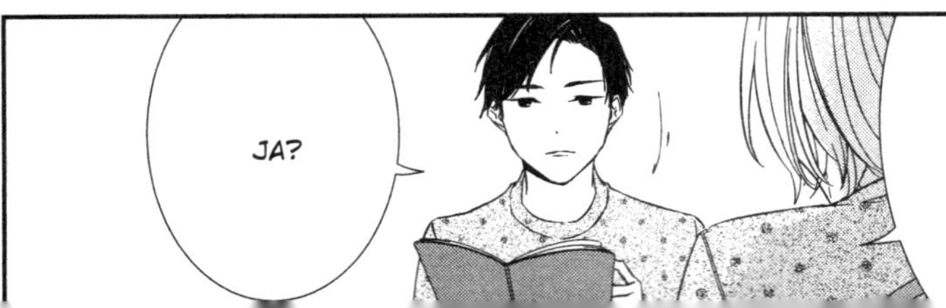
ICHIROU ...
JA?

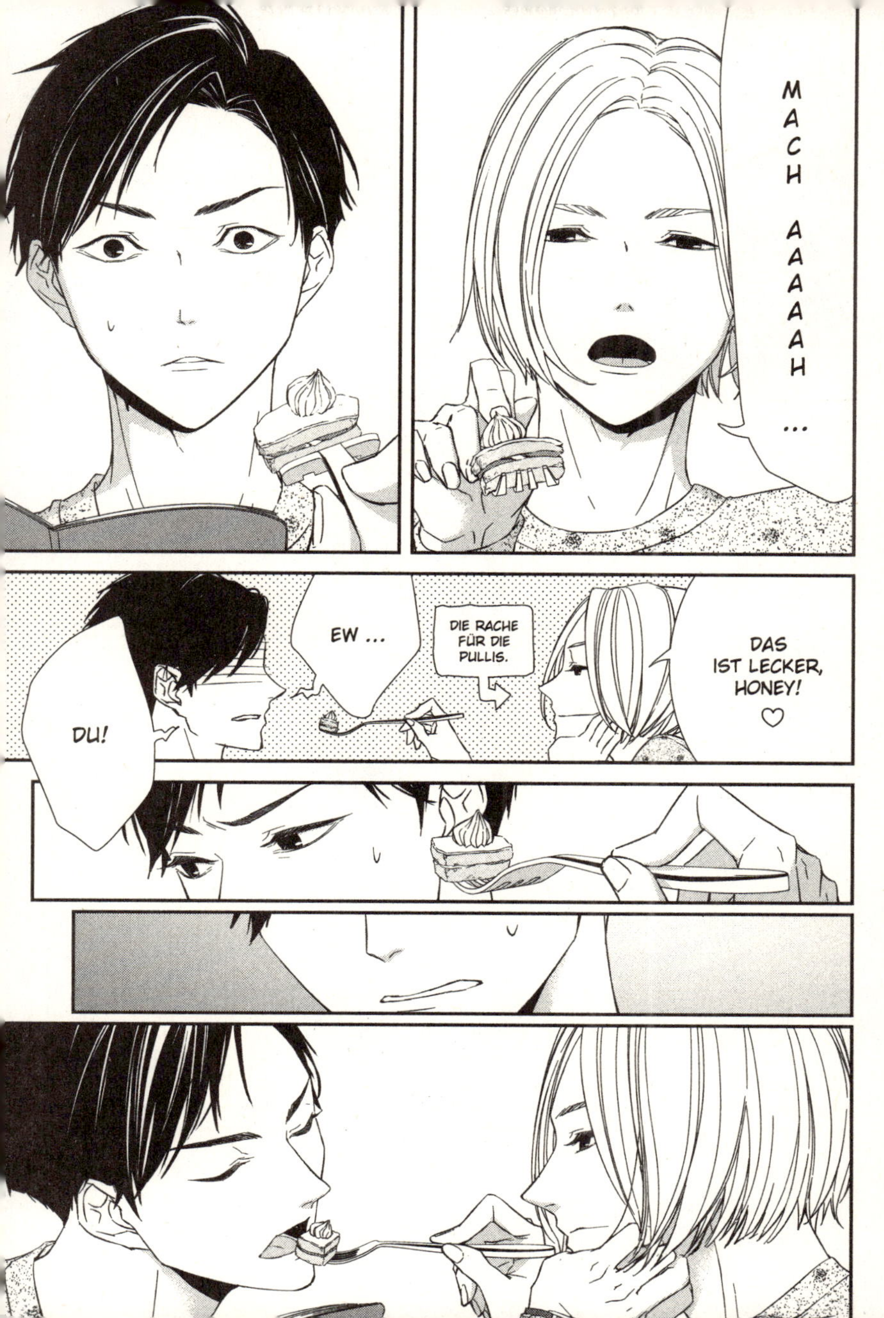
MACH AAAAAAH …
DAS IST LECKER, HONEY! ♡
DIE RACHE FÜR DIE PULLIS.
EW …
DU!

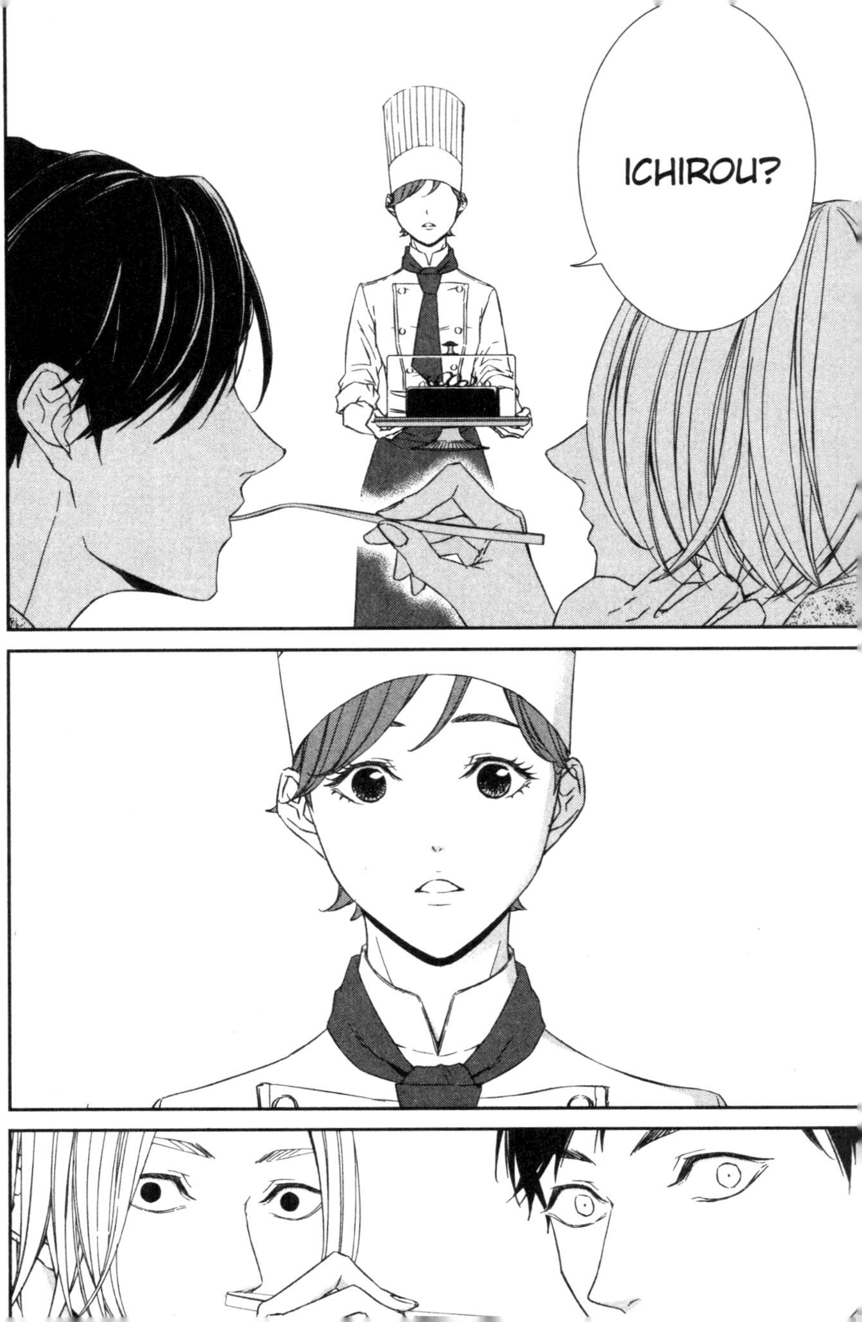

ICHIROU?

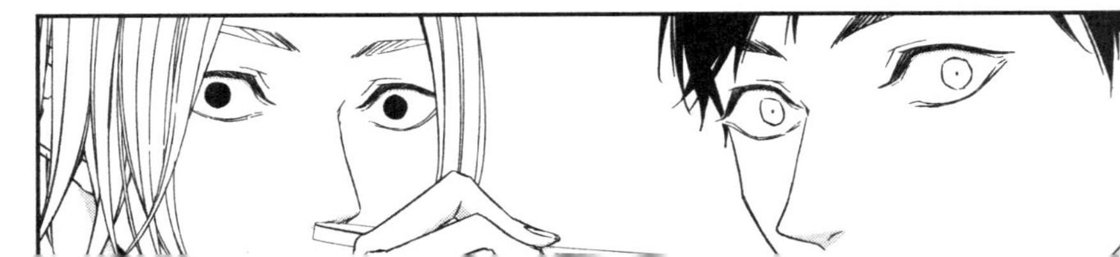

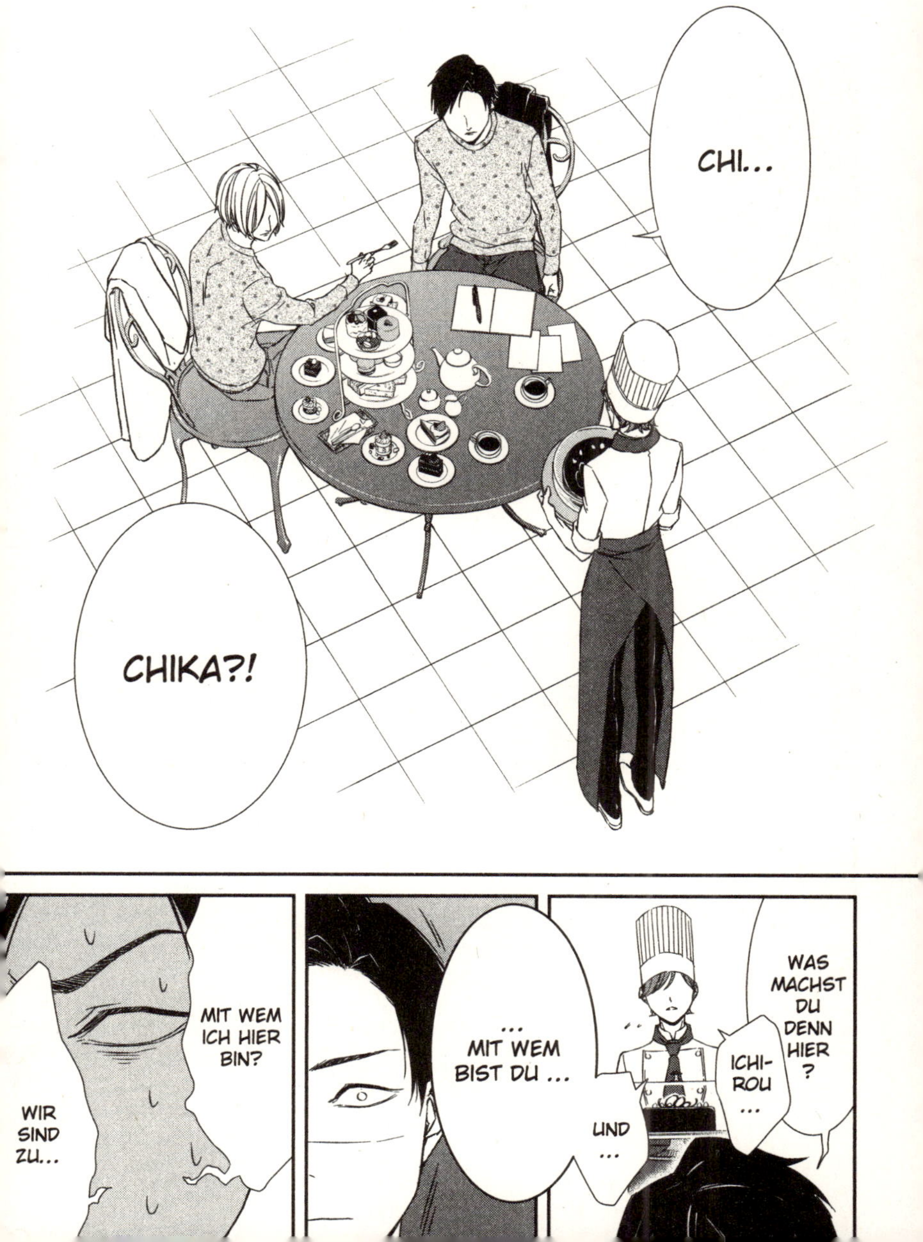

CHI...
CHIKA?!

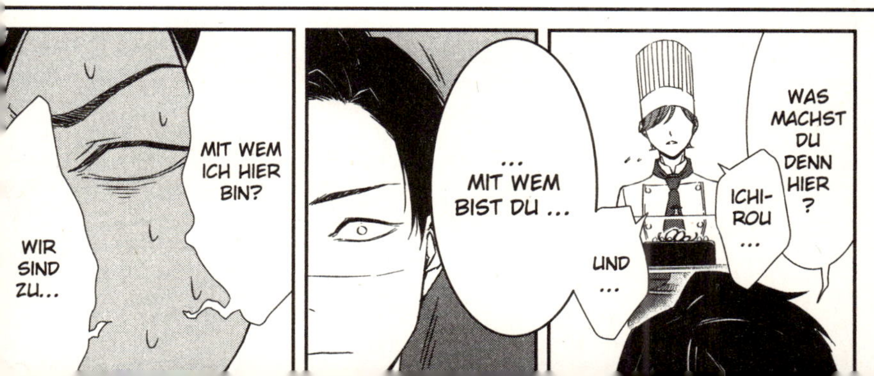
WAS MACHST DU DENN HIER?
ICHI-ROU ...
UND ...
... MIT WEM BIST DU ...
MIT WEM ICH HIER BIN?
WIR SIND ZU...

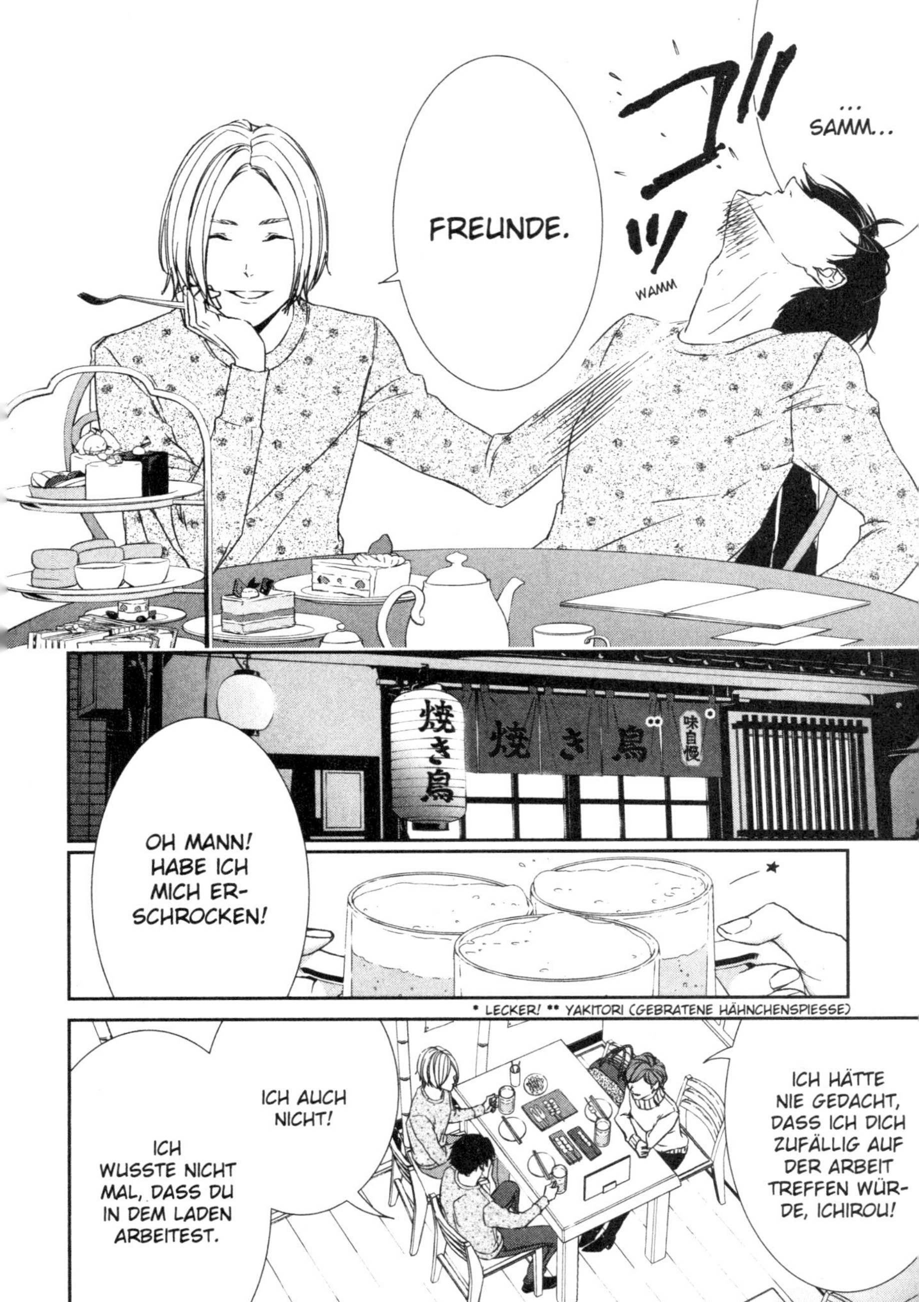
FREUNDE.
WAMM
... SAMM...
焼き鳥
焼き鳥
味自慢
OH MANN! HABE ICH MICH ER-SCHROCKEN!
* LECKER! ** YAKITORI (GEBRATENE HÄHNCHENSPIESSE)
ICH HÄTTE NIE GEDACHT, DASS ICH DICH ZUFÄLLIG AUF DER ARBEIT TREFFEN WÜR-DE, ICHIROU!
ICH AUCH NICHT!
ICH WUSSTE NICHT MAL, DASS DU IN DEM LADEN ARBEITEST.

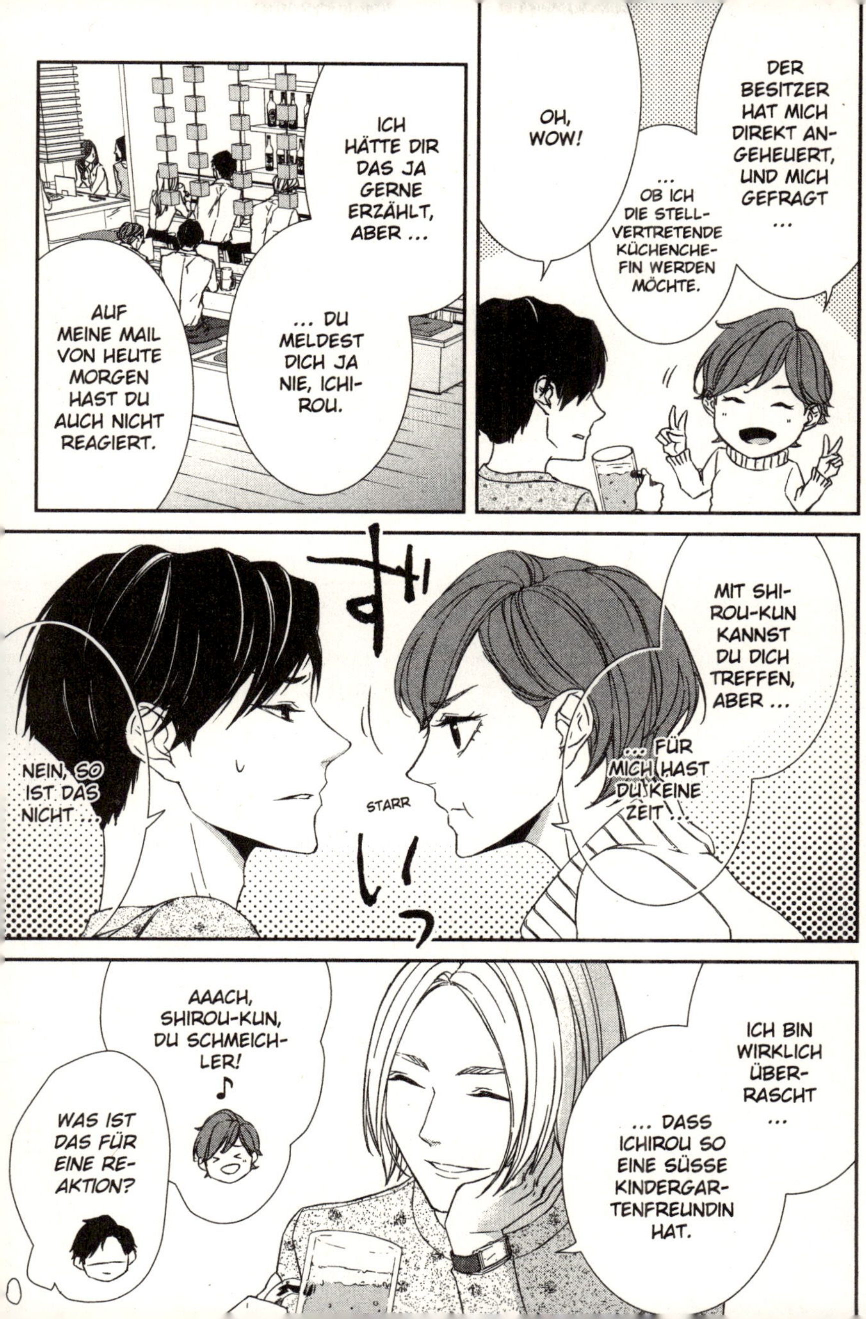

DER BESITZER HAT MICH DIREKT ANGEHEUERT, UND MICH GEFRAGT …
… OB ICH DIE STELLVERTRETENDE KÜCHENCHEFIN WERDEN MÖCHTE.
OH, WOW!
ICH HÄTTE DIR DAS JA GERNE ERZÄHLT, ABER …
… DU MELDEST DICH JA NIE, ICHIROU.
AUF MEINE MAIL VON HEUTE MORGEN HAST DU AUCH NICHT REAGIERT.
MIT SHIROU-KUN KANNST DU DICH TREFFEN, ABER …
… FÜR MICH HAST DU KEINE ZEIT …
STARR
NEIN, SO IST DAS NICHT …

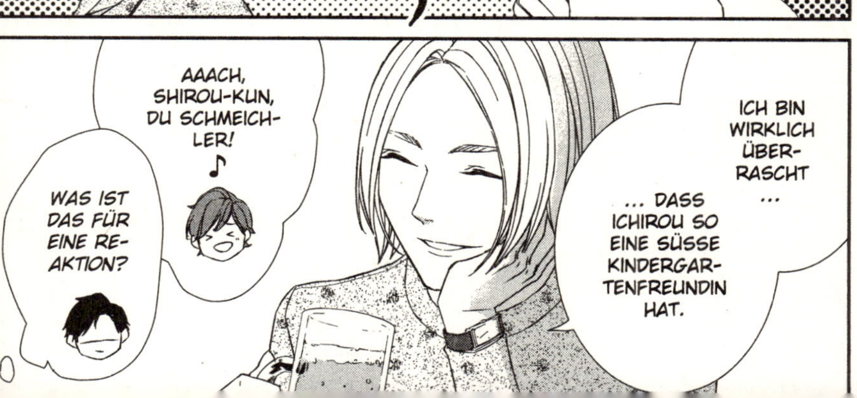

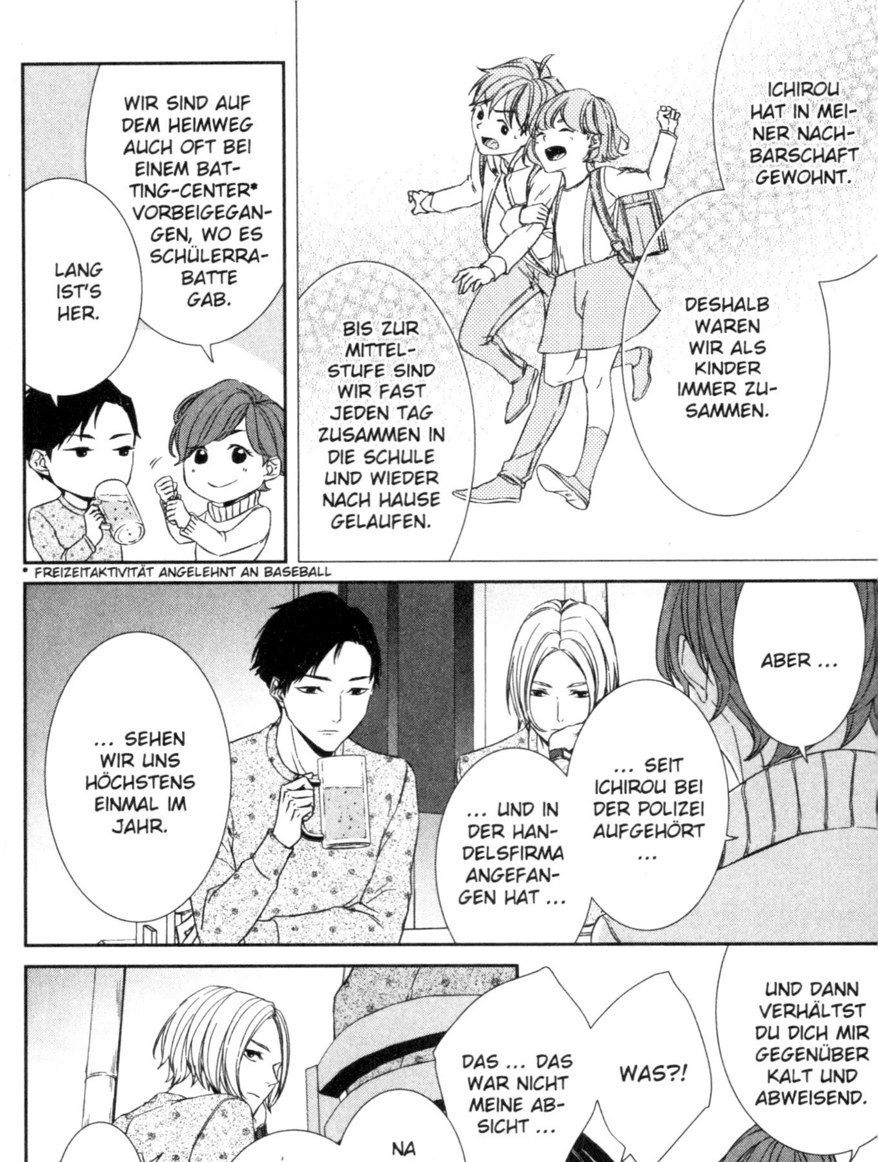

* FREIZEITAKTIVITÄT ANGELEHNT AN BASEBALL

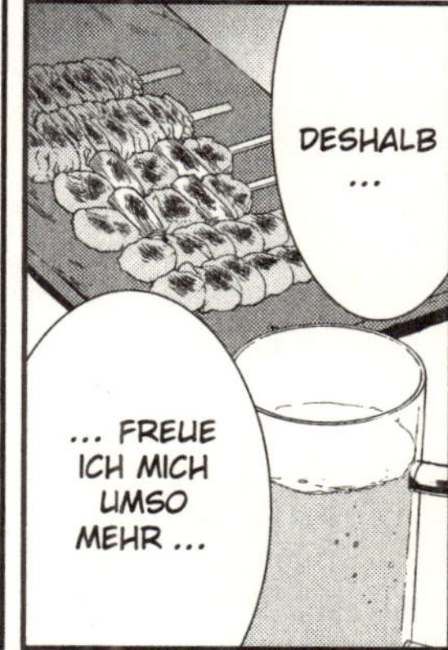
DESHALB ...
... FREUE ICH MICH UMSO MEHR ...

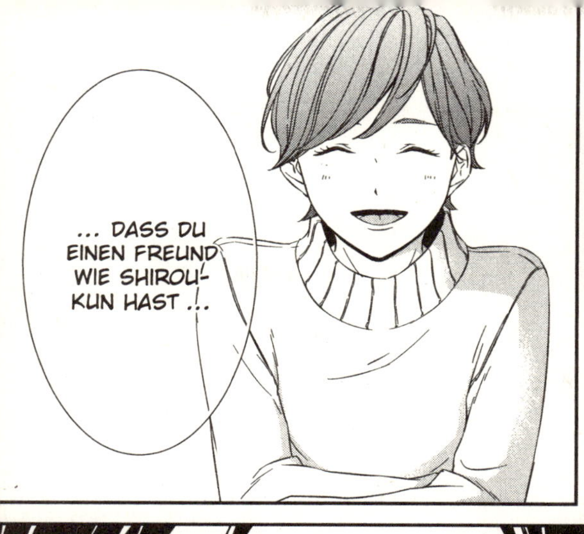
... DASS DU EINEN FREUND WIE SHIROU-KUN HAST ...

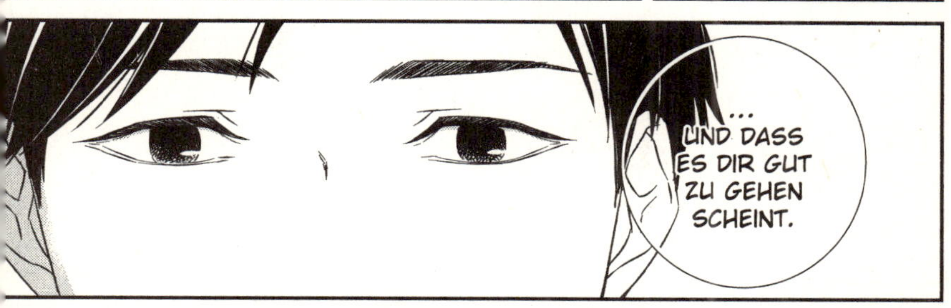
... UND DASS ES DIR GUT ZU GEHEN SCHEINT.

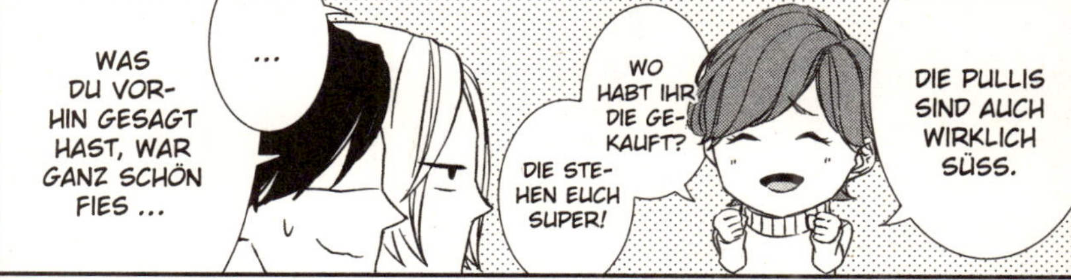
DIE PULLIS SIND AUCH WIRKLICH SÜSS.
WO HABT IHR DIE GEKAUFT?
DIE STEHEN EUCH SUPER!
...
WAS DU VORHIN GESAGT HAST, WAR GANZ SCHÖN FIES ...

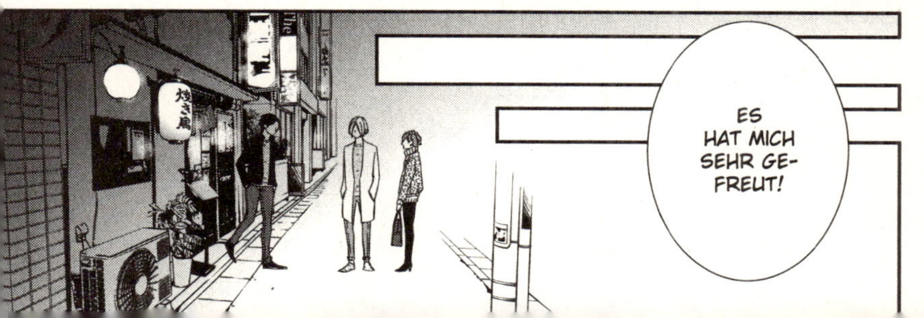
ES HAT MICH SEHR GEFREUT!
焼き鳥

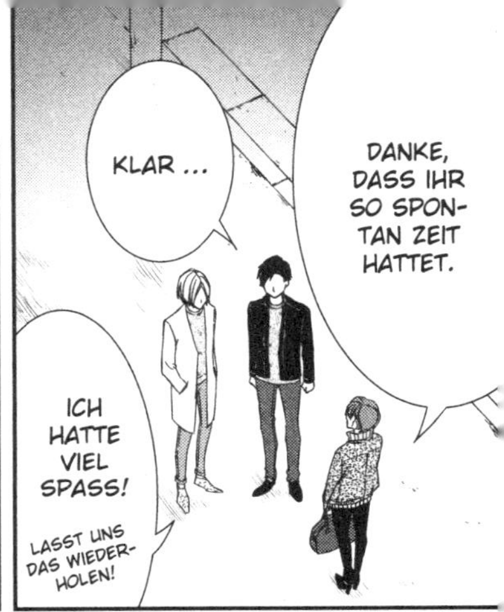
DANKE, DASS IHR SO SPONTAN ZEIT HATTET.
KLAR ...
ICH HATTE VIEL SPASS!
LASST UNS DAS WIEDERHOLEN!

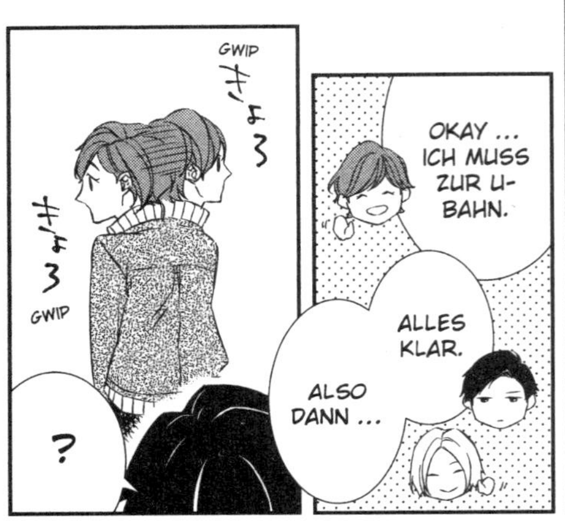
OKAY ... ICH MUSS ZUR U-BAHN.
ALLES KLAR.
ALSO DANN ...
GWIP きょろ
GWIP きょろ
?

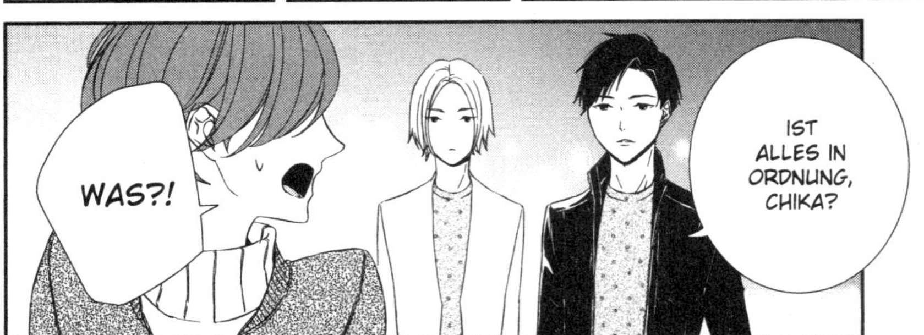
IST ALLES IN ORDNUNG, CHIKA?
WAS?!

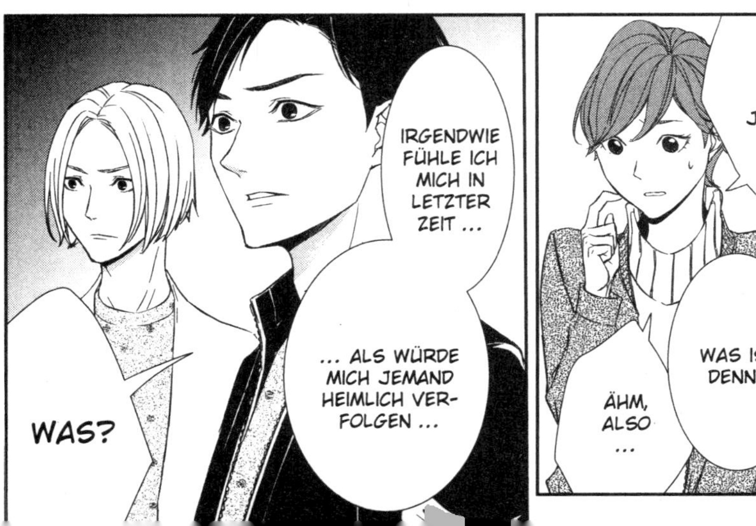
ÄH, JA ...
WAS IST DENN?
ÄHM, ALSO ...
IRGENDWIE FÜHLE ICH MICH IN LETZTER ZEIT ...
... ALS WÜRDE MICH JEMAND HEIMLICH VERFOLGEN ...
WAS?

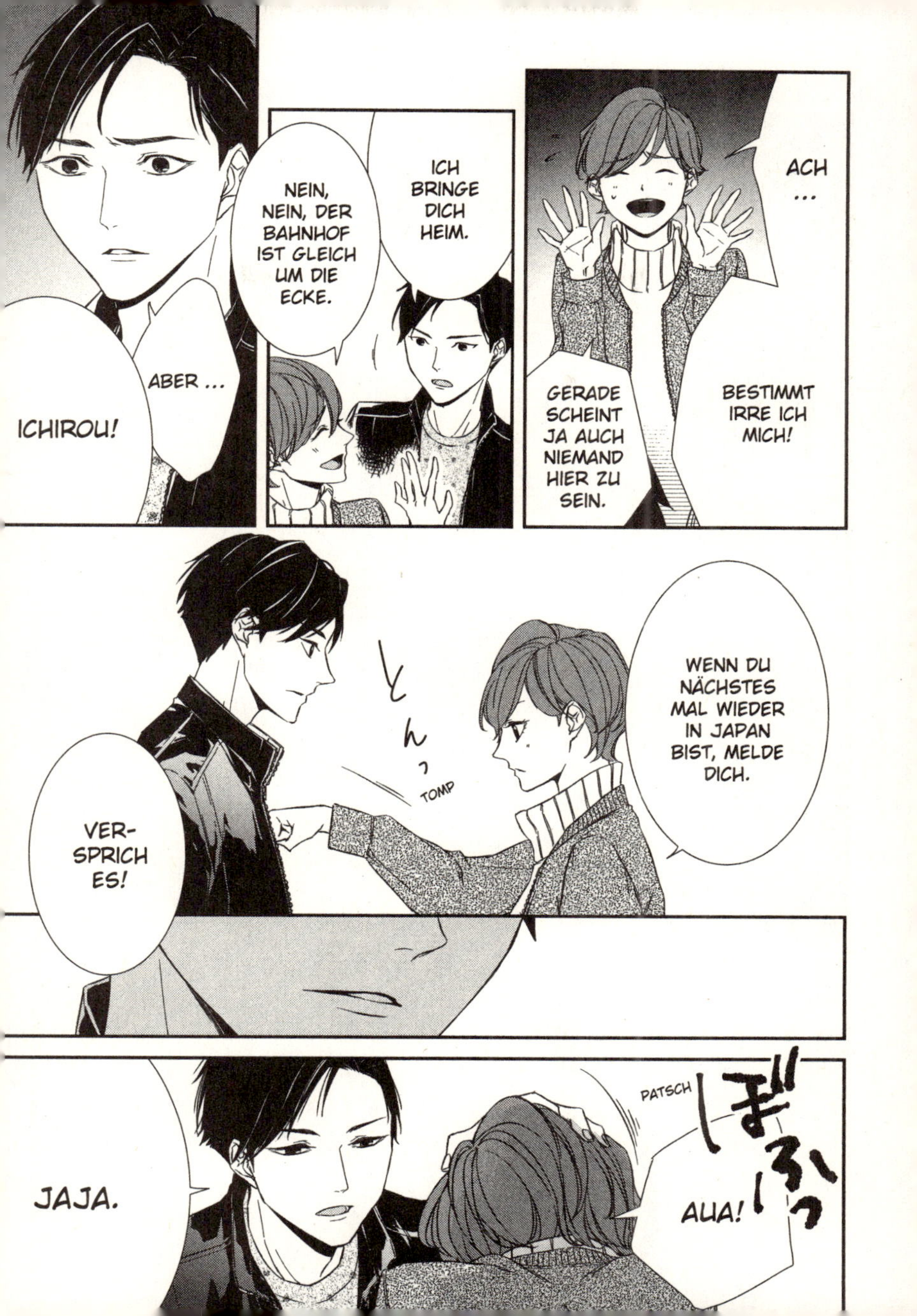

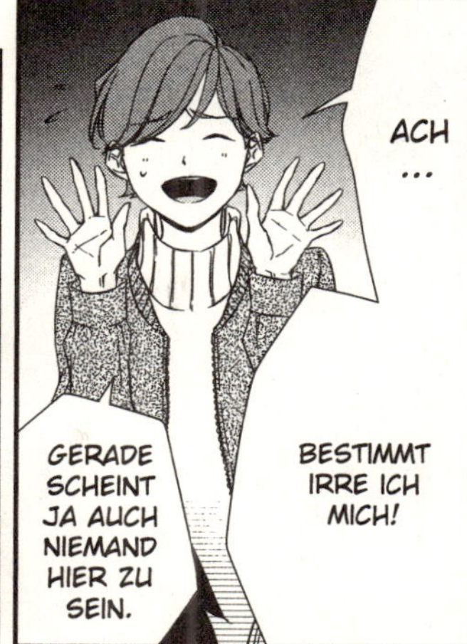
ACH …
BESTIMMT IRRE ICH MICH!
GERADE SCHEINT JA AUCH NIEMAND HIER ZU SEIN.

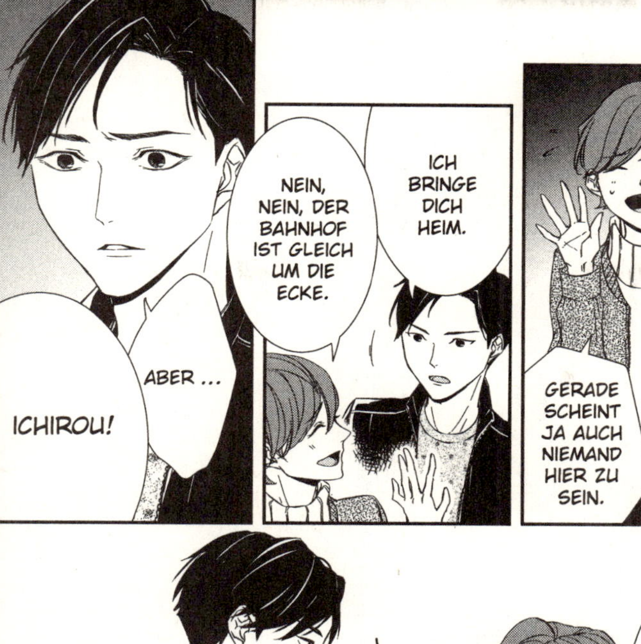
ICH BRINGE DICH HEIM.
NEIN, NEIN, DER BAHNHOF IST GLEICH UM DIE ECKE.
ABER …
ICHIROU!
WENN DU NÄCHSTES MAL WIEDER IN JAPAN BIST, MELDE DICH.
とんっ
TOMP
VER-SPRICH ES!

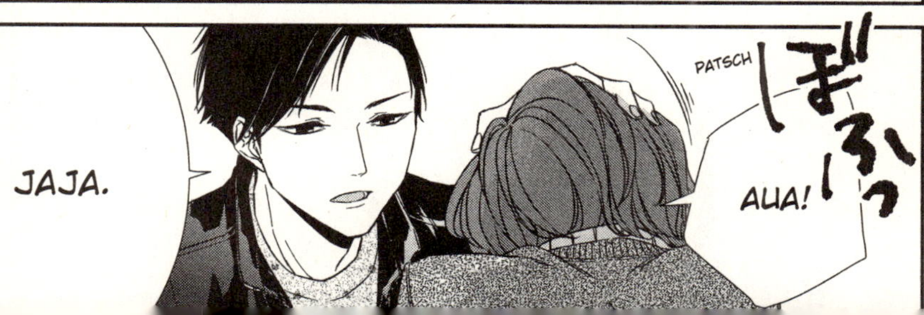
ぽふっ
PATSCH
AUA!
JAJA.

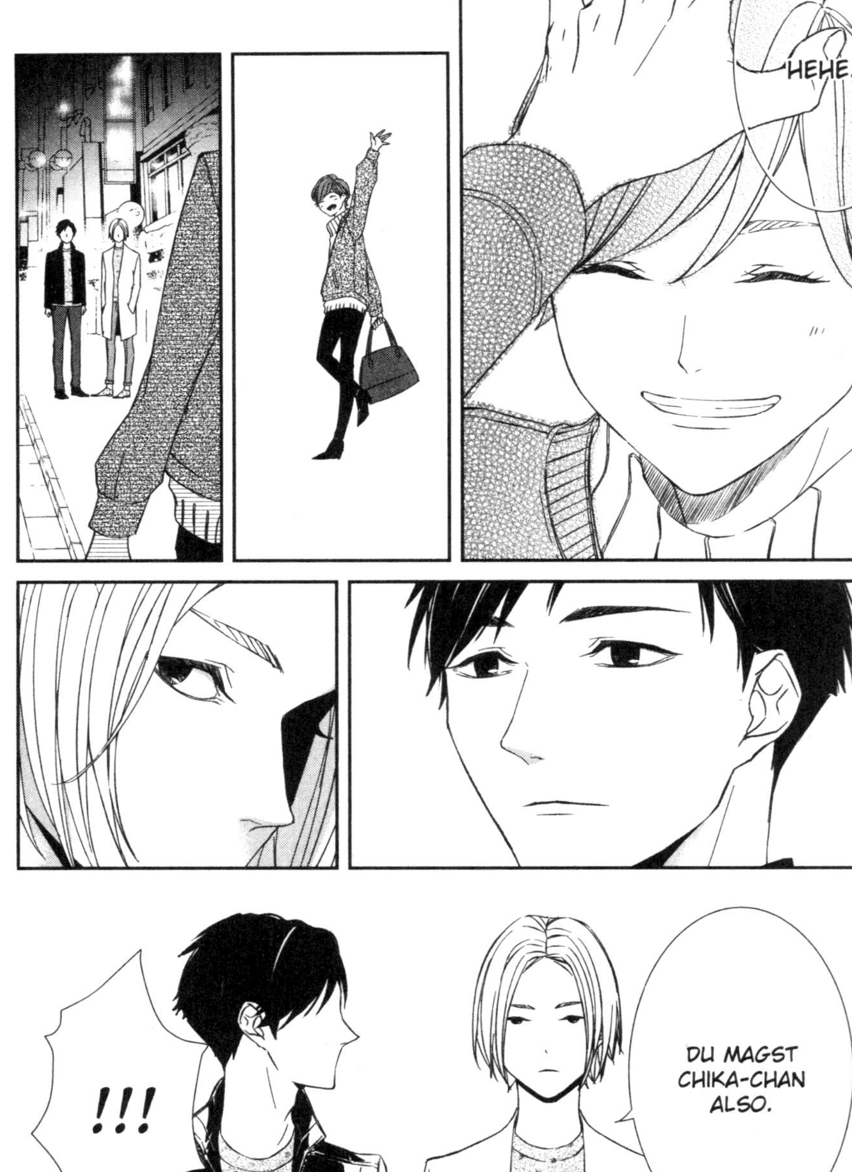
HEHE.
DU MAGST CHIKA-CHAN ALSO.
!!!

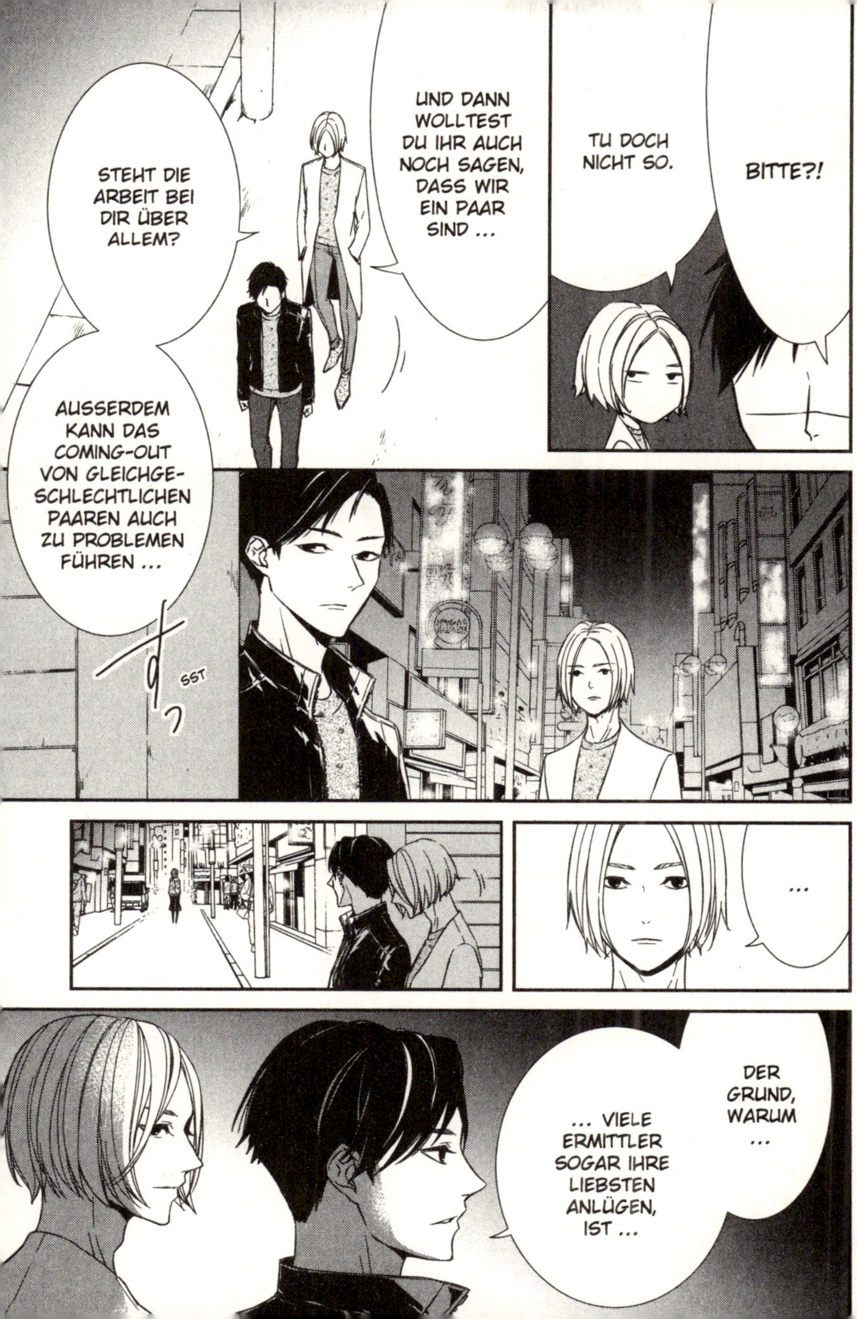

BITTE?!
TU DOCH NICHT SO.
UND DANN WOLLTEST DU IHR AUCH NOCH SAGEN, DASS WIR EIN PAAR SIND …
STEHT DIE ARBEIT BEI DIR ÜBER ALLEM?
AUSSERDEM KANN DAS COMING-OUT VON GLEICHGE-SCHLECHTLICHEN PAAREN AUCH ZU PROBLEMEN FÜHREN …
SST
…

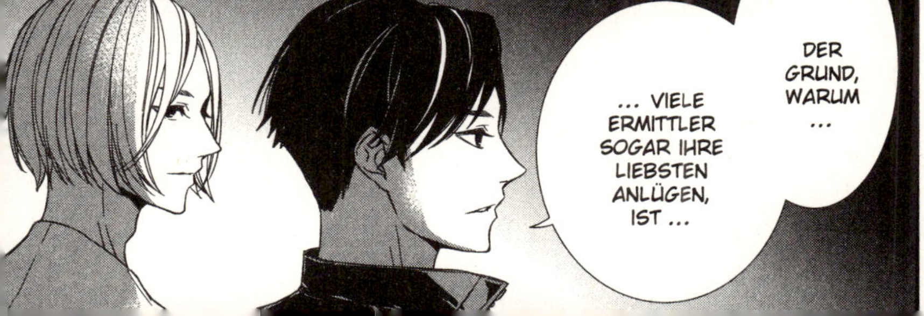

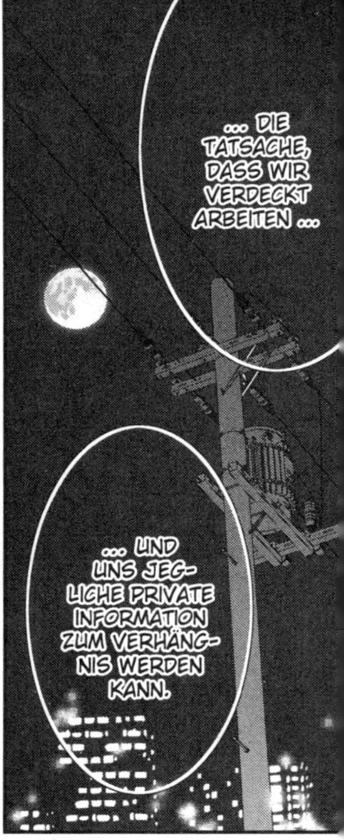
... DIE TATSACHE, DASS WIR VERDECKT ARBEITEN ...
... UND UNS JEGLICHE PRIVATE INFORMATION ZUM VERHÄNGNIS WERDEN KANN.

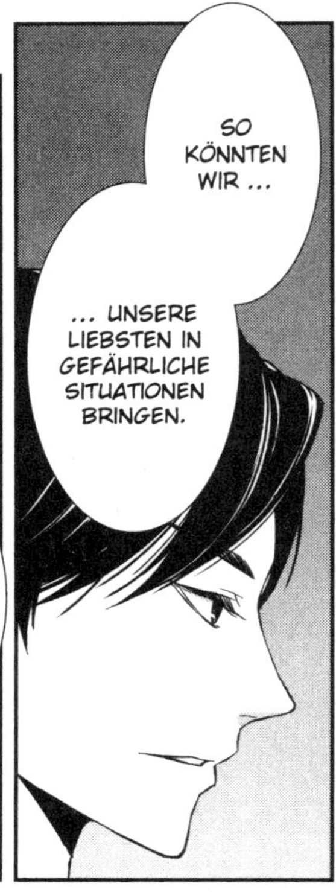
SO KÖNNTEN WIR ...
... UNSERE LIEBSTEN IN GEFÄHRLICHE SITUATIONEN BRINGEN.

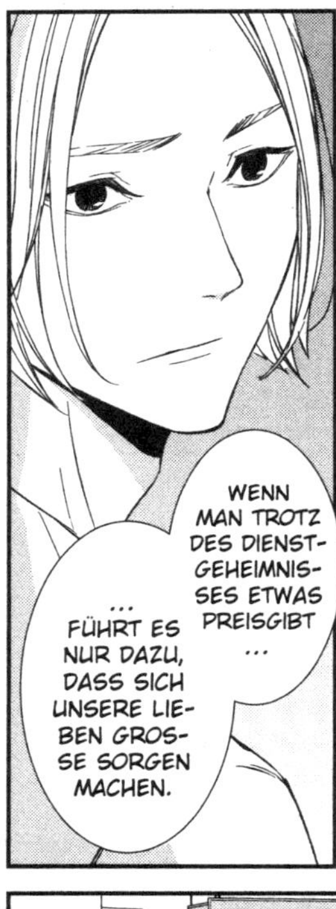
WENN MAN TROTZ DES DIENSTGEHEIMNISSES ETWAS PREISGIBT ...
... FÜHRT ES NUR DAZU, DASS SICH UNSERE LIEBEN GROSSE SORGEN MACHEN.

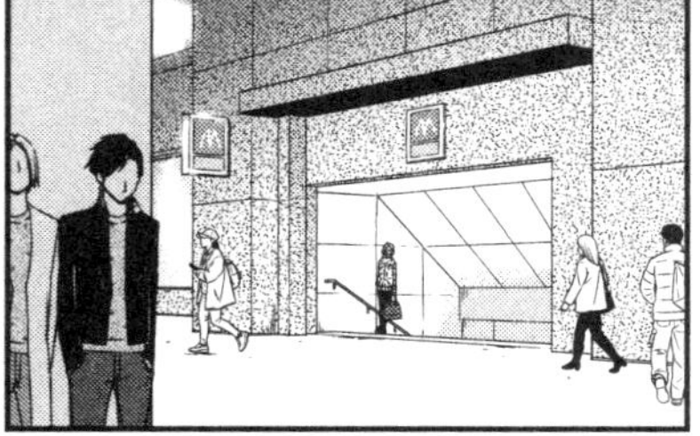

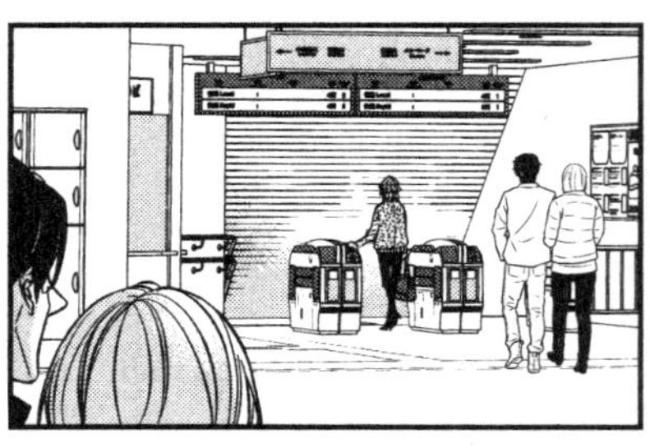

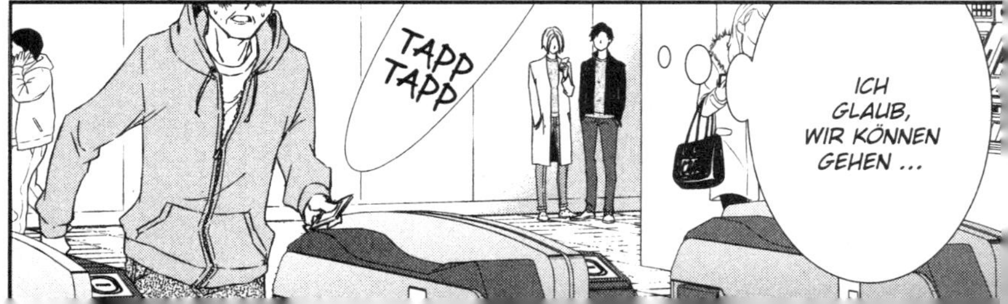
ICH GLAUB, WIR KÖNNEN GEHEN ...
TAPP TAPP

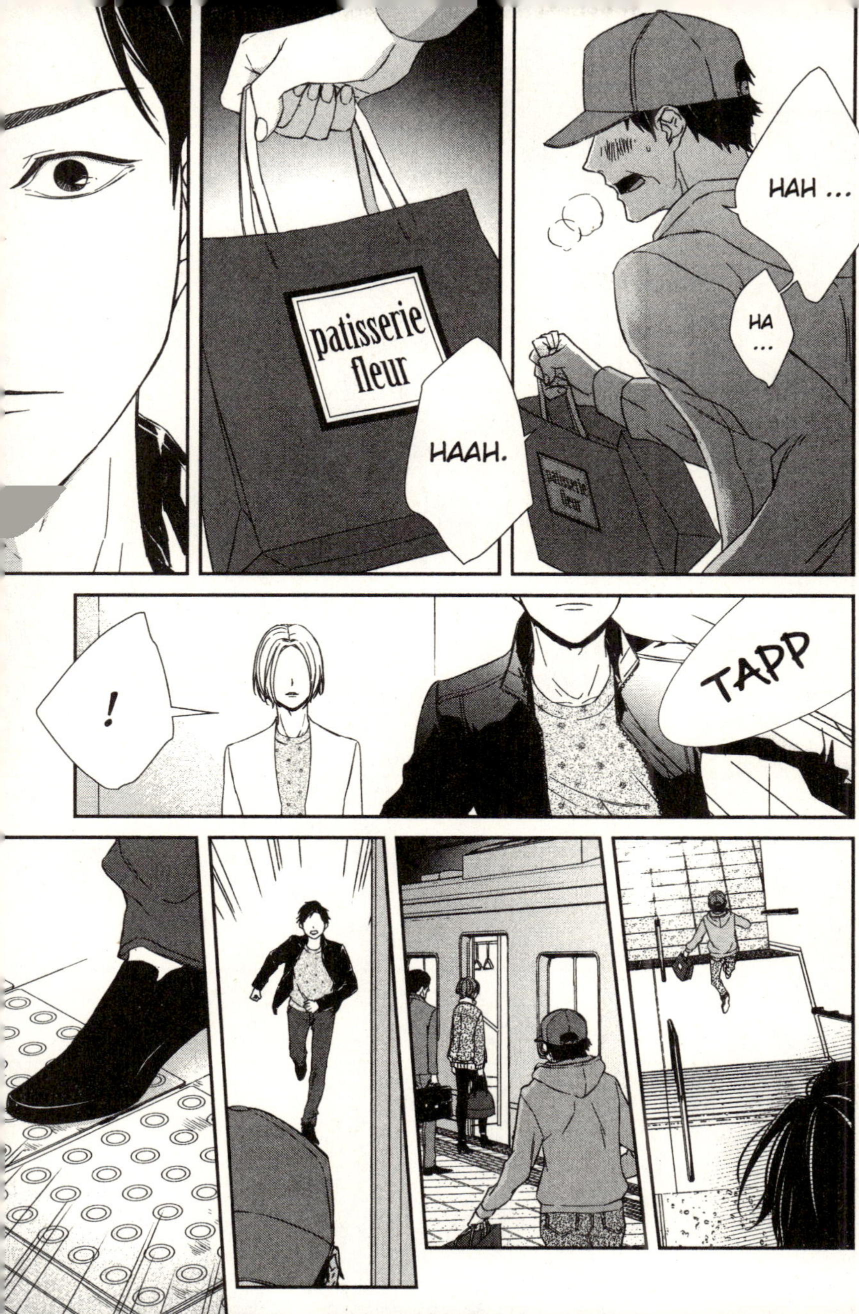

HAH ...
HA ...
HAAH.
patisserie fleur
TAPP
!

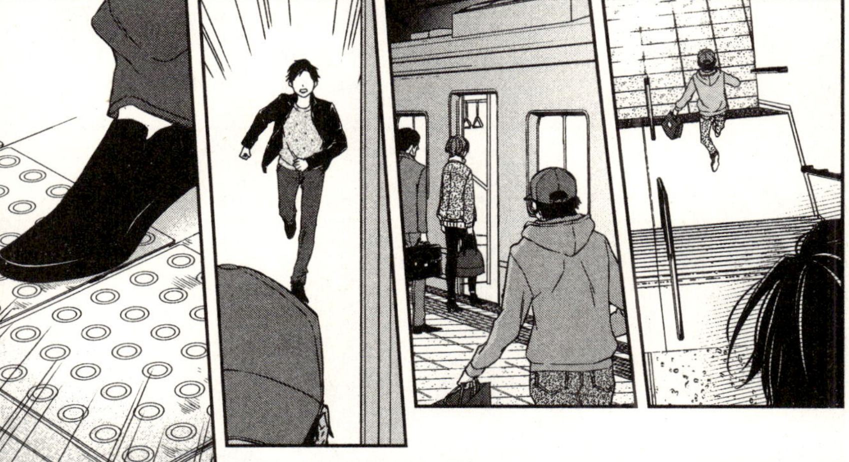

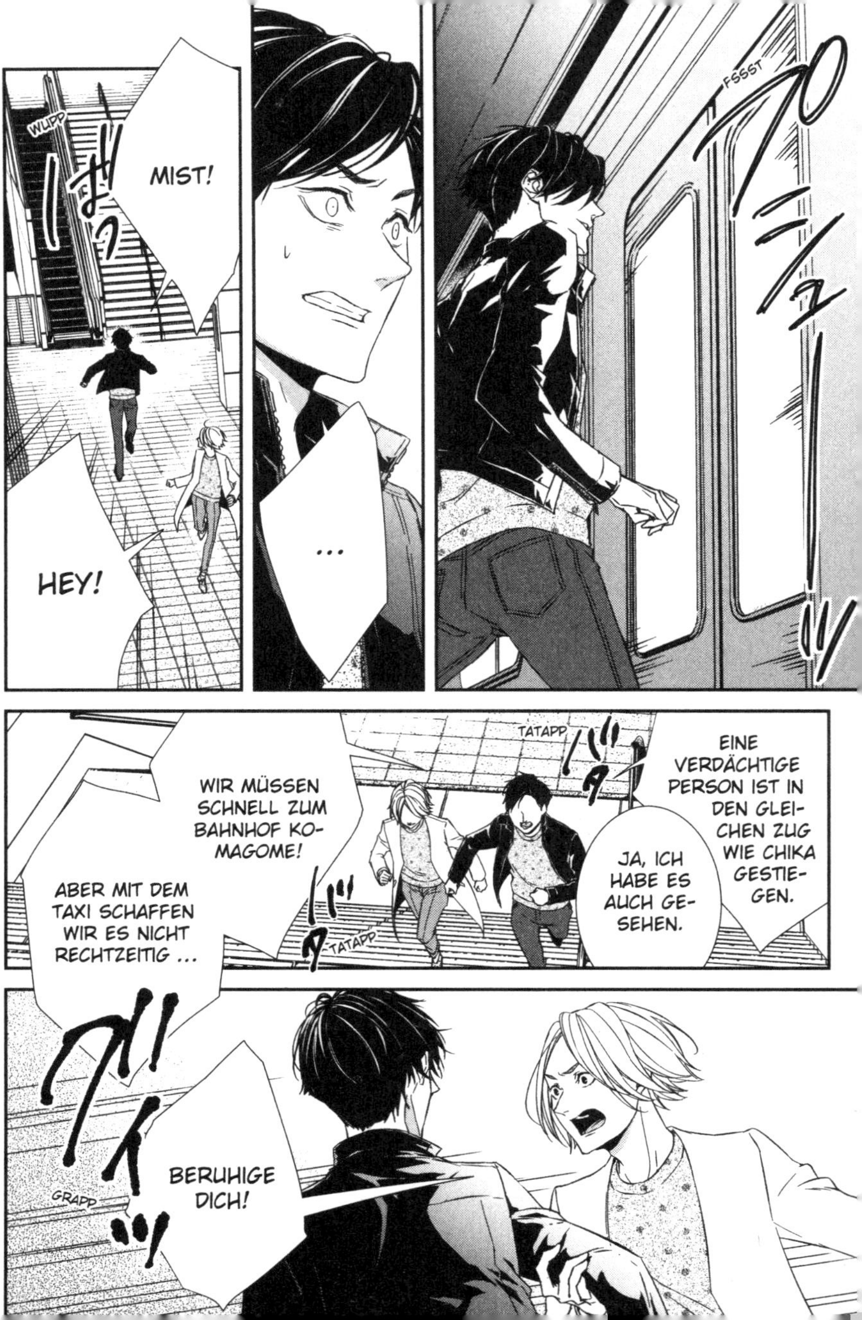

FSSST

…

WUPP

MIST!

HEY!

EINE VERDÄCHTIGE PERSON IST IN DEN GLEICHEN ZUG WIE CHIKA GESTIEGEN.

JA, ICH HABE ES AUCH GESEHEN.

TATAPP

WIR MÜSSEN SCHNELL ZUM BAHNHOF KOMAGOME!

TATAPP

ABER MIT DEM TAXI SCHAFFEN WIR ES NICHT RECHTZEITIG …

GRAPP

BERUHIGE DICH!

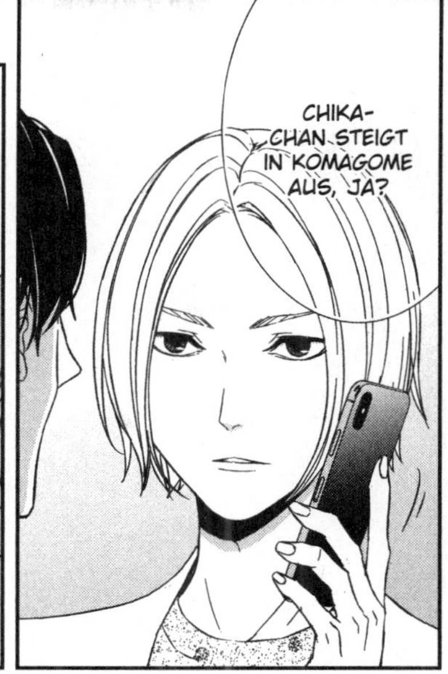
CHIKA-CHAN STEIGT IN KOMAGOME AUS, JA?

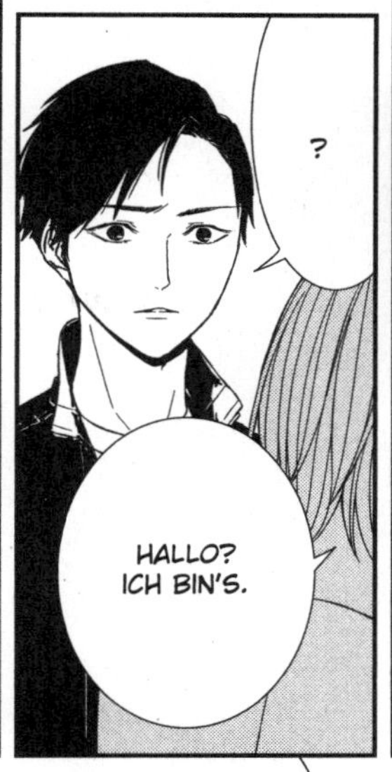
?
HALLO? ICH BIN'S.

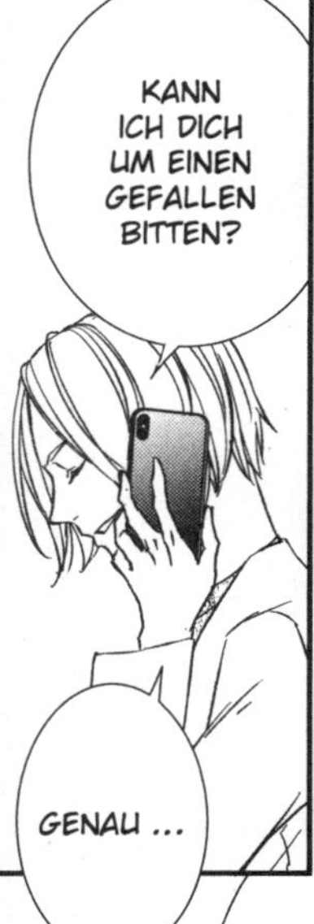
KANN ICH DICH UM EINEN GEFALLEN BITTEN?
GENAU ...
ICH MÖCHTE, DASS DU EINE BESTIMMTE PERSON AM BAHNHOF KOMAGOME ABFÄNGST.

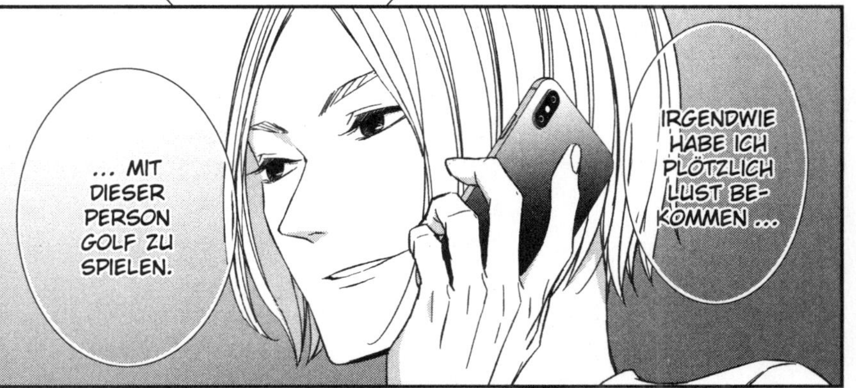
IRGENDWIE HABE ICH PLÖTZLICH LUST BE-KOMMEN ...
... MIT DIESER PERSON GOLF ZU SPIELEN.

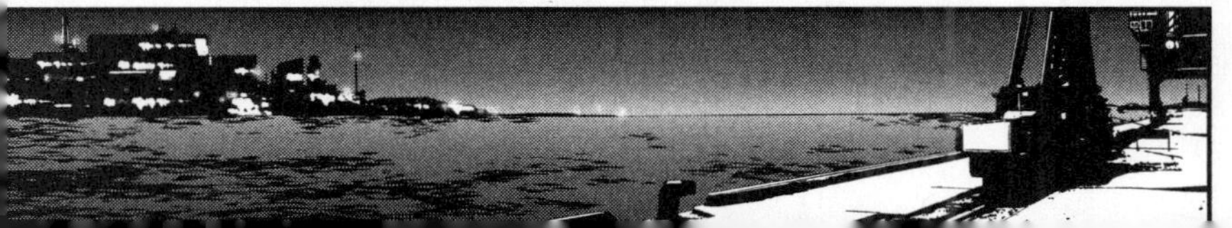

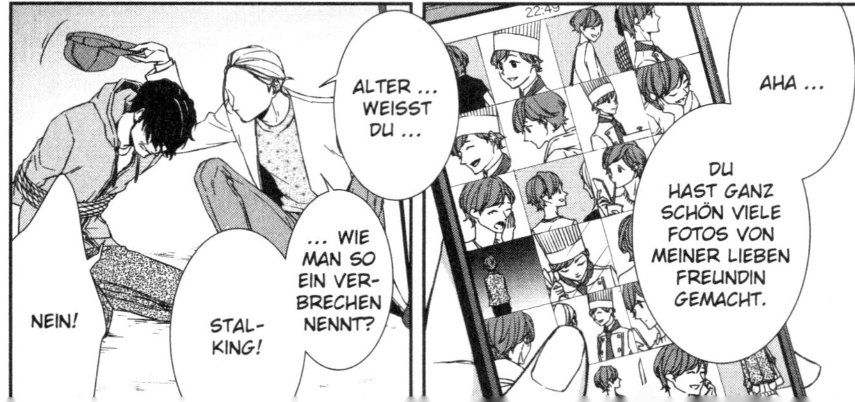
22:49
AHA ...
DU HAST GANZ SCHÖN VIELE FOTOS VON MEINER LIEBEN FREUNDIN GEMACHT.
ALTER ... WEISST DU ...
... WIE MAN SO EIN VER-BRECHEN NENNT?
STAL-KING!
NEIN!

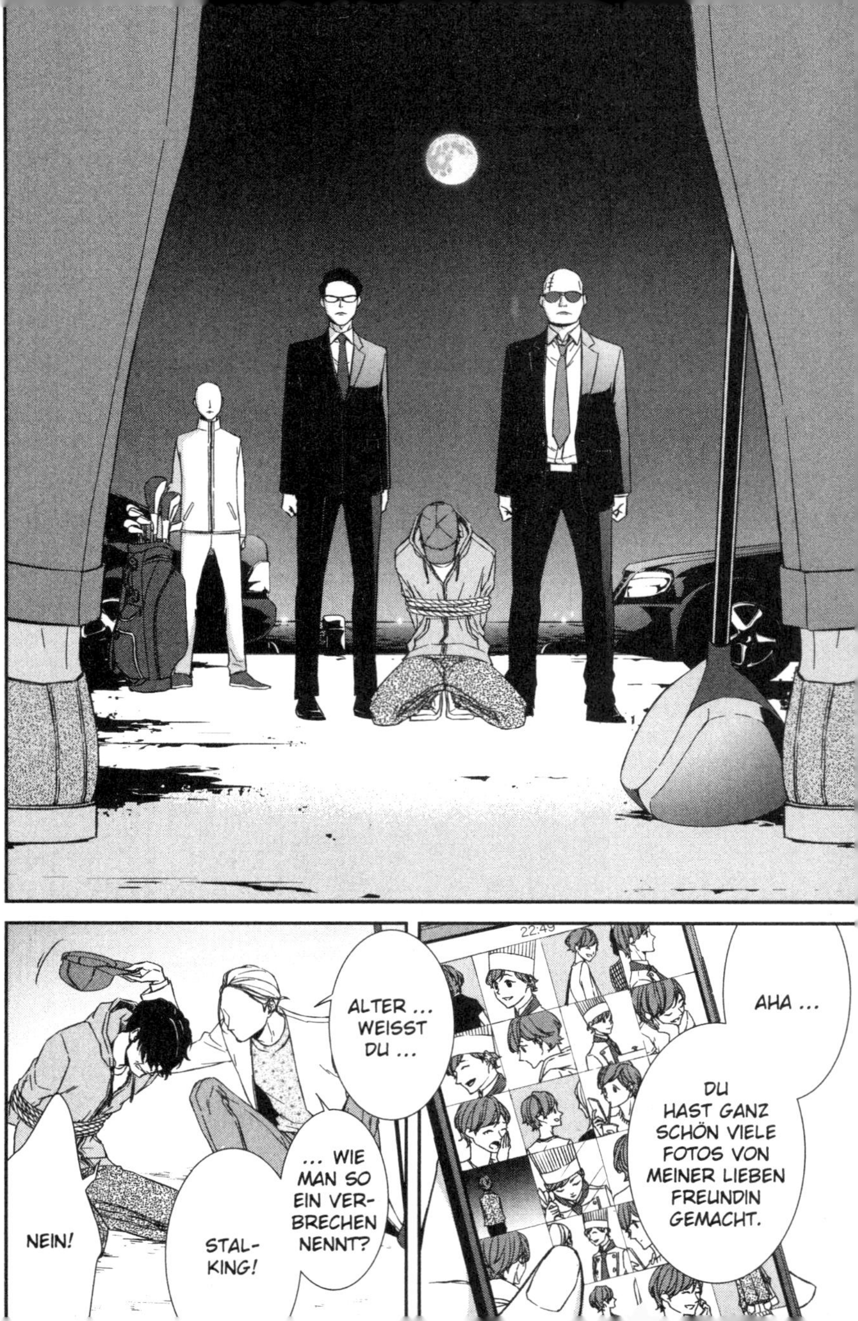

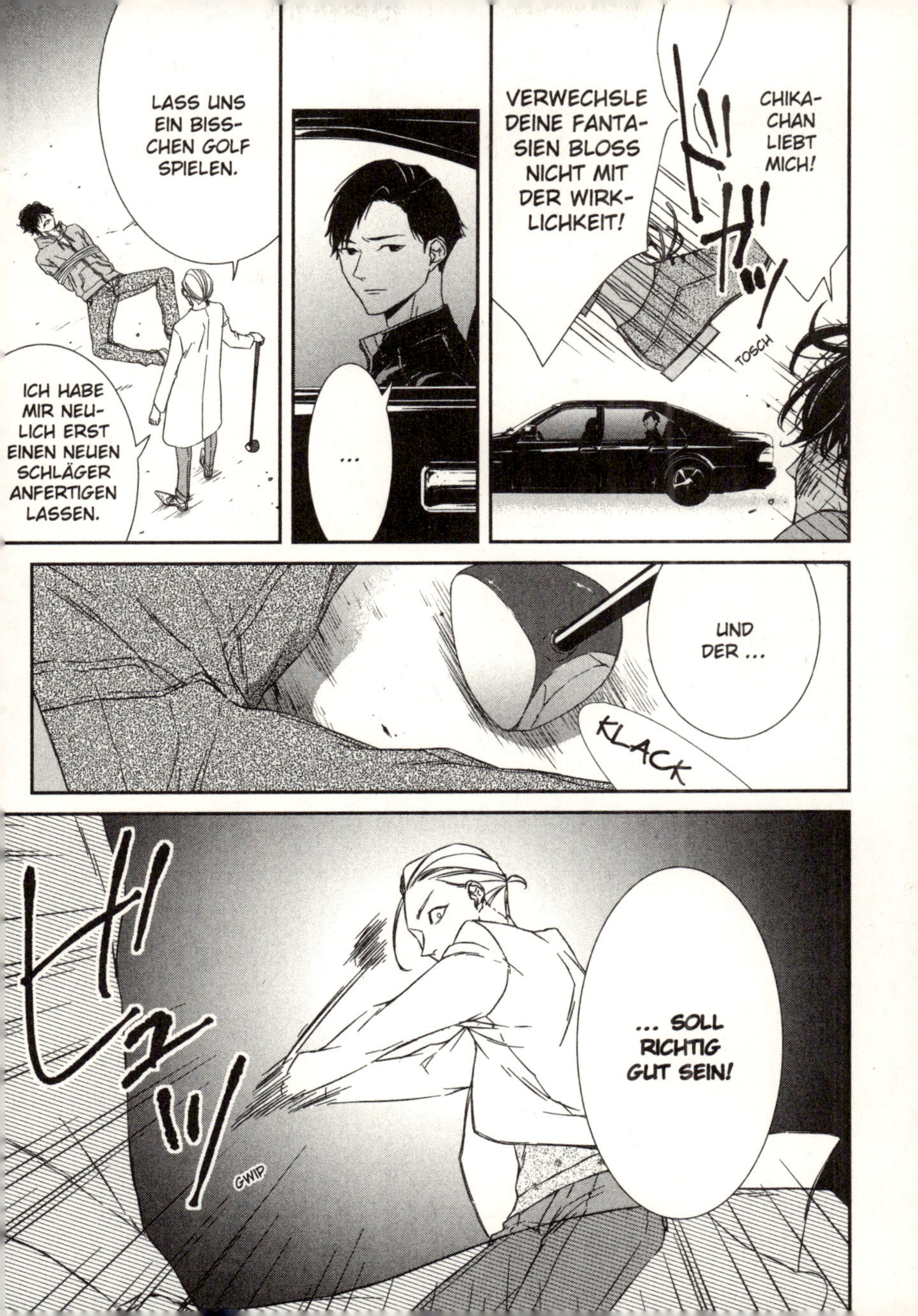

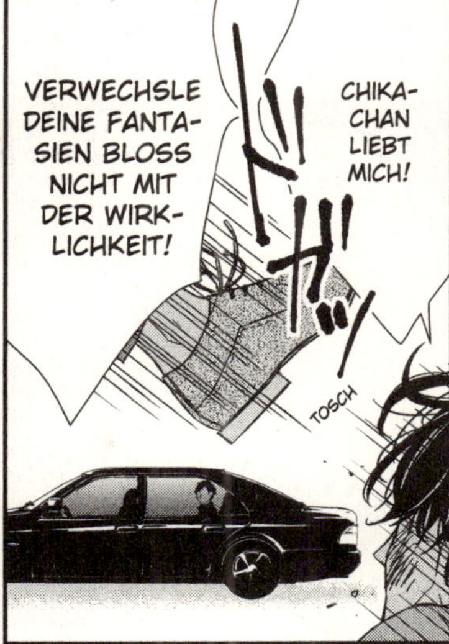

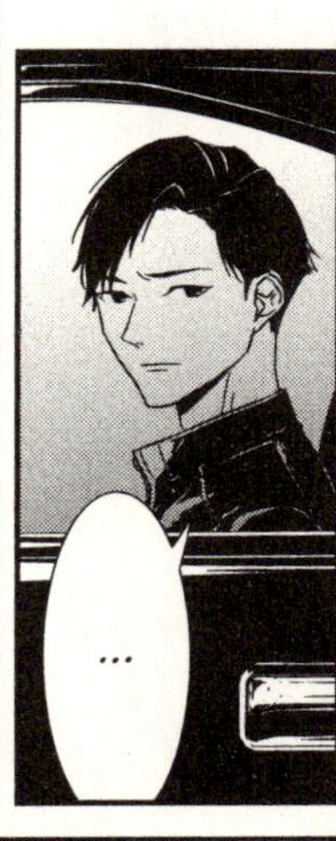

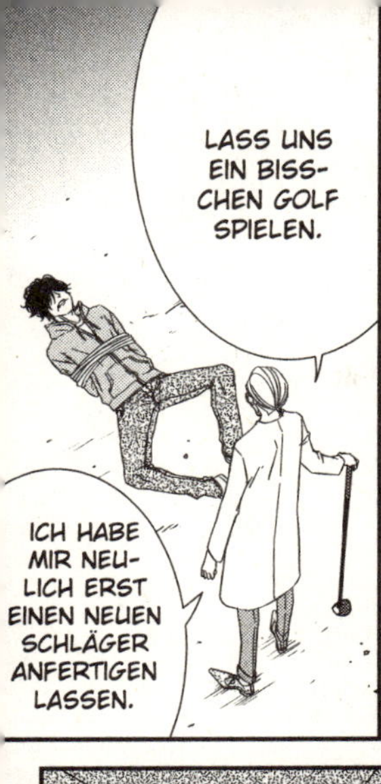

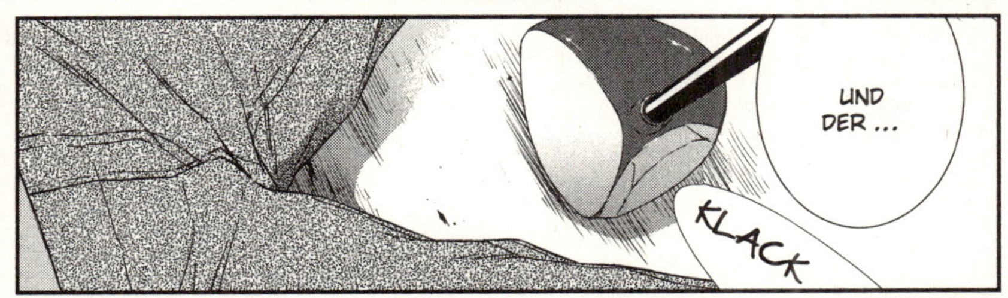

… SOLL RICHTIG GUT SEIN!

ヒュッ

GWIP

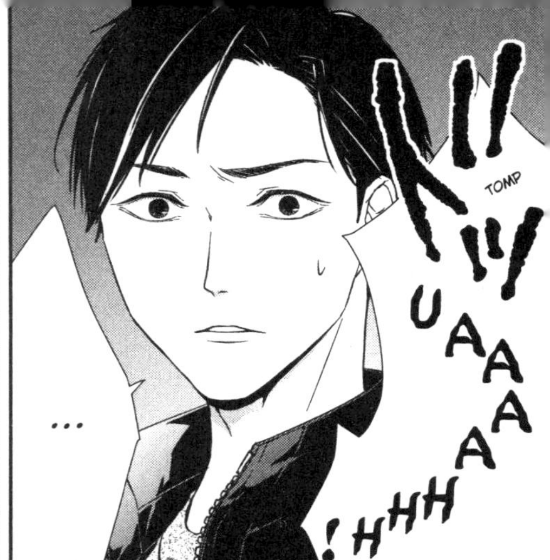
KLIRR
TOMP
UAAAAAHHHH!
...
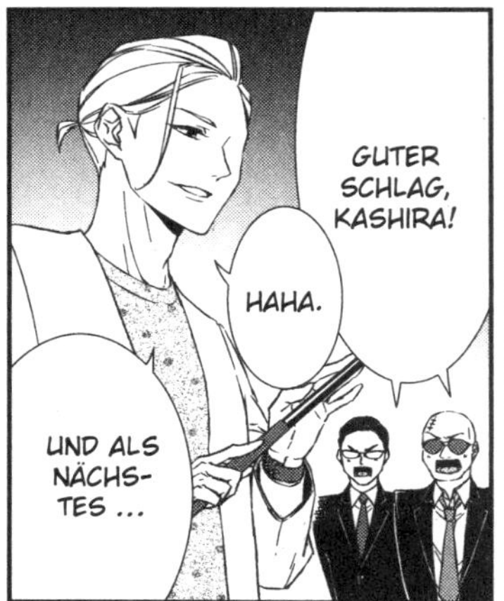
GUTER SCHLAG, KASHIRA!
HAHA.
UND ALS NÄCHSTES ...
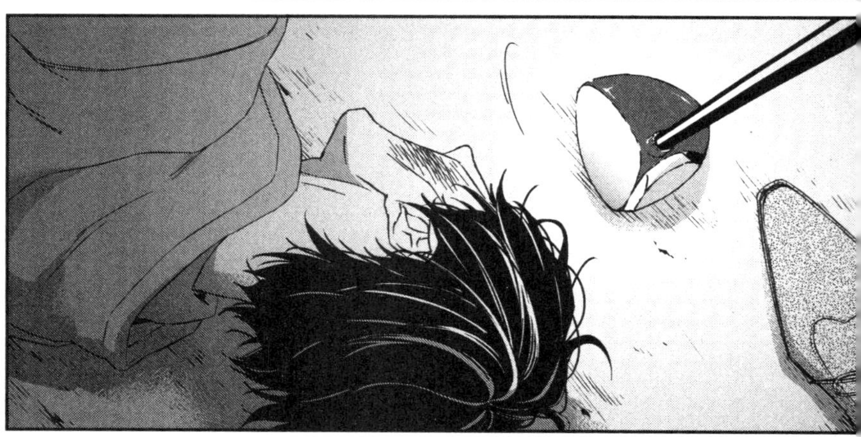
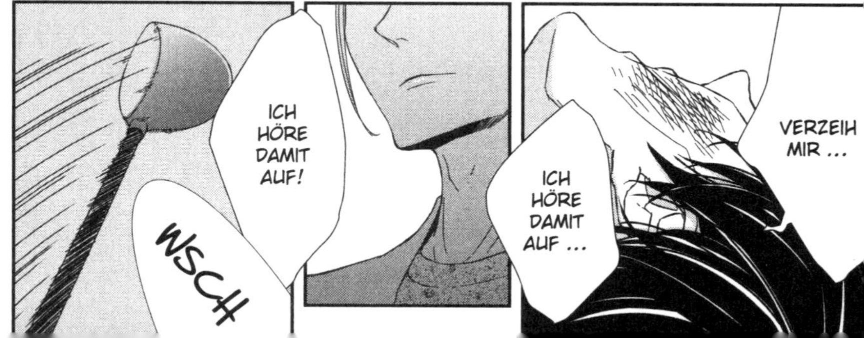
VERZEIH MIR ...
ICH HÖRE DAMIT AUF ...
ICH HÖRE DAMIT AUF!
WSCH

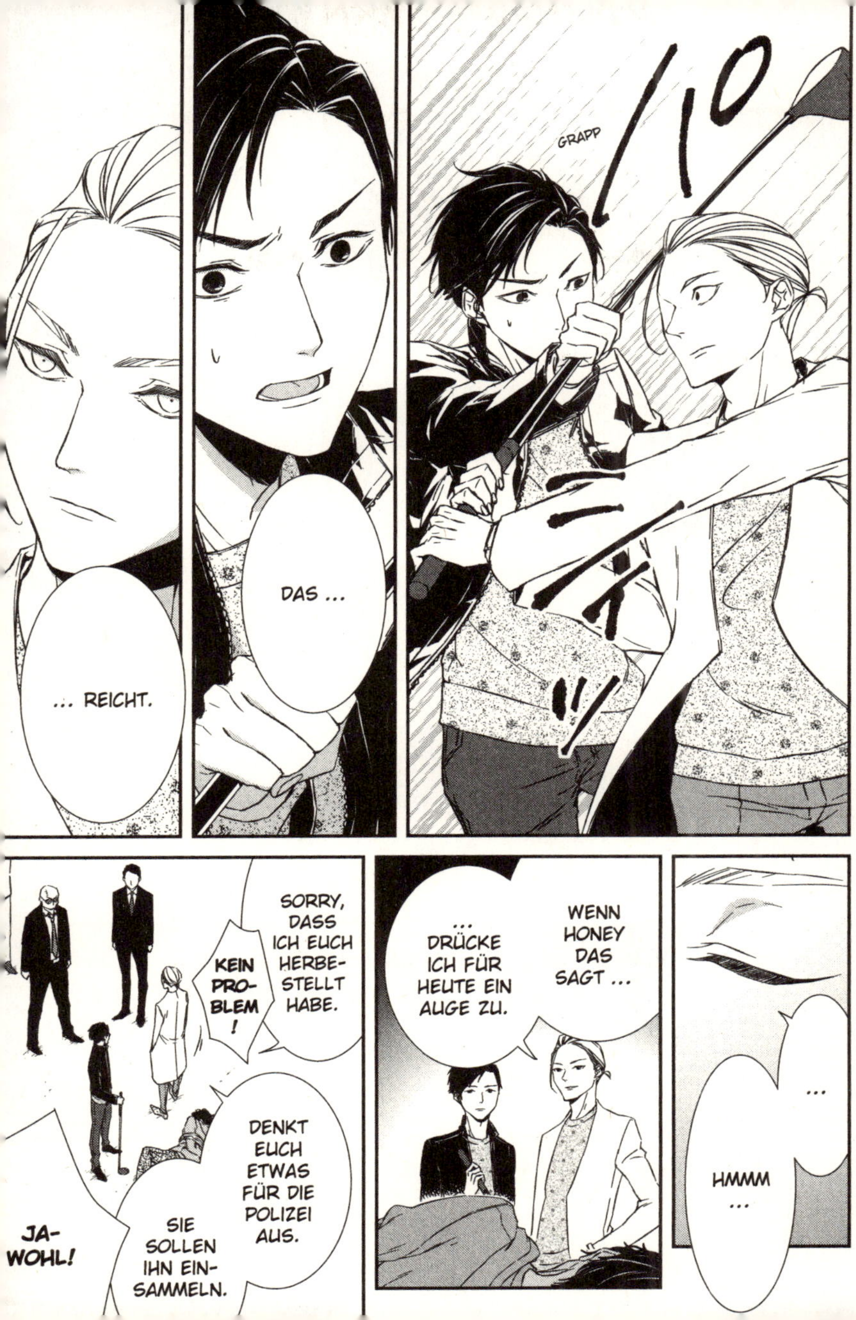

GRAPP

DAS …

… REICHT.

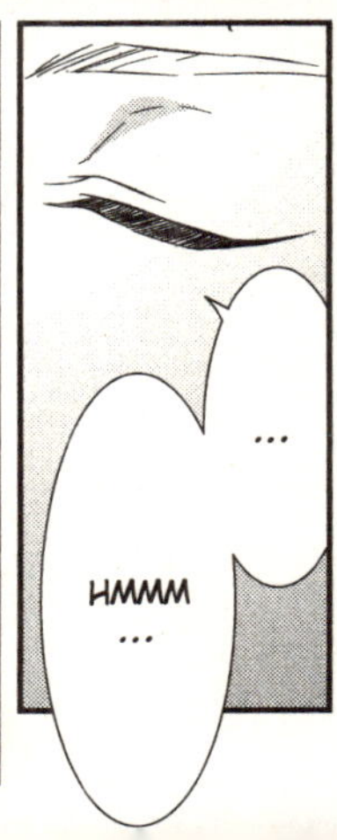

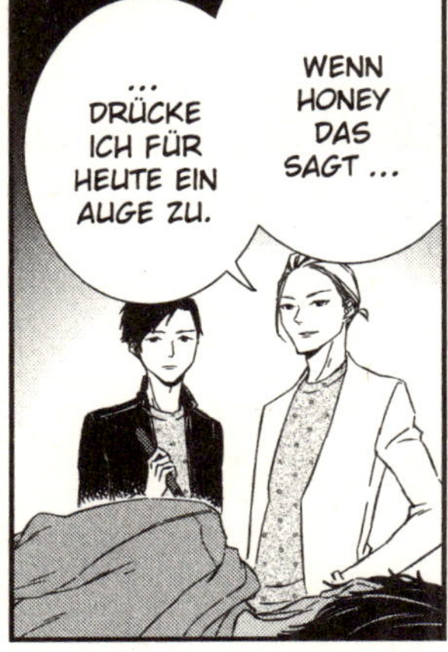

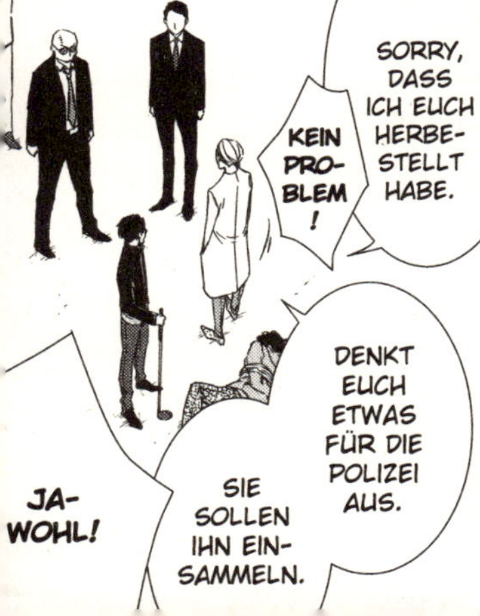

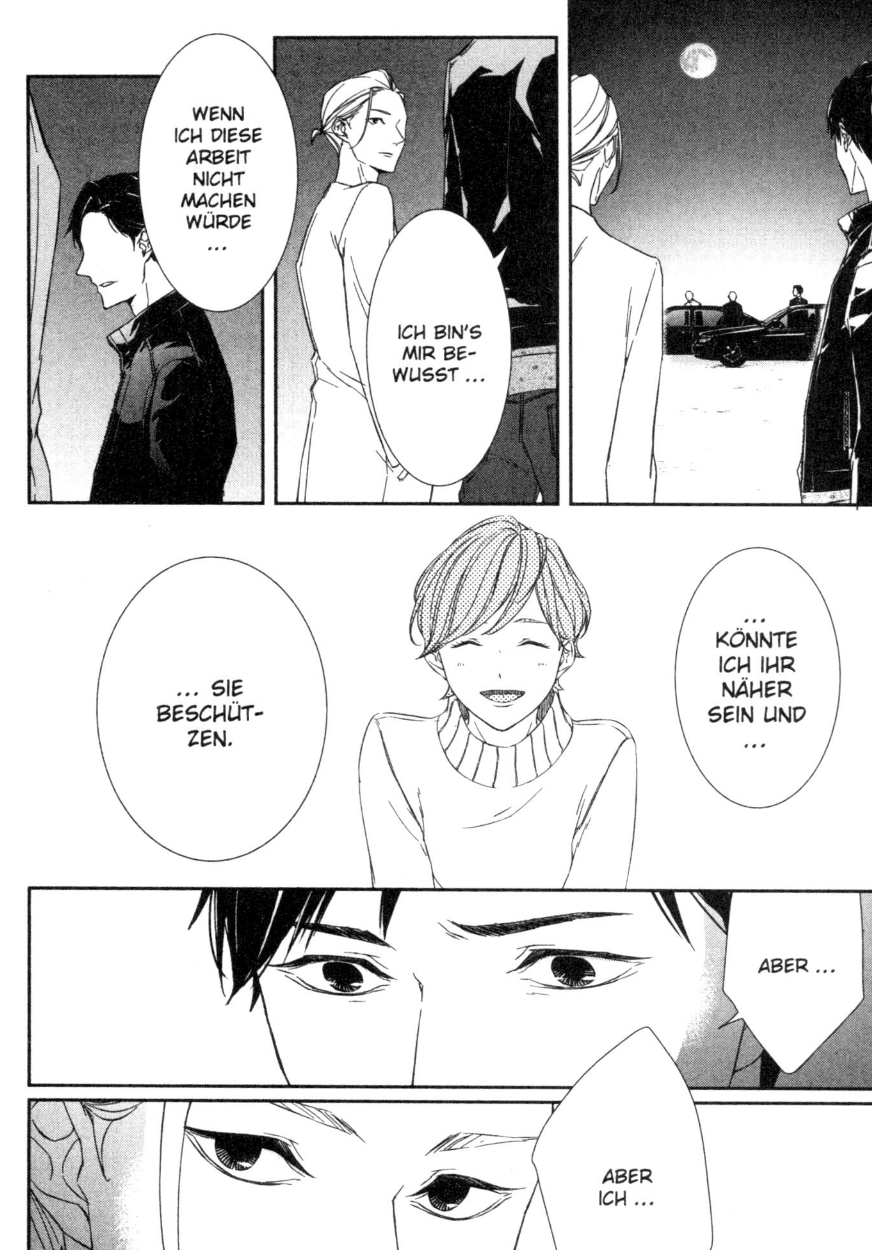
ICH BIN'S MIR BE- WUSST ...
WENN ICH DIESE ARBEIT NICHT MACHEN WÜRDE ...
... KÖNNTE ICH IHR NÄHER SEIN UND ...
... SIE BESCHÜT- ZEN.
ABER ...
ABER ICH ...

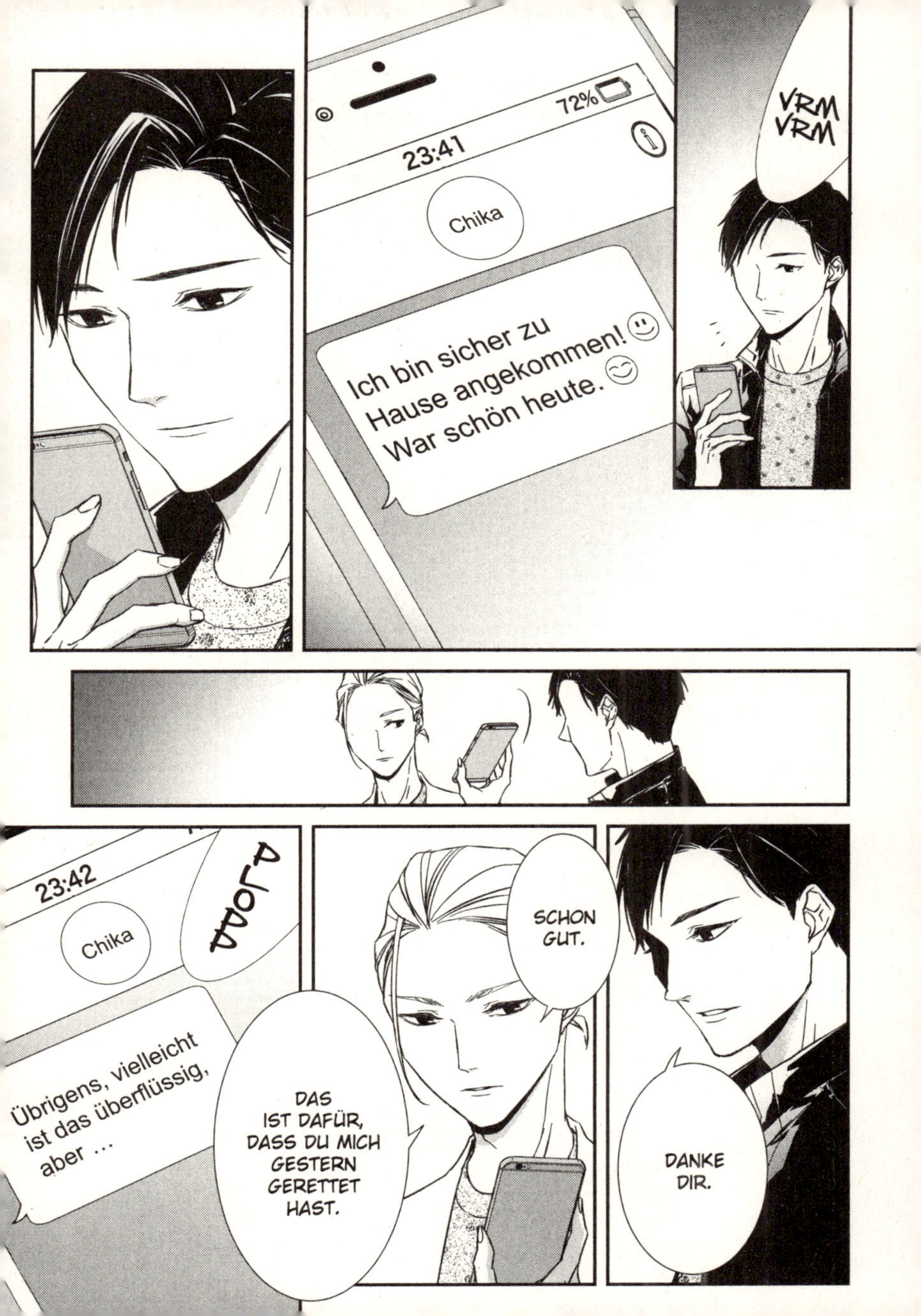

VRM VRM

72%

23:41

Chika

Ich bin sicher zu Hause angekommen! War schön heute.

DANKE DIR.

SCHON GUT.

DAS IST DAFÜR, DASS DU MICH GESTERN GERETTET HAST.

PLOPP

23:42

Chika

Übrigens, vielleicht ist das überflüssig, aber …

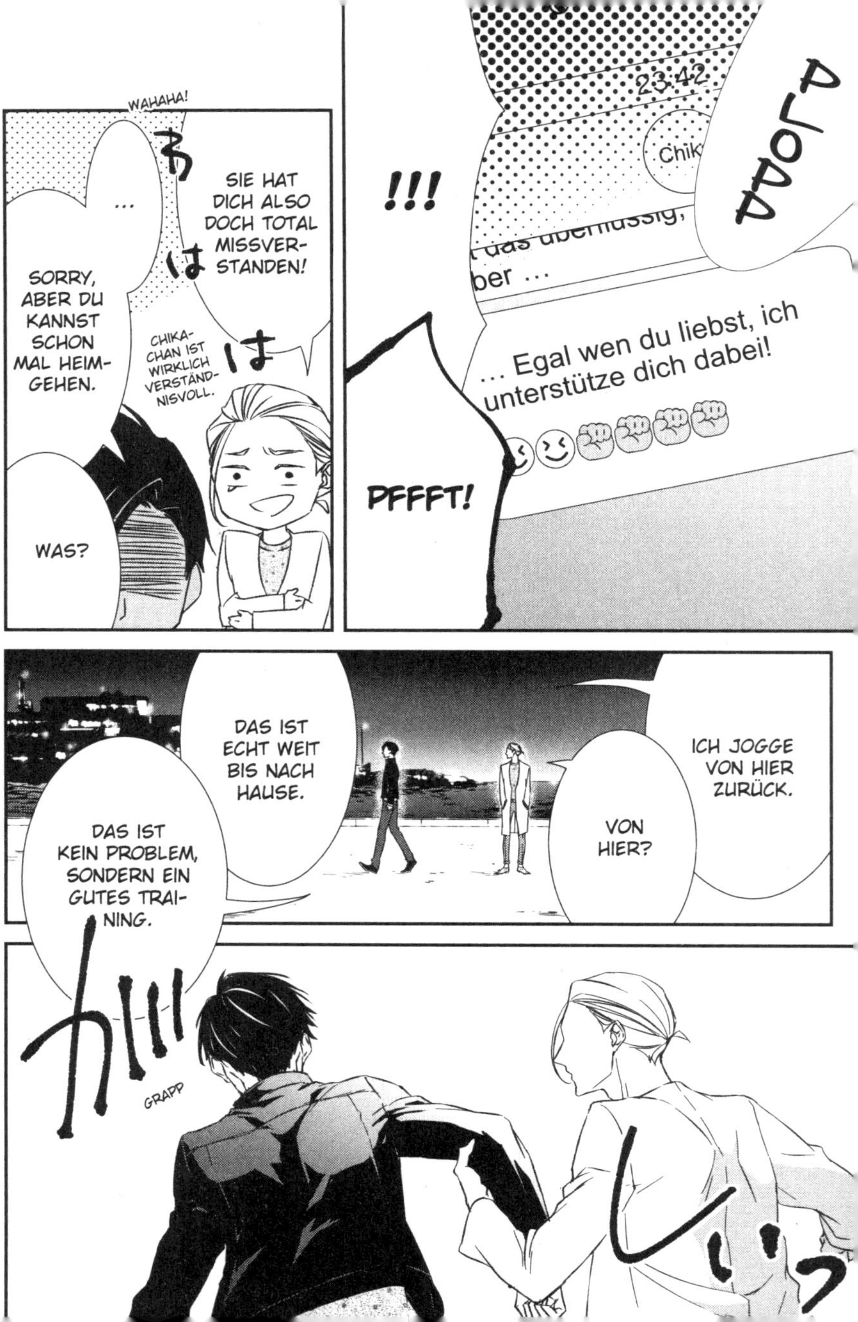

23:42
Chik
PLOPP
t das überflüssig,
ber …
… Egal wen du liebst, ich unterstütze dich dabei!
!!!
PFFFT!
SIE HAT DICH ALSO DOCH TOTAL MISSVERSTANDEN!
WAHAHA!
…
CHIKA-CHAN IST WIRKLICH VERSTÄNDNISVOLL.
SORRY, ABER DU KANNST SCHON MAL HEIMGEHEN.
WAS?
ICH JOGGE VON HIER ZURÜCK.
VON HIER?
DAS IST ECHT WEIT BIS NACH HAUSE.
DAS IST KEIN PROBLEM, SONDERN EIN GUTES TRAINING.
GRAPP

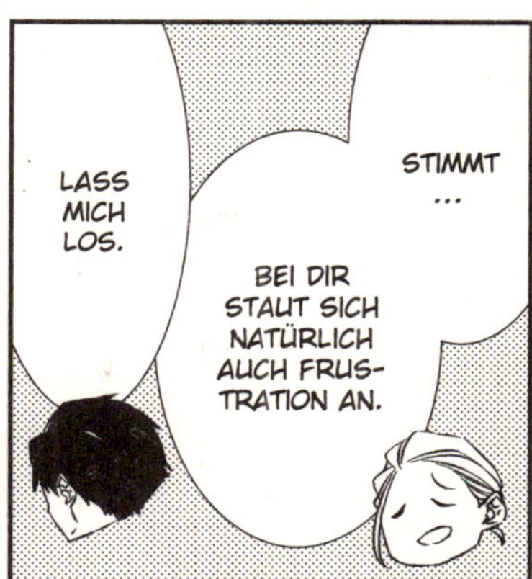
STIMMT …
BEI DIR STAUT SICH NATÜRLICH AUCH FRUSTRATION AN.
LASS MICH LOS.

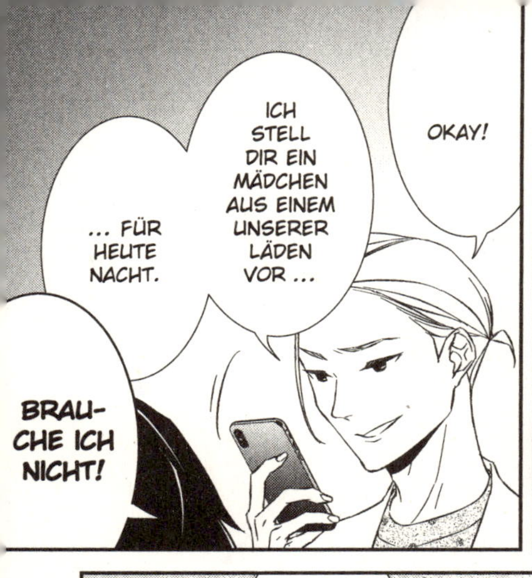
OKAY!
ICH STELL DIR EIN MÄDCHEN AUS EINEM UNSERER LÄDEN VOR …
… FÜR HEUTE NACHT.
BRAUCHE ICH NICHT!

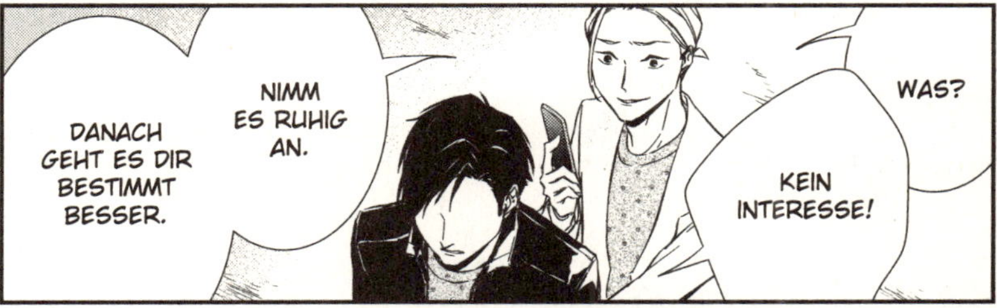
WAS?
KEIN INTERESSE!
NIMM ES RUHIG AN.
DANACH GEHT ES DIR BESTIMMT BESSER.

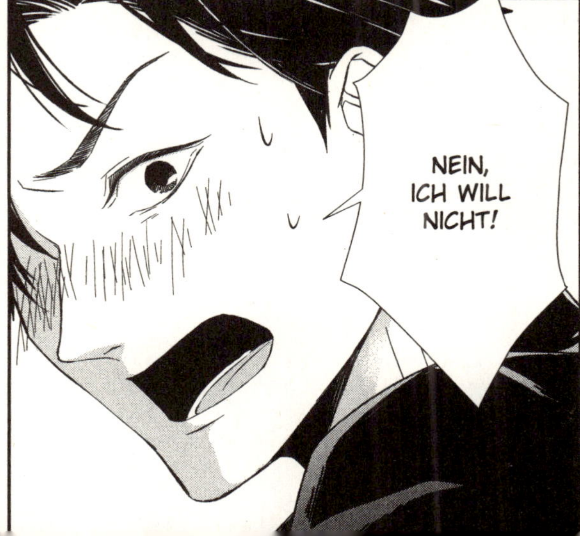
NEIN, ICH WILL NICHT!

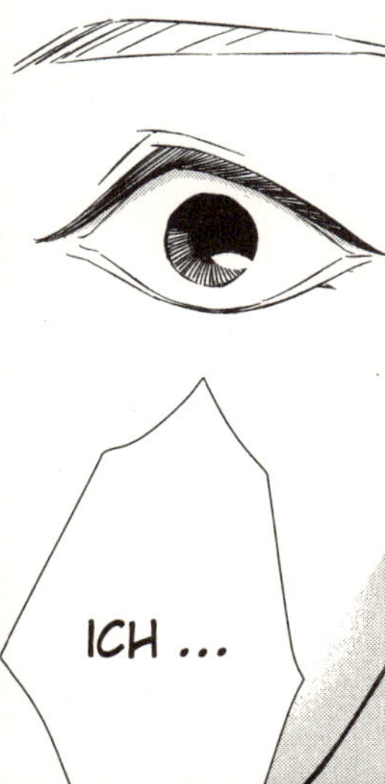
ICH …

... MÖCHTE MEIN ERSTES MAL MIT JEMANDEM HABEN, DEN ICH LIEBE!!!

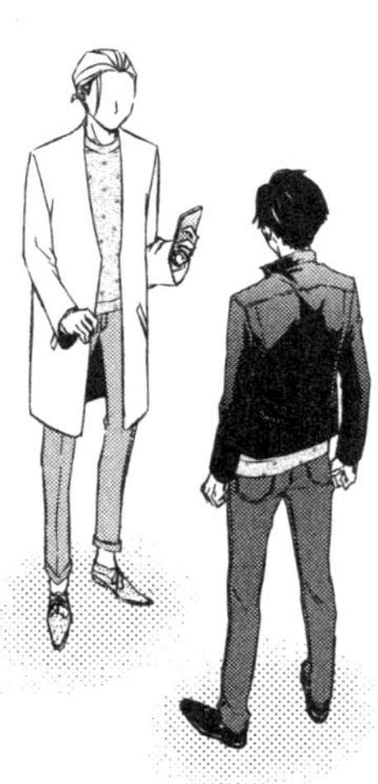

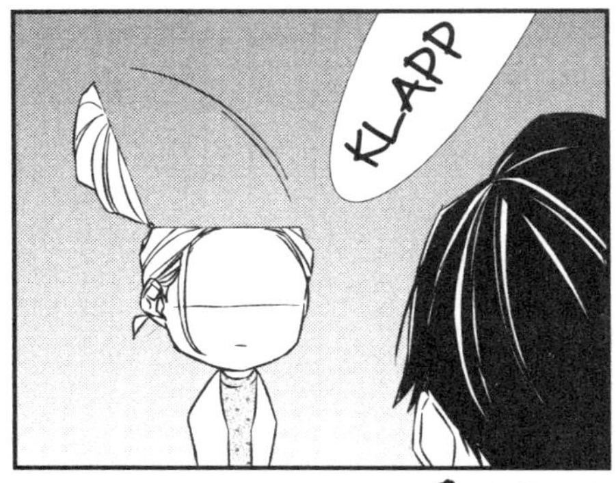

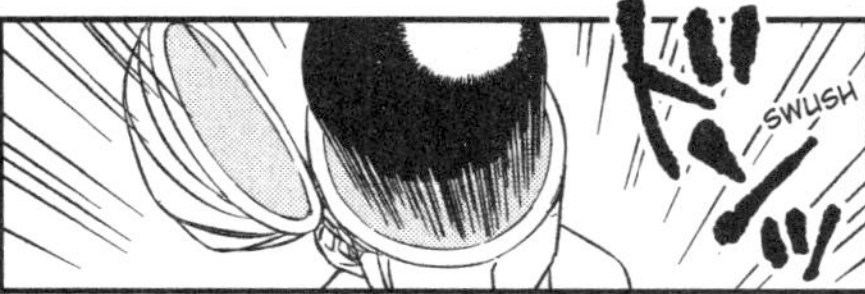

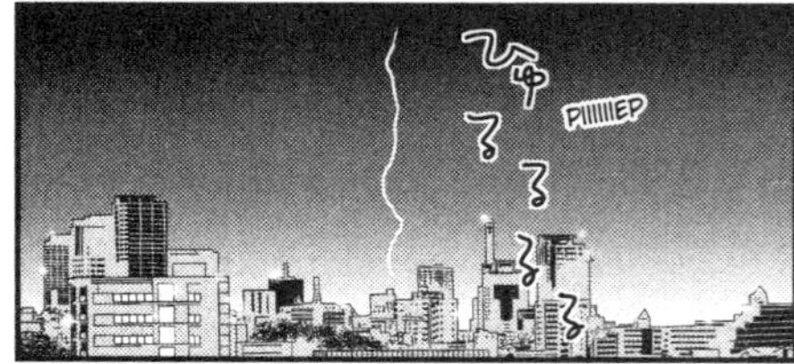

* REIN

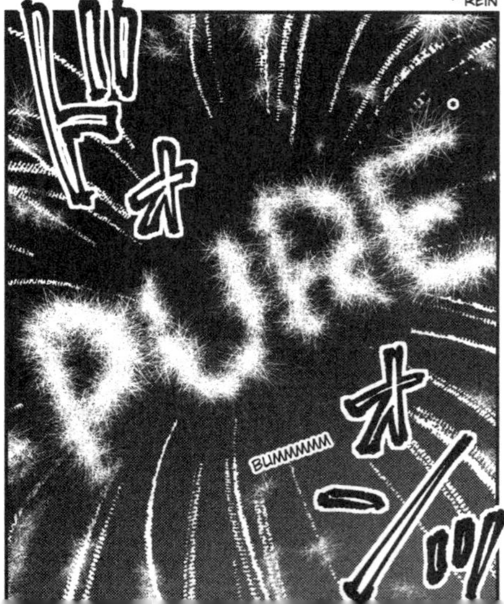

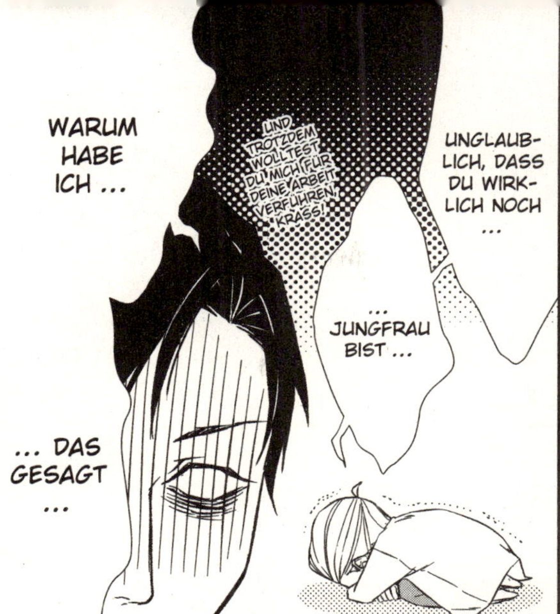
UNGLAUB-
LICH, DASS
DU WIRK-
LICH NOCH
...
... JUNGFRAU
BIST ...
UND TROTZDEM WOLLTEST DU MICH FÜR DEINE ARBEIT VERFÜHREN, KRASS!
WARUM
HABE
ICH ...
... DAS
GESAGT
...

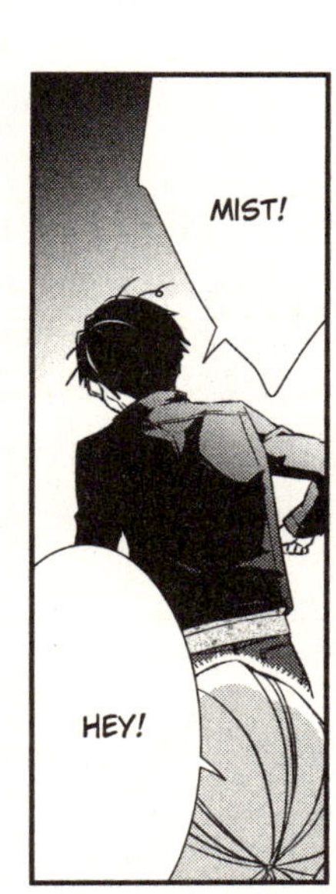
MIST!
HEY!

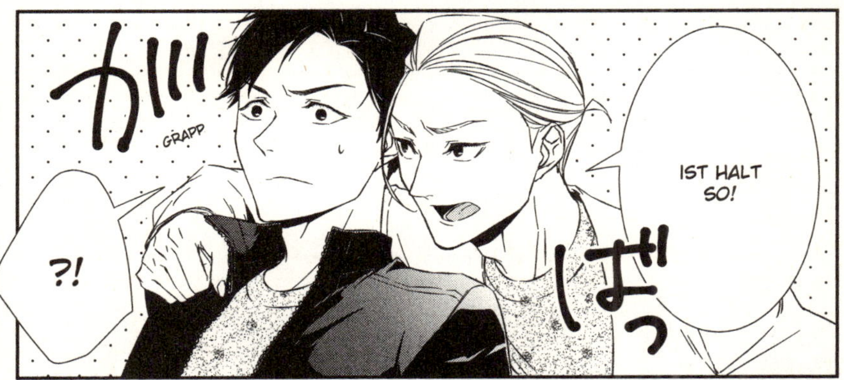
IST HALT
SO!
ぱっ
GRAPP
?!

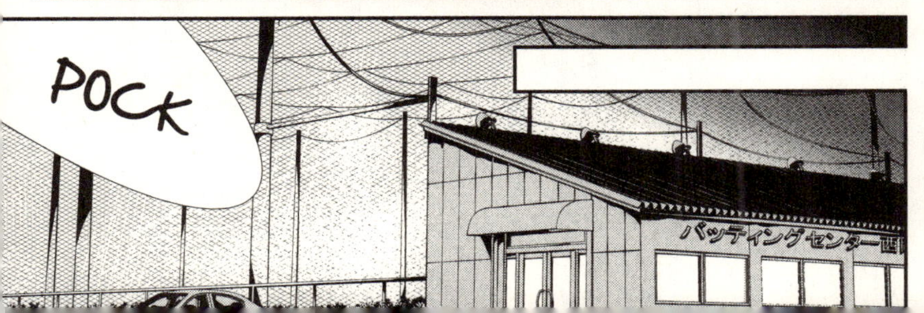
POCK
バッティングセンター

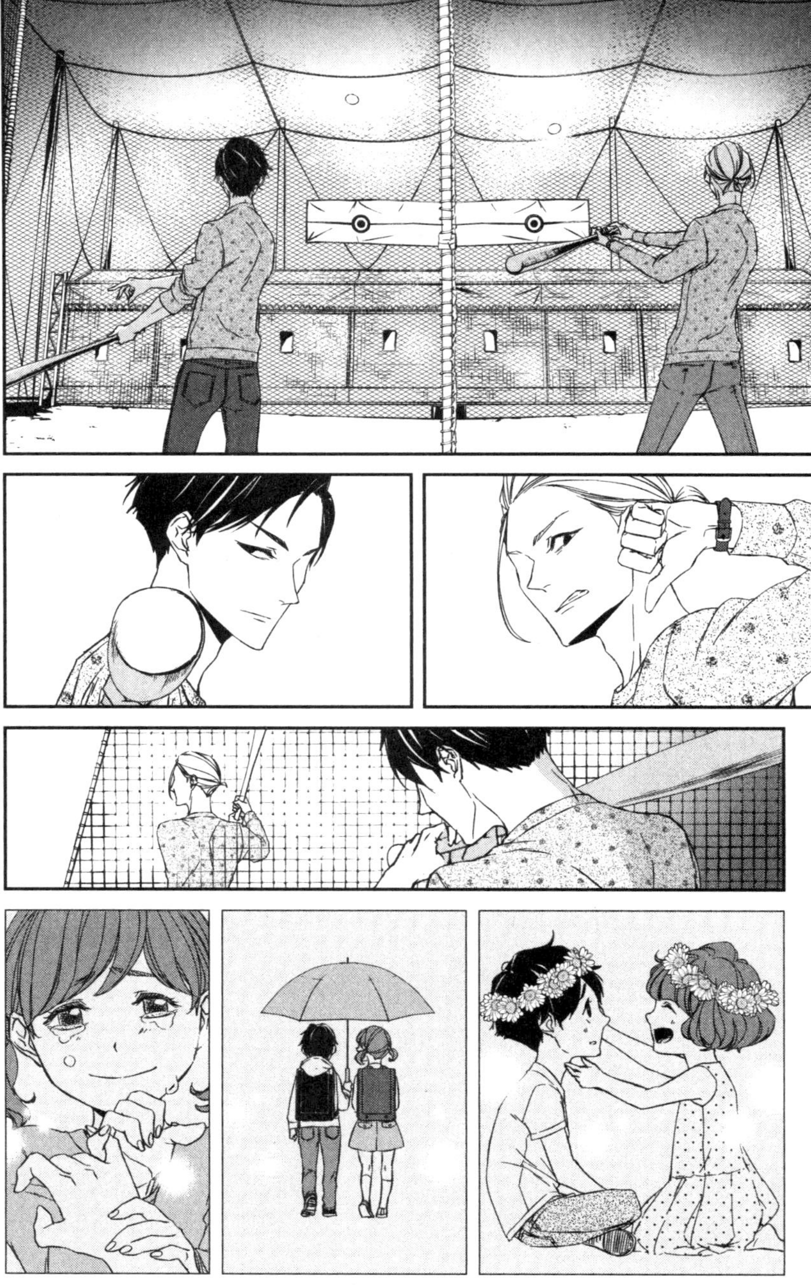

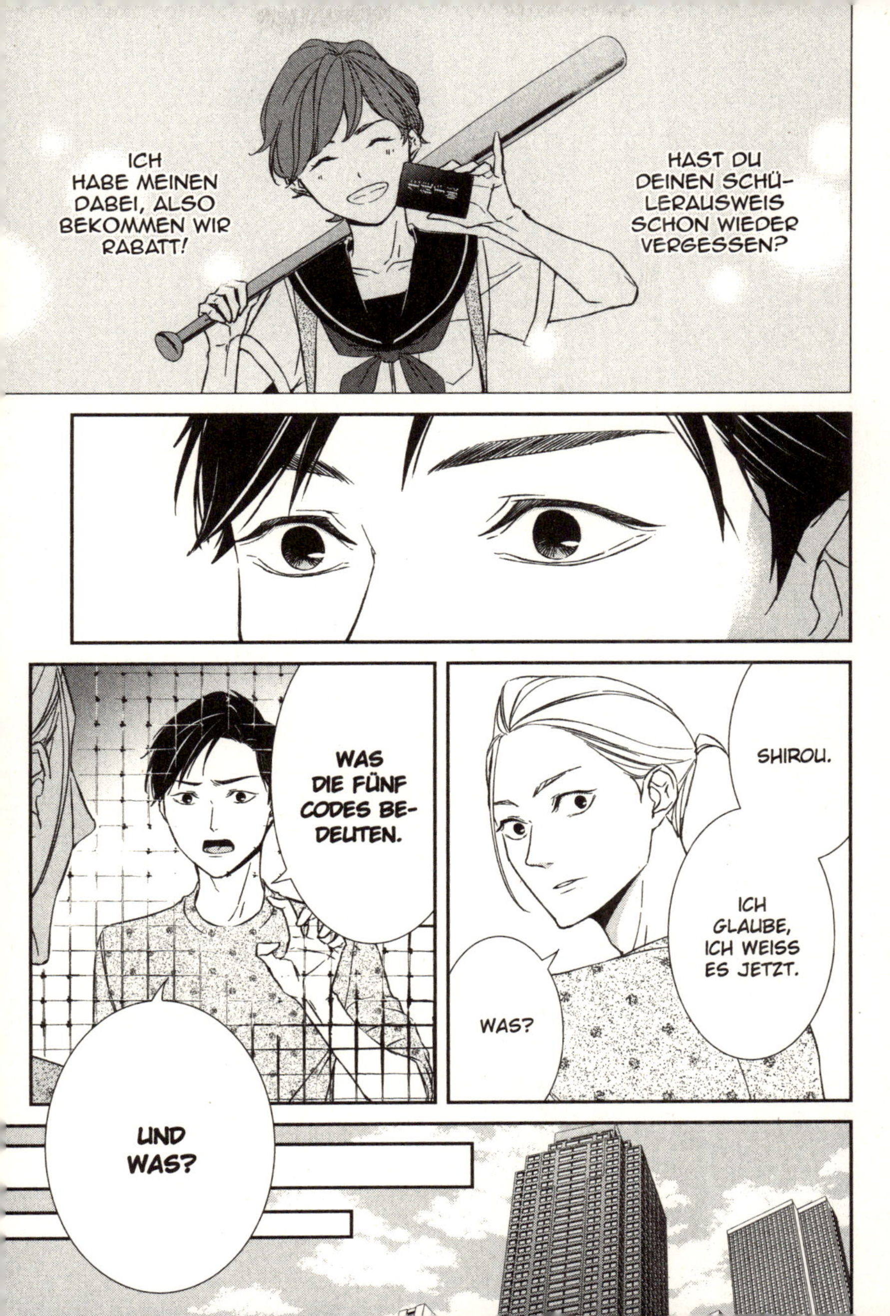
HAST DU DEINEN SCHÜLERAUSWEIS SCHON WIEDER VERGESSEN?
ICH HABE MEINEN DABEI, ALSO BEKOMMEN WIR RABATT!
SHIROU.
ICH GLAUBE, ICH WEISS ES JETZT.
WAS?
WAS DIE FÜNF CODES BEDEUTEN.
UND WAS?

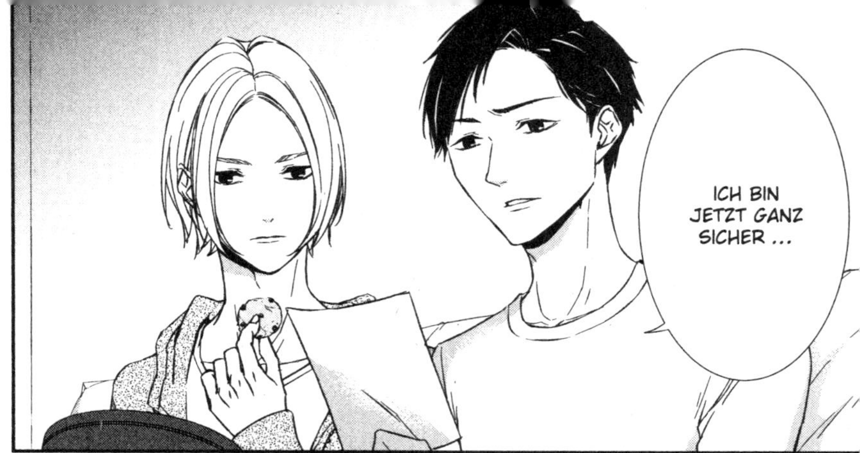

98JH21014
98JH21005
98JH26030
98JH22027
98JH24012

DAS SIND NUMMERN VON SCHÜLERAUS-WEISEN EINER MITTELSCHULE.

MINEGAM

DIESE SCHÜLER SIND DIE KIN-DER DER VIER POLITIKER.

KIMIAKI OHSU
MIKIHIKO SAWAGUCHI
SHOUTA MORIKAWA
TAKASHIGE AZUMA

KEI X YAKU BAND 1 ENDE – LEST WEITER IN BAND 2!

EXTRA ④

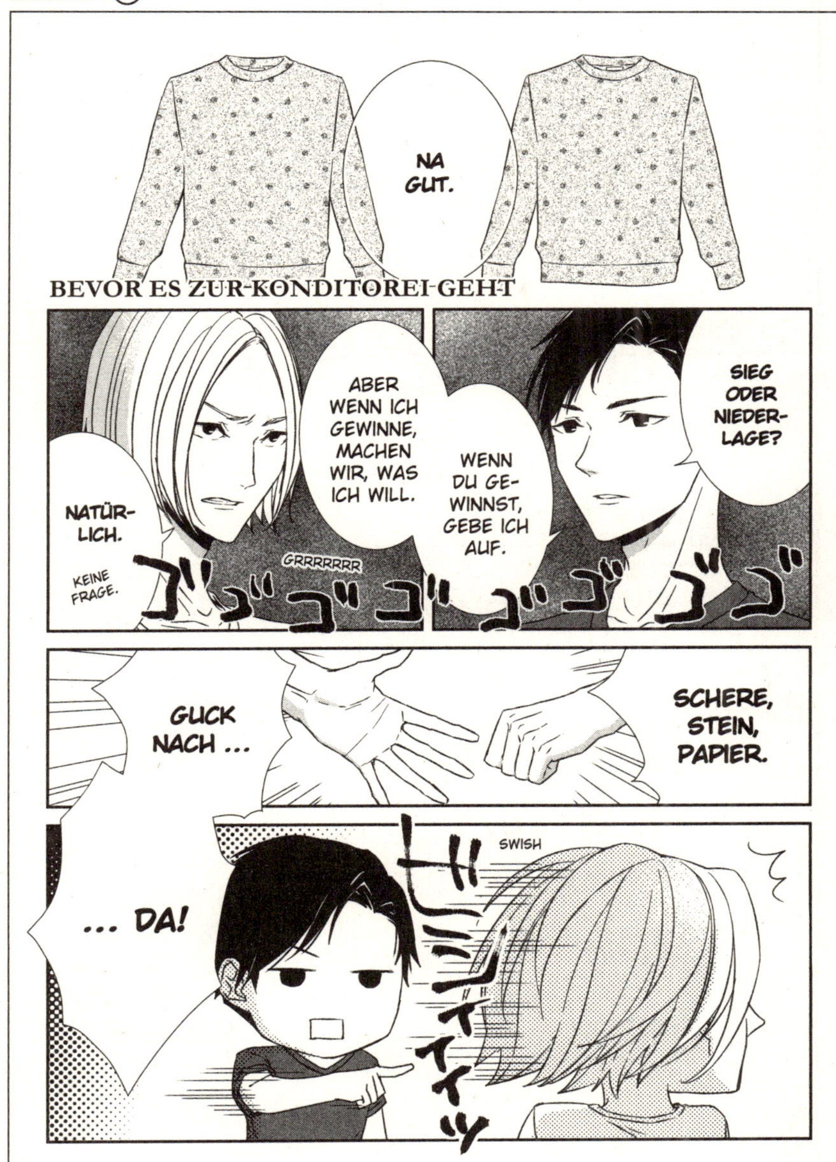
NA GUT.
BEVOR ES ZUR KONDITOREI GEHT
SIEG ODER NIEDERLAGE?
WENN DU GEWINNST, GEBE ICH AUF.
ABER WENN ICH GEWINNE, MACHEN WIR, WAS ICH WILL.
NATÜRLICH.
KEINE FRAGE.
GRRRRRRR
SCHERE, STEIN, PAPIER.
GUCK NACH ...
SWISH
... DA!

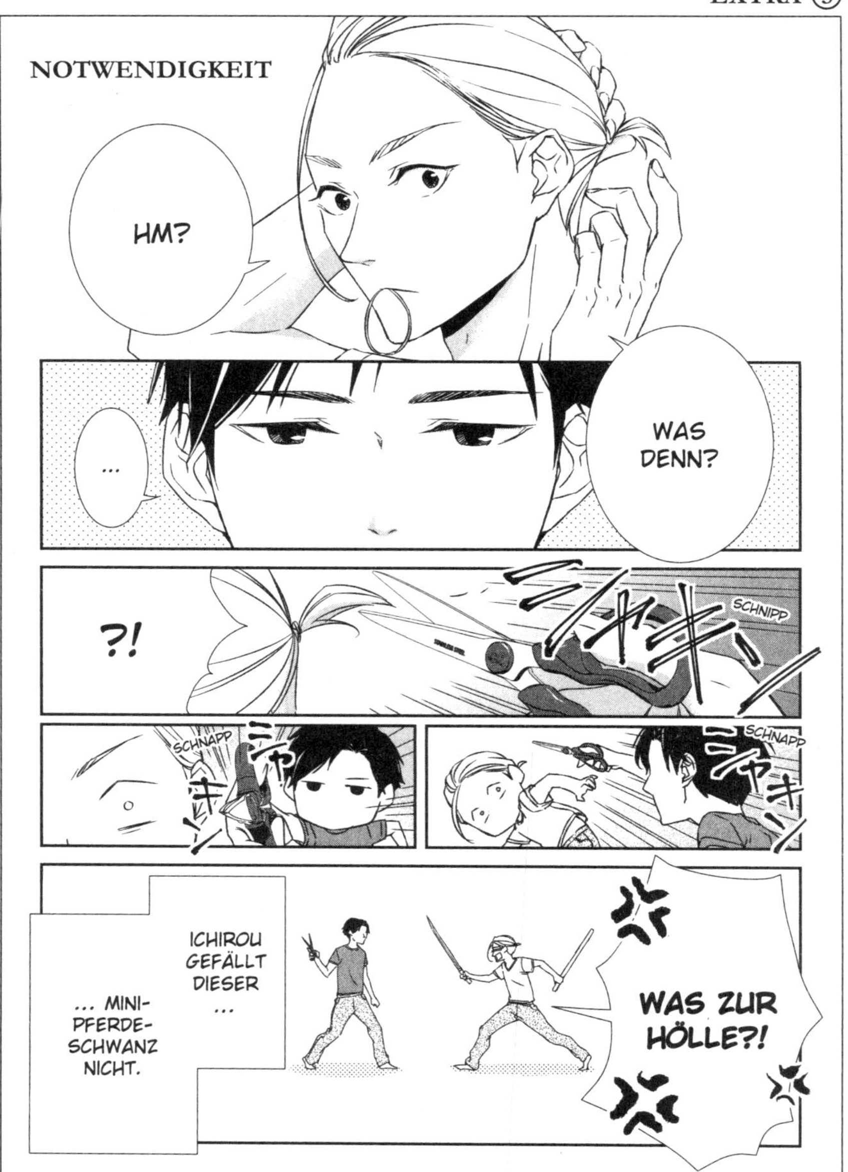
NOTWENDIGKEIT
HM?
WAS DENN?
…
?!
SCHNIPP
SCHNAPP
SCHNAPP
WAS ZUR HÖLLE?!
ICHIROU GEFÄLLT DIESER …
… MINI-PFERDE-SCHWANZ NICHT.

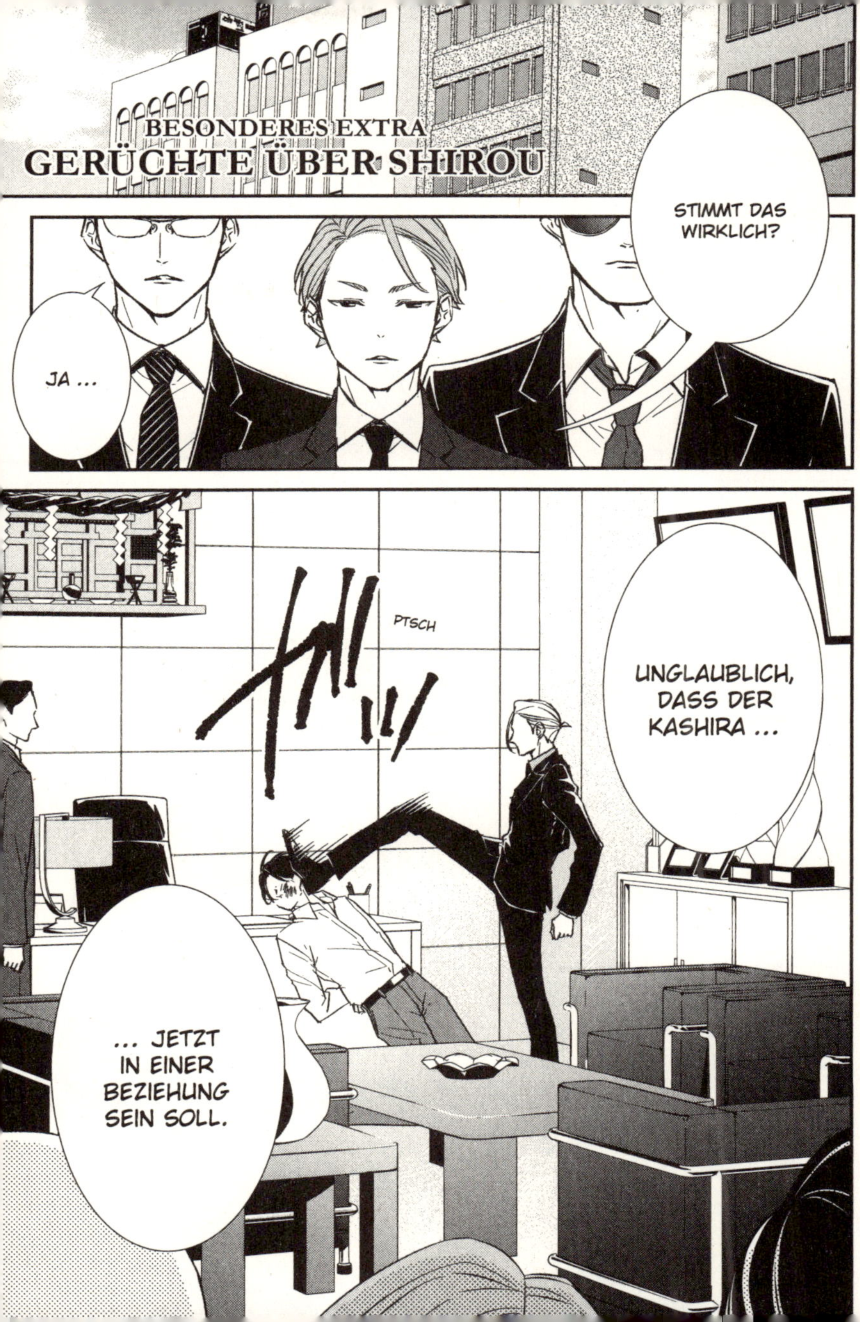

BESONDERES EXTRA

GERÜCHTE ÜBER SHIROU

STIMMT DAS WIRKLICH?

JA ...

UNGLAUBLICH, DASS DER KASHIRA ...

PTSCH

... JETZT IN EINER BEZIEHUNG SEIN SOLL.

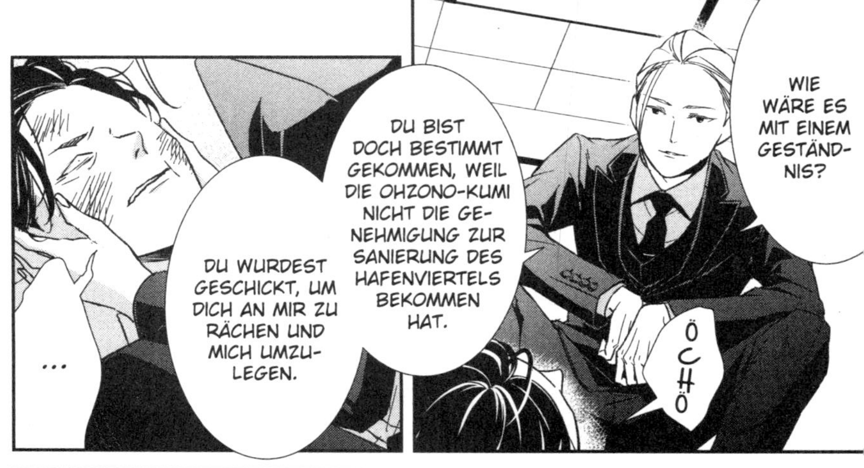
WIE WÄRE ES MIT EINEM GESTÄNDNIS?
ÖCHÖ
DU BIST DOCH BESTIMMT GEKOMMEN, WEIL DIE OHZONO-KUMI NICHT DIE GENEHMIGUNG ZUR SANIERUNG DES HAFENVIERTELS BEKOMMEN HAT.
DU WURDEST GESCHICKT, UM DICH AN MIR ZU RÄCHEN UND MICH UMZULEGEN.
...

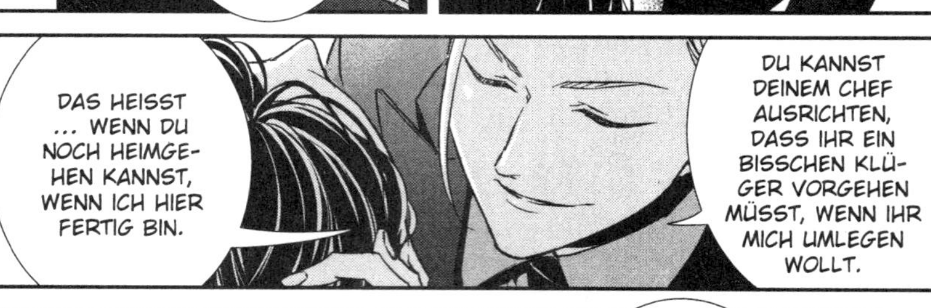
DU KANNST DEINEM CHEF AUSRICHTEN, DASS IHR EIN BISSCHEN KLÜGER VORGEHEN MÜSST, WENN IHR MICH UMLEGEN WOLLT.
DAS HEISST ... WENN DU NOCH HEIMGEHEN KANNST, WENN ICH HIER FERTIG BIN.

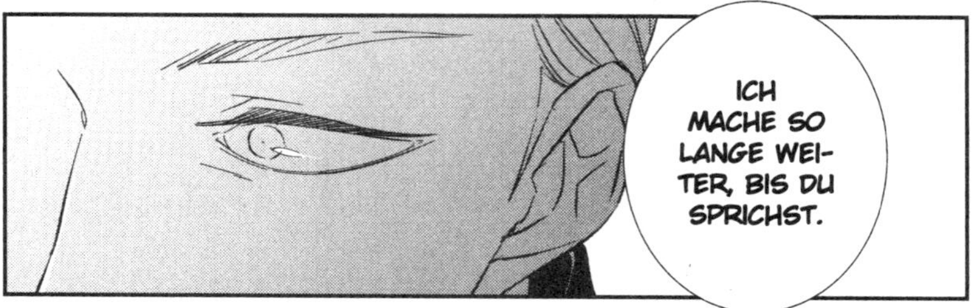
ICH MACHE SO LANGE WEITER, BIS DU SPRICHST.

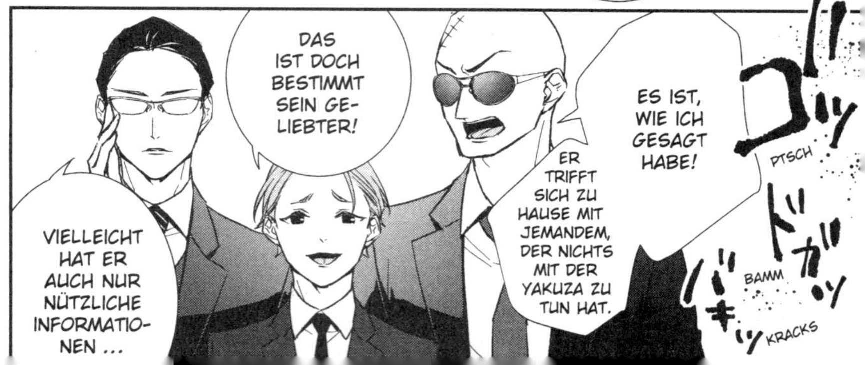
ゴッ
PTSCH
ドガッ
BAMM
バキッ
KRACKS
ES IST, WIE ICH GESAGT HABE!
ER TRIFFT SICH ZU HAUSE MIT JEMANDEM, DER NICHTS MIT DER YAKUZA ZU TUN HAT.
DAS IST DOCH BESTIMMT SEIN GELIEBTER!
VIELLEICHT HAT ER AUCH NUR NÜTZLICHE INFORMATIONEN ...

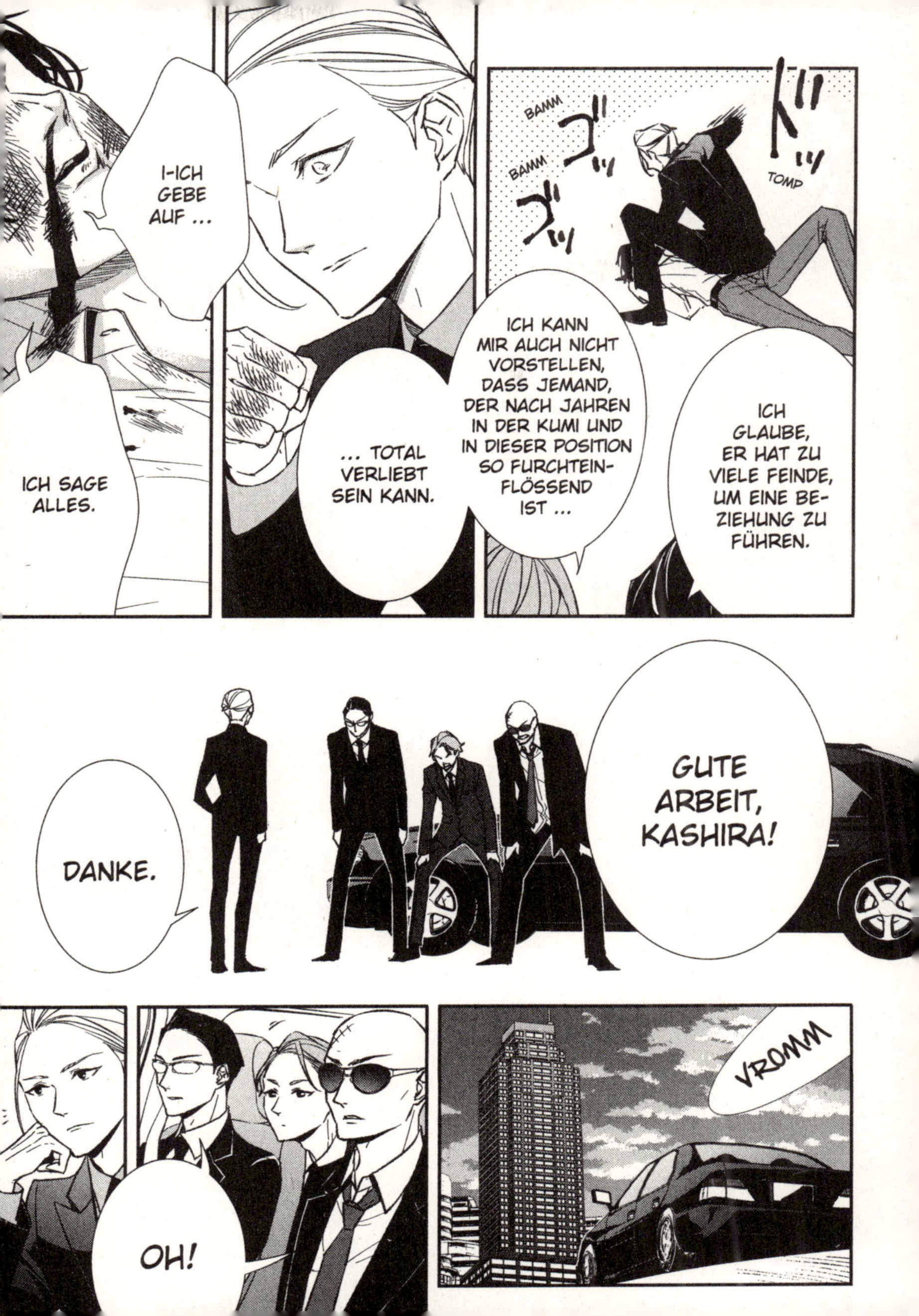

BAMM
BAMM
TOMP
ICH GLAUBE, ER HAT ZU VIELE FEINDE, UM EINE BEZIEHUNG ZU FÜHREN.
ICH KANN MIR AUCH NICHT VORSTELLEN, DASS JEMAND, DER NACH JAHREN IN DER KUMI UND IN DIESER POSITION SO FURCHTEINFLÖSSEND IST …
… TOTAL VERLIEBT SEIN KANN.
I-ICH GEBE AUF …
ICH SAGE ALLES.

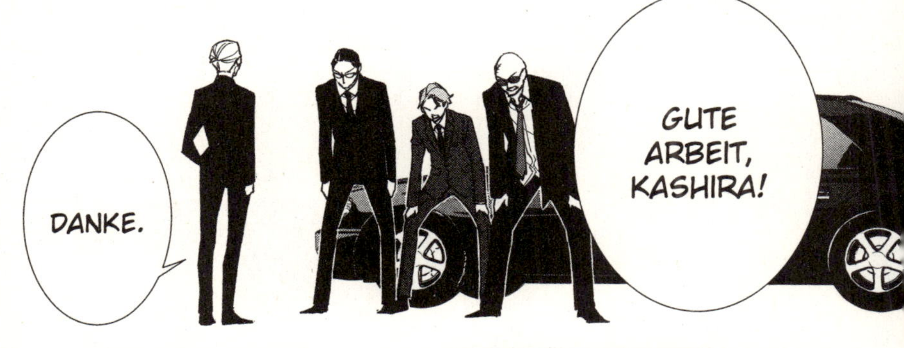

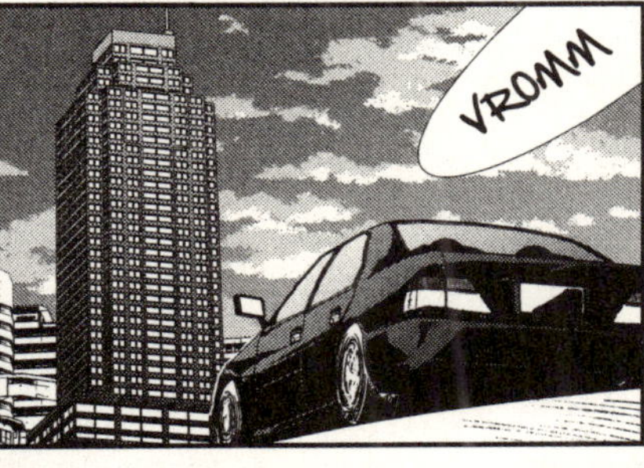

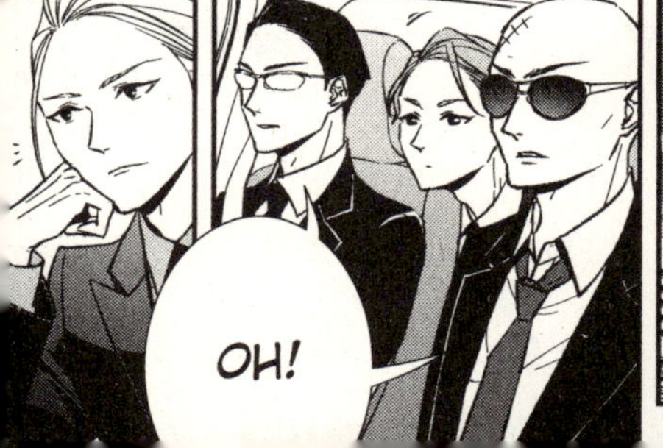

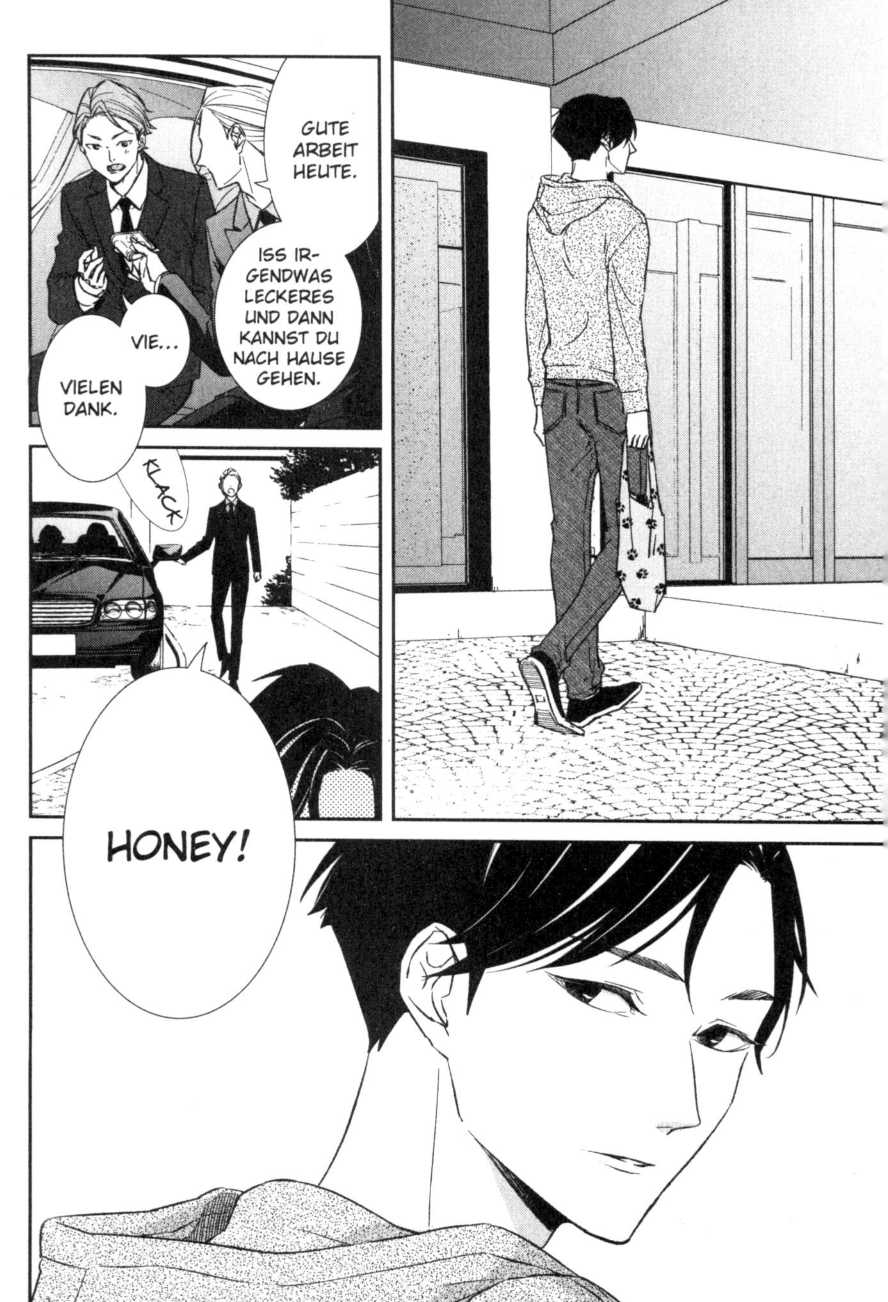
GUTE ARBEIT HEUTE.
ISS IRGENDWAS LECKERES UND DANN KANNST DU NACH HAUSE GEHEN.
VIE...
VIELEN DANK.
KLACK
HONEY!

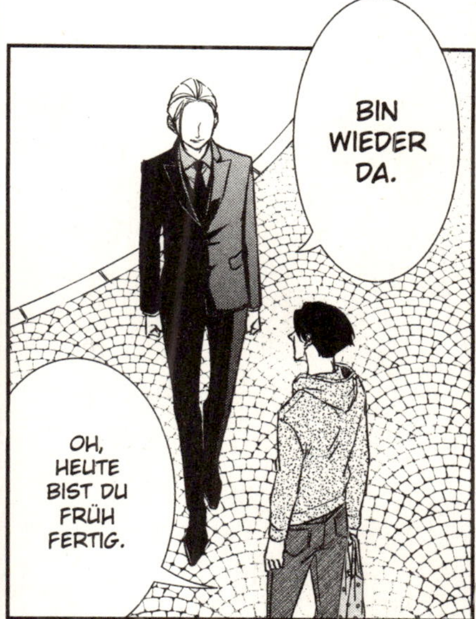
BIN WIEDER DA.
OH, HEUTE BIST DU FRÜH FERTIG.

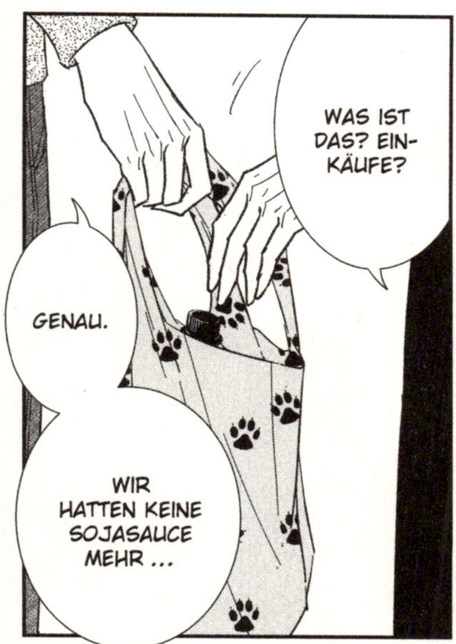
WAS IST DAS? EINKÄUFE?
GENAU.
WIR HATTEN KEINE SOJASAUCE MEHR ...

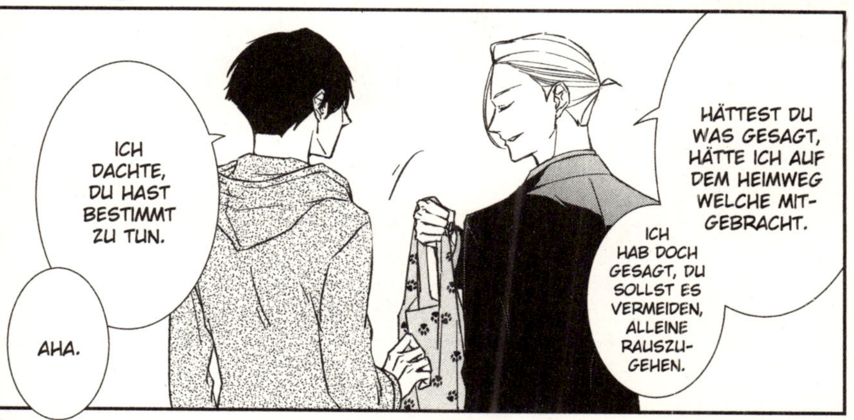
HÄTTEST DU WAS GESAGT, HÄTTE ICH AUF DEM HEIMWEG WELCHE MITGEBRACHT.
ICH HAB DOCH GESAGT, DU SOLLST ES VERMEIDEN, ALLEINE RAUSZUGEHEN.
ICH DACHTE, DU HAST BESTIMMT ZU TUN.
AHA.

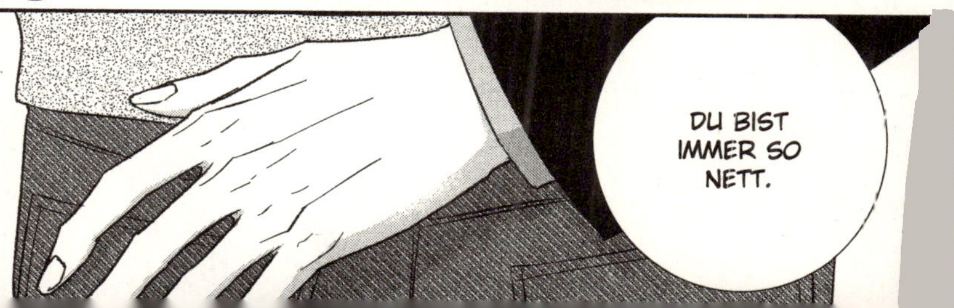
DU BIST IMMER SO NETT.

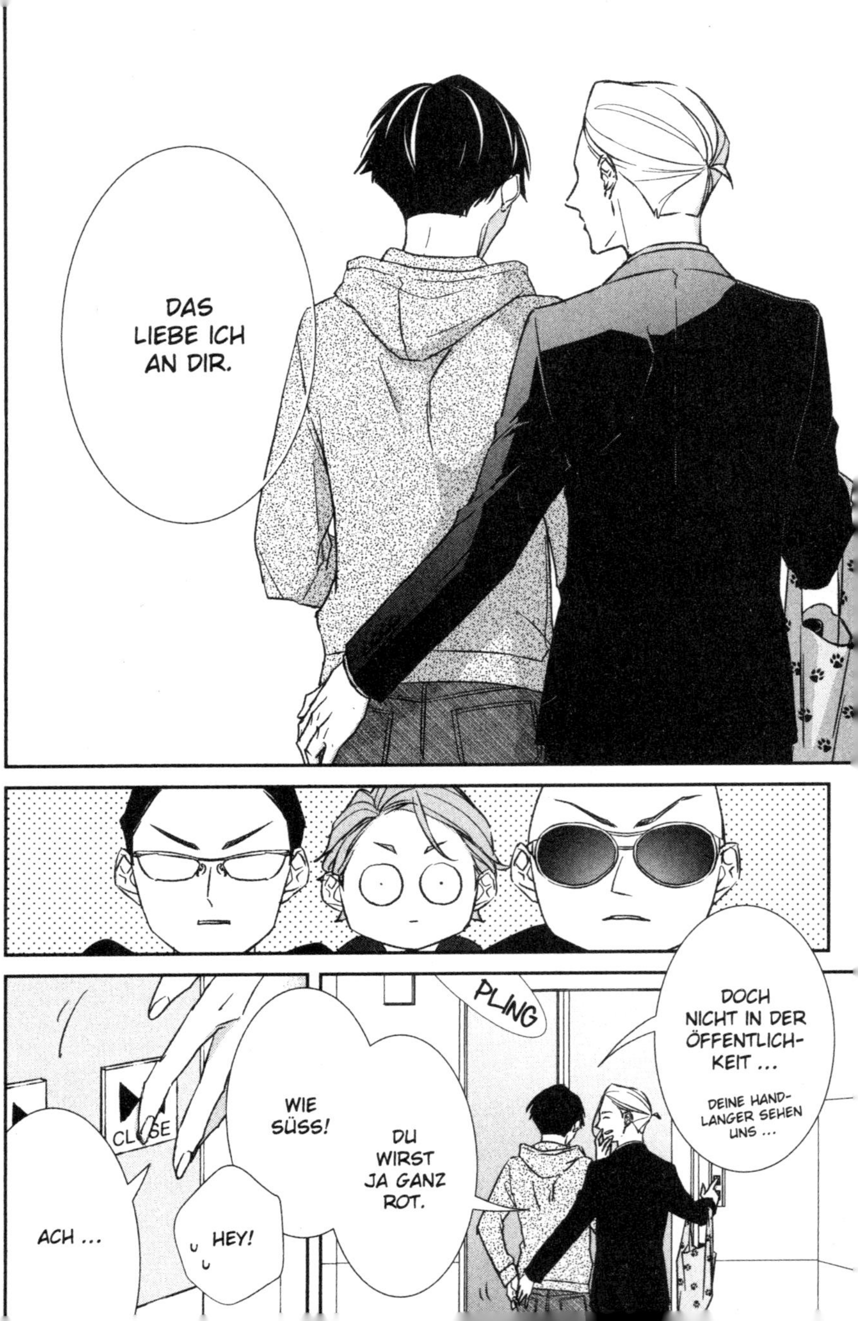

DAS LIEBE ICH AN DIR.

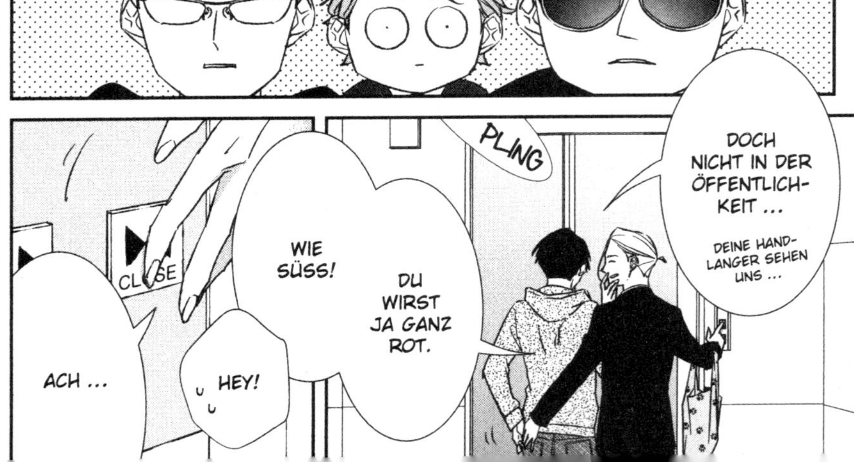

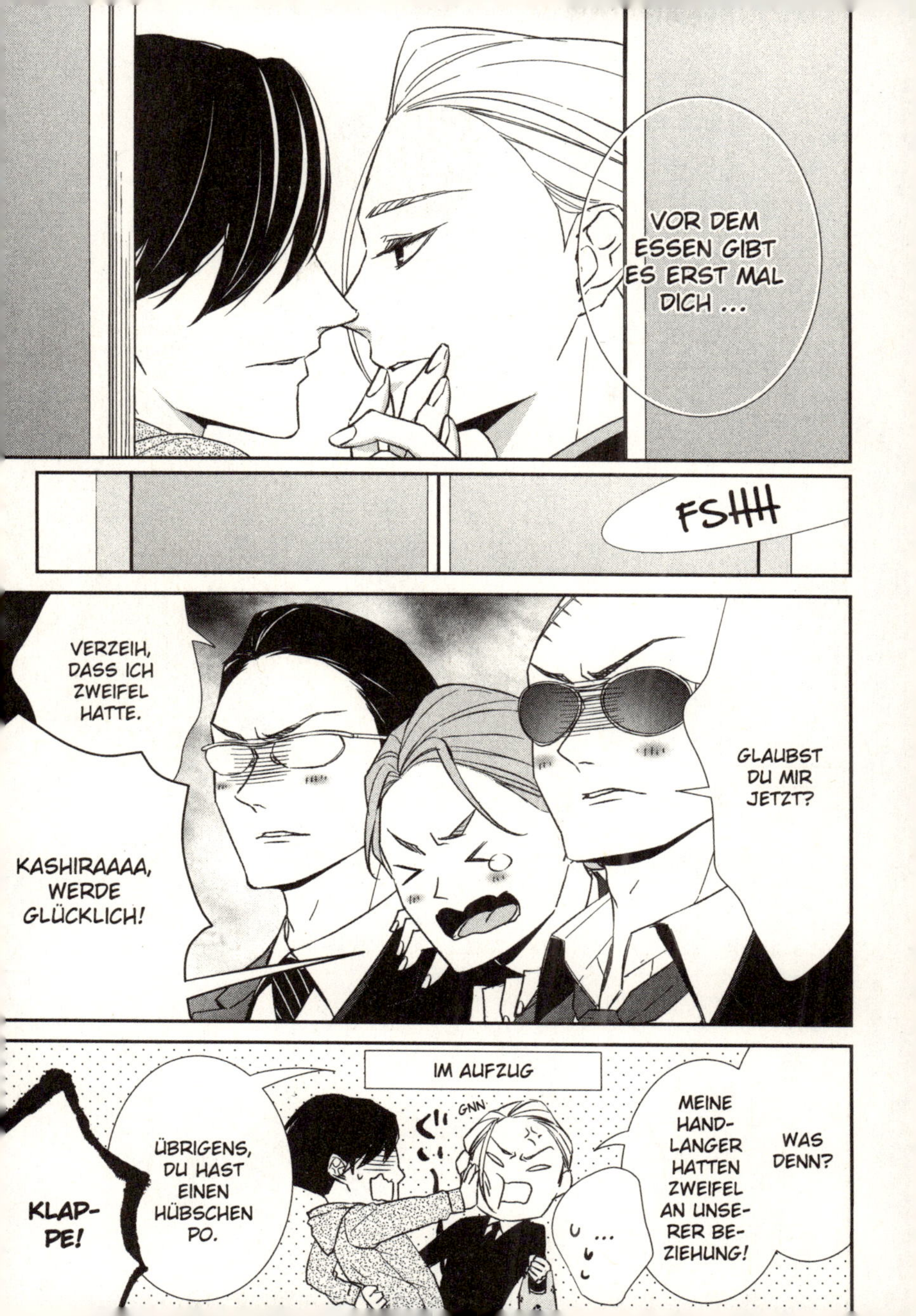

VOR DEM ESSEN GIBT ES ERST MAL DICH …

FSHHH

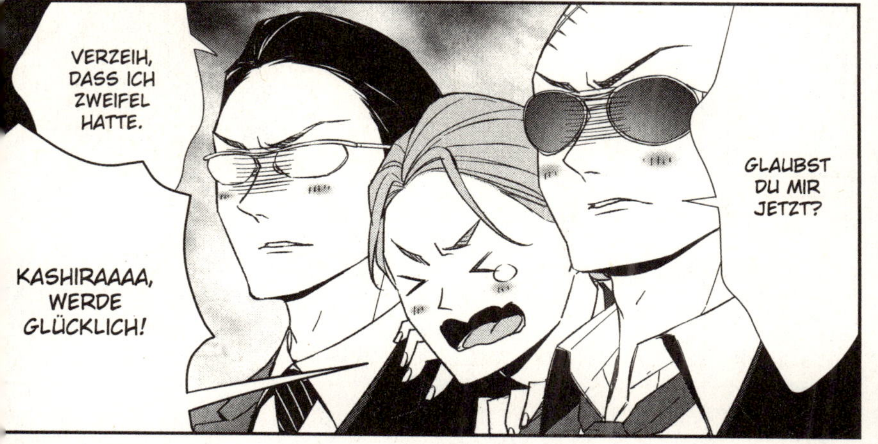

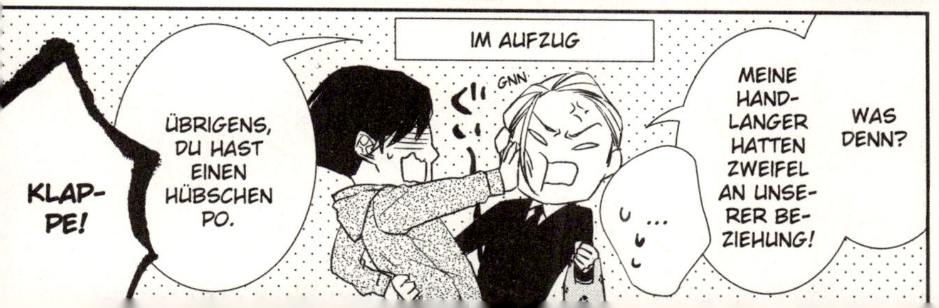

NÄCHSTE NUMMER

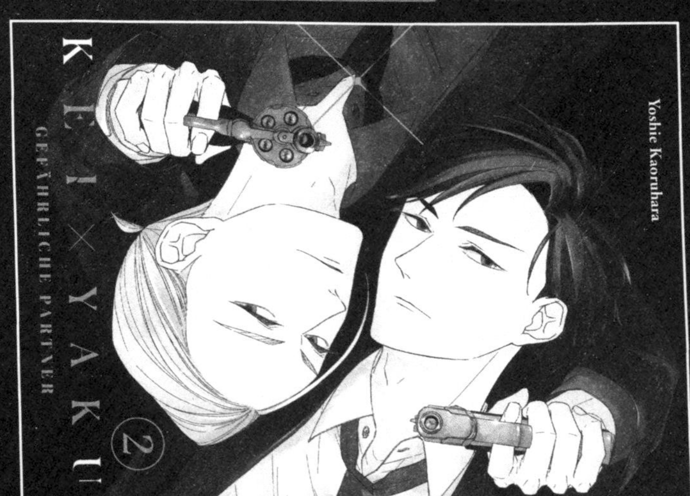

Vorläufiges Cover

AB OKTOBER

Die **Manga-Kultserie** und Vorlage zum **Amazon Prime-Anime!**

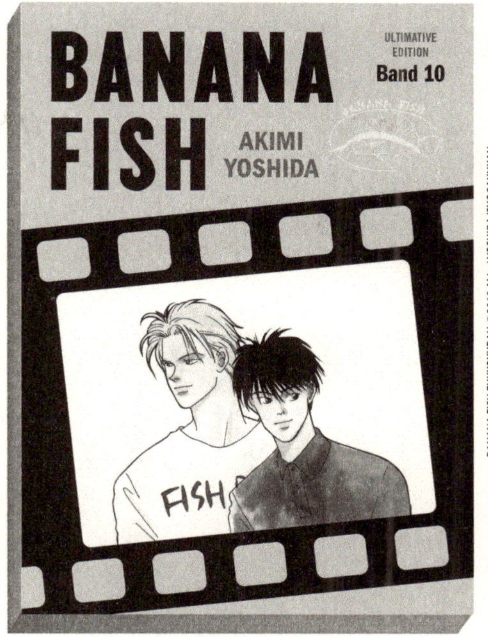

BANANA FISH:
ULTIMATIVE EDITION 10

Zwei Wörter: **„Banana Fish“**. Wie können zwei einfache Wörter das Leben eines Mannes zerstören? Wie können sie die Welt verändern? **Ash Lynx** muss dieses Rätsel lösen, wenn er das Leben seines älteren Bruders **Griffin** retten will. Doch dafür muss er sich mit den finstersten Gestalten in New Yorks Unterwelt anlegen und bringt sich und seine Verbündeten in große Gefahr. Wer oder was ist Banana Fish?

Bereits erhältlich!

Abschlussband!

Im Comic-Shop, Bahnhofs- und Buchhandel.
Im Panini-Shop unter www.paninicomics.de

panini manga

FINDET UNS IM NETZ:

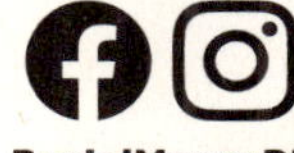

PaniniMangaDE

ACHTUNG!

Dieser Comic wird wie im Original gelesen:
von rechts nach links,
also fangt einfach von der anderen Seite des Buches an
und stürzt euch in die Welt von

KEI × YAKU
GEFÄHRLICHE PARTNER

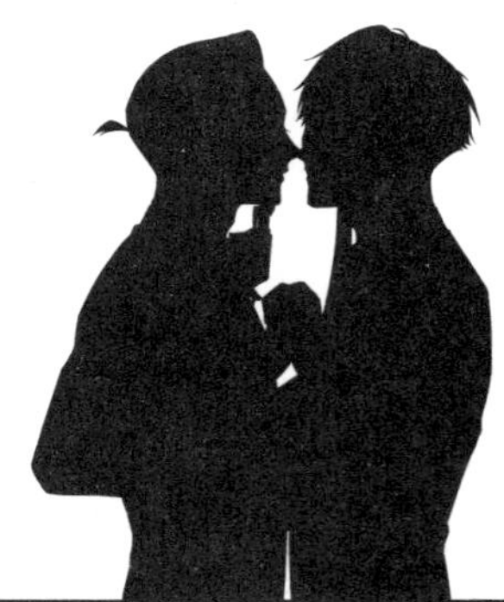

KEI X YAKU: GEFÄHRLICHE PARTNER erscheint bei **PANINI MANGA**, Schloßstraße 76, D-70176 Stuttgart. KEI X YAKU: GEFÄHRLICHE PARTNER wird unter Lizenz in Deutschland von PANINI Verlags-GmbH veröffentlicht. Druck: LEGO PRINT S.p.A. Direkt-Abos auf **www.paninimanga.de**. Geschäftsführer **Hermann Paul**, Publishing Director Europe **Marco M. Lupoi**, Finanzen/Logistik **Felix Bauer**, Marketing Director **Holger Wiest**, Marketing **Dr. Rebecca Haar**, **Jessica Langer**, Vertrieb **Alexander Bubenheimer**, PR/Presse **Steffen Volkmer**, Publishing Manager **Lisa Pancaldi**, Redaktion **Marlene Eggertsberger**, **Stephanie Jakob**, **Matthias Korn**, **Philipp Nakata**, **Sebastian Spietz**, **Daniela Uhlmann**, Übersetzung **Samira Rafiq**, Proofreading **Ricarda Nugk**, grafische Gestaltung **Rudy Remitti**, **Nicola Spano**, Art Director **Alessandro Gucciardo**, Redaktion Panini Comics **Elisa Panzani**, **Ludovica Ungari**, Repro/Packager **Alessandro Nalli** (coordinator), **Anna Boselli**, **Mario Da Rin Zanco**, **Valentina Esposito**, **Luca Ficarelli**, **Simone Guidetti**, **Linda Leporati**, **Fabio Melatti**.
ISBN 978-3-7416-3933-3

1. Auflage

Digitale Ausgaben: ISBN 978-3-7569-1157-8 (.pdf) / ISBN 978-3-7569-1158-5 (.epub) / ISBN 978-3-7569-1159-2 (.mobi)

Bibliografische Information der Deutschen Nationalbibliothek
Die Deutsche Nationalbibliothek verzeichnet diese Publikation in der Deutschen Nationalbibliografie; detaillierte bibliografische Daten sind im Internet über dnb.d-nb.de abrufbar.